Le roman national des marques

Collection *Monde en cours*
créée par Jean Viard

Ouvrage édité par Manon Viard,
dans le cadre d'une co-édition
dirigée par Laurent Cohen et Jérémie Peltier

www.editionsdelaube.com

ISBN 978-2-8159-5492-1

Raphaël LLorca

Le roman national des marques

Le nouvel imaginaire français

éditions de l'aube
fondation jean-jaurès

Du même auteur,
chez le même éditeur

La marque Macron. Désillusions du Neutre, 2021
Les nouveaux masques de l'extrême droite. La radicalité à l'ère Netflix, 2022

« *Now men were affiliated less by what they believed than by what they consumed* »
DANIEL J. BOORSTIN, *The democratic experience,* 1973

« Les enfants chantant les hymnes à Dop ou à Dupont d'Isigny, avant de connaître la Marseillaise »
EDGAR MORIN, 1968

« Et voir la France gagner® »
LA FRANÇAISE DES JEUX, 2021

Introduction
Raconter la France par ses marques

> « L'art de conter est en train de se perdre. Il est de plus en plus rare de rencontrer des gens qui sachent raconter une histoire. »
>
> WALTER BENJAMIN, *Le conteur*, 1936

Comment expliquer l'épais brouillard dans lequel nous nous sentons tous, confusément, prisonniers ? Ce sont les crises, entend-on souvent. Et de fait, ces quinze dernières années, la société française a vu des crises se succéder et, surtout, se cumuler les unes aux autres. Crise financière, crise sanitaire, crise géopolitique, mais aussi terrorisme, Gilets jaunes et inflation. À l'occasion de la réforme des retraites du printemps 2022, on a même entendu resurgir l'expression de « crise de régime ». À des degrés divers, chacun de ces chocs a ébranlé quelques-unes de nos certitudes les plus ancrées, entraînant un déplacement brutal de tous ces repères qui nous permettaient de rendre le monde lisible. Si bien que l'épaisseur du brouillard ne tient pas tant à l'existence des crises en elles-mêmes que du *dérèglement sémiotique du monde* qu'elles entraînent. Dans cet état de confusion généralisé, il n'est pas étonnant que ce soit l'image de la France elle-même qui se brouille.

À quoi ressemble la France d'aujourd'hui ? Pour y répondre, force est de constater qu'on se bouscule au portillon, et que le débat public est rempli de voix qui, toutes, ambitionnent de réaliser une radiographie fidèle du pays. L'économiste défend l'idée qu'au fond, la France pourrait s'appréhender par l'agrégat de ses principaux indicateurs : taux de croissance, taux de chômage, niveau de la dette publique, etc. Le sondeur, lui, entend approcher le pays par ses différents groupes d'habitants, retraçant, par une batterie de sondages, la structure et l'évolution de leurs opinions. Cartes à l'appui, le géographe s'attelle à explorer les différentes dynamiques territoriales du pays, sondant les entrailles de ses villes et de ses périphéries, perçant les problématiques de ses zones rurales ainsi que de ses territoires d'outre-mer : la France serait avant tout une somme de réalités spatiales complexes. Pour saisir le présent, impossible de ne pas considérer le passé, estime l'historien, qui s'efforce dès lors de resituer systématiquement le pays dans son histoire longue. Qu'est-ce que l'identité de la France, écrivait Fernand Braudel, sinon « le résultat vivant de ce que l'interminable passé a déposé patiemment par couches successives, comme le dépôt imperceptible de sédiments marins a créé, à force de durer, les puissantes assises de la croûte terrestre[1] » ?

Le paradoxe, c'est qu'alors même que le citoyen croule sous un tombereau d'interprétations et d'explications, le pays n'a malgré tout jamais semblé aussi flou. La raison en est simple : si on ne cesse de la décrire, plus personne ne *raconte* la France. Plus personne ne parvient à proposer, sous la forme d'un récit unificateur, une réponse simple, articulée et puissante aux grandes questions qui se trouvent au fondement même de notre existence commune : qui sommes-nous en tant que

1. Fernand Braudel, *L'identité de la France; espace et histoire* (t. 1), Paris, Flammarion, 1990.

Nation ? En quoi croyons-nous ? Vers quel horizon commun nous projetons-nous ? Longtemps, c'est au politique que revenait cette fonction de constitution symbolique du monde commun : dans un monde devenu spontanément illisible, évidé de toute explication évidente, « les gens demandent à la politique de vivre dans un monde symboliquement maîtrisable », explique Jérôme Batout dans un article de la revue *Le Débat*[1], et cette attente est extraordinairement forte de la part des citoyens. La politique a longtemps réussi à imposer l'idée selon laquelle la France était une *idée*. De Voltaire à de Gaulle, en passant par Jaurès ou Dominique de Villepin, on retrouve la même conviction que le propre de la France, ce qui forge sa singularité dans le concert des nations, c'est de définir et de proposer au monde une certaine idée de ce que doivent être la liberté, la justice, le commun. Une idée fragile, toujours menacée de disparition, pour laquelle on peut être prêt à mourir pour la défendre. Une idée amenée à évoluer dans le temps, s'actualisant au gré des époques et des émotions éprouvées. Une idée fondée sur des réalités bien sûr, mais qui ne craint jamais de dessiner des horizons lointains. Or, personne n'a jamais vu une idée, ni à l'œil nu ni au microscope : elle n'existe que dans les mots et les images utilisés pour la représenter. Dès lors, la France est d'abord la représentation que l'on s'en fait : pour la saisir intimement, il faut donc en explorer les imaginaires et les récits qui lui sont consacrés.

C'est précisément parce que la politique ne parvient plus à en sécréter qu'elle est aujourd'hui sujette à une désaffection massive. Si le leader politique ne parvient plus à procéder à la mise en ordre intellectuelle et émotionnelle d'un pays auquel

1. Jérôme Batout, « L'écriture médiatique, invention et réinvention », *Le Débat*, n° 191, 2016/4, p. 175-192.

on ne comprend plus rien, alors à quoi diable sert-il encore ? À force d'utiliser des images qui ne parlent plus à personne, et de resservir une énième fois les mêmes récits pourtant usés jusqu'à la corde (« Travailler plus pour gagner plus »), le politique a cessé d'être considéré comme le porte-voix légitime du pays. Communication partout, narration nulle part : c'est cette défaillance narrative du personnel politique qui est au cœur du malaise français. Reste alors un vide, dans lequel se sont engouffrés de nouveaux conteurs, que les citoyens se sont progressivement habitués à entendre, puis à écouter.

De certaines idées de la France

Qui, aujourd'hui, forge nos représentations collectives ? Qui parvient progressivement à diffuser ses *certaines idées de la France* ? Pour le savoir, nous avons voulu déplacer le regard, en nous intéressant à une catégorie d'acteurs souvent négligée lorsqu'il s'agit d'analyser la société française contemporaine : les marques[1].

Notre intuition de départ est la suivante : au travers de leurs prises de parole, les Renault, Intermarché, SNCF et autres McDonald's contribuent, elles aussi, à façonner les représentations collectives sur la France et les Français. Le tout, dans un entrelacement complexe mêlant représentation fidèle de la réalité (dans la pure tradition de l'*insight* publicitaire, qui vise à coller au plus près des pratiques des gens) et construction (ou perpétuation tenace) de schèmes imaginaires, souvent idéalisés. Pour le montrer, il est nécessaire de nous pencher sur les *signes* émis par les marques (les discours, les images, les mises en scène). En cela, nous nous inscrivons dans le

1. On définira succinctement la marque comme l'émanation symbolique d'une entreprise commerciale.

prolongement de nos précédents ouvrages, qui portaient sur les stratégies de signes d'acteurs politiques (Emmanuel Macron, l'extrême droite). Il s'agira dans ce livre d'appliquer cette même approche à d'autres acteurs, marchands cette fois-ci : les marques commerciales. Si ces dernières ont pris, à leur tour, une dimension politique, c'est qu'elles se sont mises à produire des discours énonçant explicitement des visions de la France. Dès lors qu'elles s'écartent du pur discours commercial pour embrasser le récit national, elles endossent une responsabilité nouvelle dans le débat public. C'est ce nouveau cadre symbolique national provenant d'acteurs privés qu'il s'agit ici de questionner.

Le projet peut sembler à contre-courant de l'Histoire tant, à l'ère de la prise de conscience de la responsabilité du capitalisme dans le changement climatique, les appels se multiplient pour sortir de la « société de consommation », si bien décrite par Jean Baudrillard dès les années 1970. Ne prenons pas nos désirs pour des réalités : c'est paradoxalement au moment où le désir de s'en séparer est le plus fort que nous entrons de plain-pied dans une forme plus radicale encore de consumérisme, que nous pourrions appeler la « société des marques ». Le passage d'une forme à l'autre est significatif : dans la « société des marques », il n'est plus seulement question de « consommation », mais d'entités disposant d'un capital économique, symbolique et culturel considérable : « les marques », mues par des visions du monde, des projets de vie, et des façons de penser la société dans son ensemble. Qu'on le déplore ou non, force est de constater que le discours des marques, publicitaire mais pas seulement[1], imprègne nos existences quotidiennes, exerçant

1. Dans « discours des marques », nous englobons toute forme de prise de parole des marques : la publicité, mais aussi le packaging, les espaces de vente, les prises de parole médiatiques de leurs dirigeants, etc.

une influence certaine sur nos actions les plus ordinaires et sur nos considérations les plus intimes – notre façon de manger, de voyager, de communiquer, mais aussi de nous représenter l'amour, le sport, ce que doit être un chez-soi accueillant ou une famille épanouie. Que les marques façonnent nos identités individuelles et intimes, un grand nombre d'auteurs ont su le démontrer de façon convaincante. Le palier conceptuel que nous proposons de franchir à présent, c'est la capacité des marques à façonner nos identités collectives et nationales.

Dans cet essai, nous nous intéresserons plus spécifiquement aux marques dont le discours a *explicitement* pour objet la France ou les Français, excluant de l'analyse tout discours de marque qui verrait la France ou le caractère « être Français » ne constituer, de manière incidente, que l'arrière-fond du discours principal. Prenons deux exemples pour illustrer notre hypothèse de travail. Lorsque la marque Swatch propose une montre bleu-blanc-rouge à l'occasion du 14 Juillet, cherchant à ce que « toutes les icônes de la culture tricolore [soient] mises à l'honneur au poignet[1] » (on retrouve la tour Eiffel, Montmartre, un coq, une baguette de pain), il s'agit davantage d'une opération commerciale cherchant à instrumentaliser les codes nationaux, réduits à une liste de stéréotypes, que d'une réflexion sur ce qu'est la France aujourd'hui. Lorsqu'en 1979, Électricité de France prend la parole dans une grande campagne publicitaire, elle donne à voir un barrage hydroélectrique, des pylônes, et même un village français qui, par merveille, s'éclaire. Transparaît bien à l'écran tout l'imaginaire des Trente Glorieuses, sa foi dans le progrès technique et la modernisation, le tout encadré par un État stratège et planificateur. En cela, Électricité de France développe bien un récit

1. Hervé Gallet, « Une montre bleu-blanc-rouge pour le 14 Juillet », *Le Point*, 14 juillet 2020.

national. Mais ici, la France n'est que le *décor* du discours, pas son personnage principal : cette campagne, qui s'intitule « Des hommes au service des hommes® », ne parle pas tant du pays que du savoir-faire de ses ingénieurs. C'est à ce titre que nous excluons ces deux campagnes de notre champ d'étude.

Voilà donc le projet, proposer un livre politique sur la France, en optant pour un angle original : les marques. En prenant au sérieux la place et la fonction de leurs discours, elles nous permettront de poser un nouveau regard sur les dynamiques politiques de la société française contemporaine. Nous tenterons, entre autres choses, de montrer que les marques de luxe entretiennent un univers monarchique du pouvoir, contribuant indirectement au maintien du principe du monarque républicain ; qu'une marque patrimoniale comme Air France, de par son discours hyperbolique autour des signes d'une *francité* passée ou réservée à une toute petite élite, accentue la perception d'une fracture entre le peuple et ses élites ; qu'une marque très grand public comme Renault a proposé, quelques mois seulement après la campagne présidentielle, un récit publicitaire qui s'oppose frontalement à celui proposé par Éric Zemmour ; que des marques cherchent à renouveler l'imaginaire national, avec d'autres codes, d'autres mots, d'autres images, parfois en choisissant d'aborder les angles morts de la société française, parfois en s'attelant à éclairer différemment la réalité. Nous verrons aussi que les marques constituent le nouveau terrain symbolique sur lequel se joue la bataille culturelle menée par les franges les plus identitaires de la droite et de l'extrême droite : du Puy du Fou à Basic-Fit en passant par Barilla, ces dernières utilisent de plus en plus le discours des marques pour mener leur combat politique.

Une tradition, deux écoles

Ce faisant, ce travail s'inscrit dans une longue tradition intellectuelle, d'approche plutôt anglo-saxonne : les *cultural studies* (études culturelles). Fondées dans les années 1960, il s'agit d'une discipline qui regroupe des auteurs de champs disciplinaires très variés (anthropologie, histoire, sociologie) qui, tous, investissent la dimension du symbolique et de ses interprétations pour envisager le social non comme un donné, mais comme un créé. Ce qui lie des auteurs aussi différents que Marshall Sahlins, Peter Burke, Erving Goffman ou, en France, Michel Foucault, Pierre Bourdieu et Pierre Nora, c'est leur approche des structures sociales conçues comme le produit d'une lutte de représentations : « Si les représentations reflètent la réalité sociale, elles la produisent tout autant. Elles ne sont pas seulement passives, mais pleinement actrices d'histoire[1] ». Par ailleurs, les *cultural studies* ont contribué à considérablement étendre le spectre des « objets légitimes de recherche », en s'intéressant à l'expérience de la vie ordinaire : la culture ne passe pas que par les livres, mais s'imprègne dans mille objets du quotidien – les vêtements, les chansons populaires, les façons de manger, de déambuler dans l'espace… C'est à ce titre que des auteurs ont commencé à s'intéresser de près aux cultures commerciales et populaires portées, et parfois même créées, par les marques.

À l'échelle nationale et contemporaine, on peut retrouver cette tradition intellectuelle dans deux écoles de pensée qui, chacune à leur manière, se sont données pour objectif de prendre au sérieux la consommation, en l'abordant avec une réflexion politique et idéologique.

1. Peter Burke, *Qu'est-ce que l'histoire culturelle ?*, Paris, Les Belles Lettres, 2022.

Dans une approche transdisciplinaire mêlant géographie, économie, politique et sociologie, Jérôme Fourquet, directeur du département opinion de l'IFOP, a mené un travail original sur la société française, qu'il s'est efforcé de penser au travers de variables inhabituelles – du taux de fréquentation des colonies de vacances[1] à la carte d'implantation des McDonald's sur le territoire français[2]. En particulier, les objets de consommation occupent une place importante de ses analyses, de façon plus marquée encore dans son dernier livre coécrit avec Jean-Laurent Cassely, *La France sous nos yeux*[3]. Leur démarche a ceci d'intéressant qu'elle consiste à se pencher sur des acteurs, des dispositifs et des signes habituellement ignorés ou mésestimés, pour montrer qu'ils constituent des clés d'interprétation de la société et de l'époque. Le succès éditorial rencontré (plus de cent cinquante mille exemplaires vendus) dit quelque chose de l'éveil nouveau du grand public à cette façon de cerner le pays par l'intermédiaire de ses habitudes de consommation.

Cette approche de la société par sa culture matérielle, hélas encore marginale en France, remonte à loin : nous verrons, dans le deuxième chapitre, qu'il existe toute une littérature d'anthropologie et de sociologie de la consommation. À ce stade, notons simplement que dans les années 1960, le publicitaire et chercheur iconoclaste Bernard Cathelat proposait déjà :

> On peut étudier une culture à travers sa production artistique, sa civilisation matérielle. On peut aussi la pénétrer par ses modes de consommation. Car l'achat est une conduite qui

1. Jérôme Fourquet, *L'archipel français ; naissance d'une nation multiple et divisée*, Paris, Seuil, 2019.
2. Jérôme Fourquet, « Génération McDo », Fondation Jean-Jaurès, 27 janvier 2022.
3. Jérôme Fourquet, Jean-Laurent Cassely, *La France sous nos yeux ; économie, paysages, nouveaux modes de vie*, Paris, Seuil, 2021.

> engage l'individu tout entier, en ses besoins psychologiques et psychiques, en tant qu'individualité et atome social, en sa sphère consciente et ses instances inconscientes[1].

La seconde école est celle que constituent l'enseignement et les travaux de Benoît Heilbrunn. Ancré dans les sciences sociales, il a mené d'importantes études sur la consommation, la culture matérielle et les marques, qu'il a pensées comme des systèmes de médiations symboliques. Enseignant à l'ESCP Business School, il a publié plusieurs ouvrages de référence sur ces sujets qui, tous, explorent la façon dont les marques s'érigent en « sphères d'autorité », à même de construire et de diffuser d'authentiques visions du monde et de la société. À sa suite, nous considérerons les marques comme d'authentiques acteurs culturels[2] et historiques. Bien sûr, les marques sont d'abord et avant tout des acteurs économiques, et il ne faudra jamais perdre de vue que tout discours de leur part a pour finalité un accroissement de capital (économique, via l'augmentation du chiffre d'affaires ou du taux de marge, ou symbolique, via la modification de son image). Pour autant, ce n'est pas parce que la finalité recherchée des marques est consommatoire, ou capitaliste, que leurs effets ne se font pas plus largement ressentir dans la société tout entière – y compris chez les

1. André Cadet, Bernard Cathelat, *La publicité; de l'instrument économique à l'institution sociale*, Paris, Payot, 1968.
2. Pour le comprendre, il faut entendre la « culture » non pas au sens de productions intellectuelles et esthétiques d'une société à une époque donnée, mais, plus largement « comme l'ensemble des mots, des croyances, des rites et des gestes à travers lesquels des communautés donnent sens au monde, qu'il soit social, naturel ou surnaturel » (Roger Chartier, « Postface », in Philippe Poirrier (dir.), *L'histoire culturelle : un « tournant mondial » dans l'historiographie ?*, Dijon, Éditions Universitaires de Dijon, 2008).

non-clients, et c'est bien tout le tour de force. Dans ce livre, ce sont les marques en tant qu'institutions sociales et politiques qui vont nous intéresser, pas en tant qu'acteurs économiques. C'est l'impact de ce que nous allons appeler le « roman national des marques » sur le paysage mental contemporain que nous proposons d'explorer, en décidant délibérément de réduire la dimension économique et commerciale à la portion congrue.

Dans une époque en déficit de « roman national », nous y reviendrons, le projet de ce livre est d'éclairer de façon oblique la production de discours sur la France et les Français. Avec une constante dans l'approche : exclure de l'analyse ce qui constitue le lieu de production traditionnel de ce type de discours, à savoir le champ politique – rythmé par ses campagnes présidentielles, ses grands discours à l'Assemblée, ses déclarations ministérielles. Ou plus précisément, il s'agit d'exclure le champ politique comme objet d'analyse principal pour mieux le nourrir a posteriori : l'un des objectifs poursuivis est en effet de montrer qu'il existe de nouvelles façons de raconter la France, dont les hommes et femmes politiques pourraient bien s'inspirer pour se rapprocher de leurs électeurs.

« Raconter » la France : le récit n'est pas du storytelling

Précisons-le dès à présent, pour éviter toute incompréhension : quand on parlera de « raconter » la France ou les Français, il ne s'agira pas d'une simple activité de *storytelling*, cet « art de raconter des histoires » bien décrit en son temps par l'essayiste Christian Salmon, qui y voyait avant tout une « technique de communication, de contrôle et de pouvoir » qui consiste à « plaquer sur la réalité des récits artificiels[1] ».

1. Christian Salmon, *Storytelling; la machine à fabriquer les histoires et à formater les esprits*, Paris, La Découverte, 2007.

Ici, quand on parlera de « raconter » la France ou les Français, on parlera plus largement d'une capacité à porter, par un récit, un ensemble de valeurs, de projets, de visions, de préoccupations, à l'échelle du pays comme à celle des citoyens. Dans les années 1970, une discipline académique, la sémiotique narrative, a défini le récit comme une *transformation d'états* affectant le rapport d'un certain *sujet* avec un certain *objet*, qui fait l'objet d'une *quête* réalisée au gré de *péripéties*, affectant à chacun de ces états des *valeurs* associées[1]. Dans ses écrits sur la fiction, le philosophe Jacques Rancière a beaucoup insisté sur cette notion de transformation d'états : selon lui, l'enchaînement chronologique de péripéties ne suffit pas à produire un récit, il faut qu'il y ait ce qu'il appelle un « renversement des attentes » (le passage de l'ignorance au savoir, du malheur au bonheur, de l'infortune à la prospérité, etc.). Au cœur de la notion de récit se trouve la « rationalité fictionnelle » (notion empruntée à Aristote), à savoir l'idée selon laquelle les événements n'arrivent pas au hasard mais comme « conséquences nécessaires ou vraisemblables d'un enchaînement de causes et d'effets[2] ».

Des grandes théories de la société au micro-récit du fait divers, des paroles d'une chanson à l'interview d'un grand champion, d'une intrigue Netflix à une campagne présidentielle victorieuse, on retrouve les mêmes ingrédients de ce qui constitue un « bon récit » : « Il s'agit toujours de développer l'enchaînement des causes qui nous mènent, nous ont menés ou nous mèneront à la fortune ou au malheur. Il s'agit toujours aussi de montrer comment ces causes produisent leurs effets en inversant les apparences et les attentes[3] ».

1. Lire par exemple l'ouvrage séminal de Joseph Courtès, *Introduction à la sémiotique narrative et discursive*, Paris, Hachette, 1976.
2. Jacques Rancière, *Les bords de la fiction*, Paris, Seuil, 2017.
3. *Ibid.*

Autrement dit : raconter n'est pas décrire. La description est statique, la narration est motrice. C'est ainsi qu'il faut comprendre que Paul Ricœur définit l'intrigue comme une « œuvre de synthèse » car, par la vertu de l'intrigue, dit-il, « des buts, des causes, des hasards sont rassemblés sous l'unité temporelle d'une action totale et complète. L'intrigue d'un récit "prend ensemble" et intègre en une histoire entière et complète les évènements multiples et dispersés[1] ».

À suivre Rancière, c'est l'introduction de cette « rationalité fictionnelle » dans les sciences sociales qui a permis le succès des thèses de Marx, Freud ou Braudel : plutôt que de se cantonner à une simple description (politique, psychique, historique), ces trois auteurs ont su proposer un modèle de causes et de conséquences permettant, chacun à leur manière, de raconter le monde et ses transformations – passées, présentes et futures. Pour prolonger sa réflexion, nous dirons que c'est précisément la présence ou l'absence de cette « rationalité fictionnelle » qui explique la puissance ou l'impuissance d'un récit politique. Aujourd'hui, sur les bancs de l'Assemblée nationale ou dans les rangs des ministères, on ne manque pas de *compteurs* pour faire la description statique et statistique de la France. En revanche, on manque cruellement de *conteurs* capables d'en proposer un récit moteur.

Ce qu'on appelle « mise en récit », c'est-à-dire l'ordonnancement narratif d'éléments éparpillés, produit des effets dans le réel. Pour reprendre les explications lumineuses d'Yves Citton, la puissance propre des récits tient en leur « force de reconfiguration ». L'expérience narrative a une propriété essentielle : celle de « distiller l'hyper-complexité du réel en un modèle imaginaire schématique et unifiant ».

1. Paul Ricœur, *Temps et récit ; l'intrigue et le récit historique* (t.1), Paris, Seuil, 1983.

> C'est en narrativisant les évènements de ma vie que je leur donne sens, c'est-à-dire en les insérant dans un enchaînement de faits interconnectés [...] au sein desquels je crois pouvoir saisir des rapports de causalité, d'incompatibilité, de convergence et de divergence[1].

C'est ce qui explique, au moins en partie, que la thèse du « grand remplacement » ait pu, avec Éric Zemmour comme porte-parole, si facilement s'imposer dans le débat public lors de la dernière campagne présidentielle : elle se présentait sous la forme d'un récit narrant la transformation de la société française sous un prisme unique, l'immigration, érigée en causalité principielle du malheur français. De fait, la panique de l'automne 2021 suscitée par sa progression fulgurante dans les sondages a sans doute aussi pour origine la prise de conscience qu'en face, les contre-récits nationaux éaient faibles, bien trop faibles.

Le « roman national des marques » : deux écueils à éviter

C'est dans cette conception bien précise du récit que l'on parlera de « roman national ». L'expression est apparue pour la première fois en 1992 sous la plume de l'historien Pierre Nora, dans la conclusion du tome final des *Lieux de mémoire*, renvoyant dans une note de bas de page à un ouvrage de Paul Yonnet que Nora s'apprêtait à éditer : *Voyage au centre du malaise français ; l'antiracisme et le roman national*[2]. Dans son acception commune, il s'agit donc d'une expression récente.

1. Yves Citton, *Mythocratie ; storytelling et imaginaire de gauche*, Paris, Amsterdam, 2010.
2. Un ouvrage très critique vis-à-vis de l'antiracisme militant des années 1980, responsable selon l'auteur de « l'extinction de l'identité française », et qui a suscité une très forte opposition lors de sa parution.

Après avoir longtemps désigné un genre littéraire, particulièrement en vogue entre 1871 et 1914 (le « roman national » désignait alors une œuvre de fiction dont la Nation constituait le personnage principal[1]), le « roman national » désigne aujourd'hui une réécriture romancée de l'Histoire, réduite à une dimension « largement mythologique » (Pierre Nora), de l'ordre de la légende ou de la fable. Pour ses défenseurs, le roman national a la vertu de proposer un récit certes imaginaire, mais unificateur, permettant de fédérer une communauté nationale autour de grandes figures identificatrices et de grandes dates. Pour ses contempteurs, le roman national est un récit certes unificateur, mais imaginaire : il constitue un objet littéraire rempli de biais politiques et de réécritures problématiques des faits, qui propose une vision déformée du passé. Dans *Le mythe national; l'histoire de France revisitée*, la spécialiste de l'historiographie française, Suzanne Citron, a scruté la façon dont les manuels scolaires des deux siècles passés racontaient l'Histoire de France : quels faits historiques, quels personnages, quels moments étaient exposés et lesquels étaient, au contraire, passés sous silence ? Elle en tirait la conclusion suivante :

> L'absence en France de l'idée que l'histoire a une « histoire » est flagrante. Nous croyons à l'histoire avec un grand H. Pourtant, le passé se transmet sous des habillages qui varient selon les époques. La configuration d'un récit est marquée d'empreintes idéologiques fluctuantes, de colorations imaginaires[2].

---

1. David Gaussen, *Qui a écrit le roman national ? De Lorànt Deutsch à Patrick Boucheron, l'histoire de France dans tous ses états*, Marseille, Gaussen, 2020.
2. Suzanne Citron, « Préface : Trente ans après », *Le mythe national; l'histoire de France revisitée*, Ivry-sur-Seine, l'Atelier, 2019 [1987].

C'est bien dans cette double acception du roman national, imaginaire et unificateur, que nous allons nous intéresser à la façon dont les marques produisent un discours sur la France. Plutôt que de parler « d'identité » nationale, une expression désormais bien ancrée à droite et qui tend à figer les termes du débat, nous avons préféré l'expression de « sentiment » national, qui désigne les identifications individuelles à la nation, « la manière dont les individus vivent leur appartenance au groupe-nation, les valeurs qui y sont associées, les facteurs qui la déterminent[1] », pour reprendre les mots de la politiste Nonna Mayer.

Pour en revenir aux *cultural studies*, l'idée est de croiser les réflexions autour de la fabrique du sentiment national et celles interrogeant le rôle des marques aujourd'hui, en s'appuyant sur leur double fonction de représentation et de construction culturelle de la réalité. Giuseppe Mazzini (1805-1872), l'un des pères de la « patrie italienne », observait que la peinture historique italienne de son temps avait contribué à bâtir la Nation, dans un processus de « nationalisation du passé[2] ». Benedict Anderson, auteur d'un livre majeur sur l'imaginaire national, sur lequel nous reviendrons, expliquait quant à lui que le roman occupait une place singulière dans le processus de création d'unités nationales, une idée nouvelle au XIXe siècle[3]. De la même façon,

1. Nonna Mayer, « La fierté d'être Français, de l'indépendance algérienne à Maastricht », *L'Année sociologique*, vol. 46, n° 1, 1996, p. 151-167.
2. Remarque de Peter Burke dans *Qu'est-ce qu'une histoire culturelle ?*, 2022, *op. cit.*
3. « La fiction s'infiltre paisiblement et continûment dans la réalité, créant cette remarquable confiance de la communauté dans l'anonymat qui est la marque distinctive des nations modernes » (Benedict Anderson, *L'imaginaire national; réflexions sur l'origine et l'essor du nationalisme*, Paris, La Découverte, 2006 [1983]).

notre objectif est d'interroger le rôle de la publicité et, plus largement, du discours de marque, dans la perception individuelle et collective que l'on se fait du pays – ses forces, ses faiblesses, ses fractures, ses éléments fédérateurs. À maints égards, il serait faux de penser que les marques ne sont que le reflet du pays dont elles parlent; du fait de leur puissance symbolique et de leurs parts de voix médiatiques, elles disposent aussi du pouvoir d'en modifier en profondeur la perception, et donc la réalité du pays lui-même. C'est pour cette raison que le sujet nous paraît capital. Si on le prend au sérieux, le travail à mener est colossal, car il nécessite d'articuler une étude micro-consommatoire, une analyse précise du discours des marques, à une réflexion politique plus large et plus vaste, qui s'inscrit nécessairement dans une approche historique et culturelle. Il nous est vite apparu que ce livre n'épuiserait pas le sujet: nécessairement lacunaire et incomplet, ce travail ne vise donc pas l'exhaustivité. Considérons-le plutôt comme une pierre à l'édifice.

Précisons, pour terminer, les deux écueils qu'il nous semble important d'éviter pour penser correctement le sujet. D'un côté, ce qu'on pourrait appeler le « libéralisme béat », qui consisterait à sublimer le rôle des marques et à en surestimer l'importance, applaudissant des deux mains leur entrée en politique et accueillant avec enthousiasme chaque discours extra-commercial qui porterait sur la France ou les Français. Ce faisant, on passerait totalement à côté des questions éminemment politiques que pose l'entrée d'entités privées dans l'univers du discours national, ce qui n'est pas sans poser de sérieux problèmes. De l'autre, un « anticapitalisme pavlovien » qui adopterait, par principe et par réflexe, une posture moralisante pour ne voir dans les marques que le suppôt d'un capitalisme cherchant à nous réduire à de purs *Homo economicus*, et qui, de ce fait, et par idéologie, se montrerait aveugle au rôle central que joue aujourd'hui la consommation dans nos sociétés. Chaque écueil a ses aveuglements et ses limites qui lui sont propres : nous tâcherons non pas de nous tenir à équidistance, mais d'enjamber cette opposition. Sans nous refuser à une approche critique du phénomène, la question ne sera pas de savoir si « c'est bien ou si c'est mal », mais de nous astreindre à une position d'observateurs, cherchant à attirer l'attention sur un phénomène qui relève encore largement de l'angle mort de la pensée. Nous laisserons à d'autres le soin de tirer de nos propos des conclusions plus politiques.

Avant de nous lancer dans l'étude précise du roman national proposé par les marques, il faut nous entendre sur le diagnostic : aux yeux des Français, qui raconte la France aujourd'hui ? Quel rôle jouent les marques dans la nouvelle « géographie narrative » du pays ? Pour éviter de partir sur de fausses pistes, entamons notre réflexion du côté de l'étude des perceptions, par l'intermédiaire d'une approche statistique : pour ce faire, nous avons mené une enquête inédite avec l'institut de sondage IFOP pour la Fondation Jean-Jaurès[1] (intégralement retranscrite en annexe). Dans ce premier chapitre, nous vous proposons d'en décliner les principaux résultats. Tableaux, graphiques et données chiffrées convergent vers un même constat : en France, le roman national est désespérément en panne.

1. IFOP pour la Fondation Jean-Jaurès, « Comment les marques racontent la France ? », décembre 2022. Enquête menée auprès d'un échantillon de mille seize personnes, représentatif de la population française âgée de 18 ans et plus. La représentativité de l'échantillon a été assurée par la méthode des quotas. Les interviews ont été réalisées par questionnaire autoadministré en ligne du 20 au 21 décembre 2022.

I

Le roman national en panne

> « Le pays ne se sent pas représenté. La démocratie est minée par le caractère inaudible de toutes les voix de faible ampleur, par la négligence des existences ordinaires, par le dédain des vies jugées sans relief, par l'absence de reconnaissance des initiatives laissées dans l'ombre. »
>
> Pierre Rosanvallon, *Le Parlement des invisibles*, 2014

1
Qui raconte la France d'aujourd'hui ?

> « Être né sous l'signe de l'Hexagone
> On peut pas dire qu'ça soit bandant
> Si l'roi des cons perdait son trône
> Y aurait 50 millions de prétendants »
>
> RENAUD, *Hexagone*, 1975

Jean-Pierre Pernaut, Jean-Jacques Sempé, Jean-Luc Godard. Tous trois se sont éteints en 2022, et chaque disparition a été commémorée comme celle de grands témoins nationaux. Le premier, aux commandes du JT de 13H de TF1, prenait quotidiennement le pouls de la « France profonde ». « Partant de l'actualité immédiate », écrivait de lui Michel Houellebecq, « Jean-Pierre Pernaut accomplissait chaque jour cette tâche messianique consistant à guider le téléspectateur, terrorisé et stressé, vers les régions idylliques d'une campagne préservée, où l'homme vivait en harmonie avec la nature, s'accordait au rythme des saisons[1] ». Le deuxième, dessinateur des célèbres *Aventures du Petit Nicolas*, a été consacré « portraitiste des Français » par le magazine *The New Yorker*, pour lequel il a réalisé cent six couvertures. Par ses coups de crayon, il parvenait

1. Michel Houellebecq, *La carte et le territoire*, Paris, Flammarion, 2010.

à exprimer des sentiments, des impressions et des situations difficilement dicibles. Le dernier, monument du cinéma, semblait résumer à lui tout seul toute une époque et un certain esprit français[1]. « Nous perdons un trésor national », a réagi le président de la République à sa disparition, qui avait usé de la même rhétorique lors de l'hommage populaire rendu à Johnny Hallyday : « Johnny était à son public, Johnny était au pays. Parce que Johnny était beaucoup plus qu'un chanteur, c'était la vie, la vie dans ce qu'elle a de souverain, d'éblouissant, de généreux et c'était une part de nous-mêmes, c'était une part de la France[2] ». Bref : Pernaut, Sempé, Godard, Hallyday, mais aussi Gisèle Halimi, Charles Aznavour, Jean d'Ormesson, Joséphine Baker ou Jean-Paul Belmondo. À chaque disparition, ce qu'on a lourdement souligné dans le discours médiatique, c'est la capacité d'acteurs culturels à non seulement représenter la France, mais plus encore : raconter ses idéaux, ses valeurs, sa sensibilité, son identité, ses lignes de clivages et de tensions, sa complexité, voire ses contradictions.

La répétition de ces hommages a de quoi interroger : n'est-elle pas le signe d'une France en mal de conteurs nationaux ? Pour en avoir le cœur net, nous avons posé la question aux Français : selon eux, qui raconte la France et les Français aujourd'hui ? Comme on va le voir, le tableau dressé permet de quantifier, en les précisant, certaines intuitions que l'on pouvait nourrir a priori, tout en éclairant le sujet d'une lumière nouvelle.

---

1. « Le fait est que, devant Godard, on est comme devant Picasso », explique Olivier Assayas à *Libération*. « Il a traversé son époque, la prenant tout entière en charge, il est pétri de ses contradictions et de ses fulgurances, il a tout essayé, il a tout absorbé » (Didier Péron, « Mort de Jean-Luc Godard, histoire du cinéma », *Libération*, 13 septembre 2022).
2. Emmanuel Macron, « Hommage populaire à Johnny Hallyday », *elysee.fr*, 9 décembre 2017.

Tableau 1. « Selon vous, qui raconte le mieux la France aujourd'hui (ses idéaux, ses valeurs, son identité) ? »

	En premier	Total des citations
Personne	34 %	44 %
Les écrivains	21 %	42 %
Les intellectuels	11 %	27 %
Les artistes	9 %	20 %
Les marques des produits et services que je consomme	6 %	11 %
Les sportifs	6 %	9 %
Les humoristes	5 %	17 %
Les hommes et femmes politiques	4 %	11 %
Les journalistes	3 %	10 %
Les syndicats	2 %	5 %
Les influenceurs sur les réseaux sociaux	2 %	4 %
Total	100 %	(*)

(*) Total supérieur à 100 %, les interviewés ayant pu donner plusieurs réponses.

Un déficit de récit national

Premier constat : si 76 % des Français disent être « fiers de l'Histoire de France, de sa culture, de son patrimoine et de ses grands héros nationaux », plus de la moitié des Français (56 %) estiment qu'« Aujourd'hui, plus personne ne me fait vibrer en parlant de la France, et je le regrette » – un sentiment majoritaire dans presque toutes les catégories socio-démographiques[1]. Autrement dit : il existe une « demande » insatisfaite de France et de récit national, particulièrement marquée chez les catégories populaires (62 %, dont 71 % chez les ouvriers)

1. À l'exception marquante des 18-24 ans (« D'accord » à 37 %, la proportion remonte à 54 % pour les 25-34 ans) et des diplômés du supérieur (49 %).

et les catégories modestes (65 %), contre seulement 51 % chez les cadres. On retrouve l'intuition formulée en son temps par Jaurès : « À celui qui n'a rien, la patrie est son seul bien ».

Le constat d'un déficit de récit national est confirmé par la suite de l'enquête. À la question « Qui raconte le mieux la France aujourd'hui (ses idéaux, ses valeurs, son identité) ? », les interrogés avaient le choix parmi dix catégories d'acteurs (voir Tableau 1). C'est la onzième qui est citée en premier, et de loin : « Personne » (à 34 %, 44 % en total des citations). Autrement dit, pour filer la métaphore du marché : il y a un « problème d'offre ». La perception dominante est qu'aucun émetteur ne parvient efficacement à produire un discours puissant, articulé et enthousiasmant sur la France, ce en quoi le pays croit profondément et ce qu'il porte comme projet dans le monde.

Quand on regarde dans le détail la répartition sociodémographique de la réponse « Personne » (en premier), on réalise que la principale variable explicative est le niveau d'éducation (davantage que le niveau de revenus, pour lequel les résultats sont davantage homogènes). Soit, en des termes bourdieusiens : c'est le capital culturel, plus que le capital économique, qui explique le mieux la variation de la perception de l'absence de « grands conteurs nationaux ». Plus on est diplômé, et plus on considère qu'il existe une pluralité d'acteurs qui parlent de la France (voir Figure 1). Cela complète le « problème d'offre » énoncé ci-dessus : s'il faut être bardé de diplômes pour repérer qu'il existe des discours sur la France portés par différents acteurs de la société, c'est qu'il y a un problème de représentation – et que ces discours sur la France, trop élitistes, ne parlent pas aux gens moins dotés en capital culturel.

Figure 1. Qui raconte le mieux la France ? Répartition de la réponse « Personne » (en premier) par niveau d'éducation.

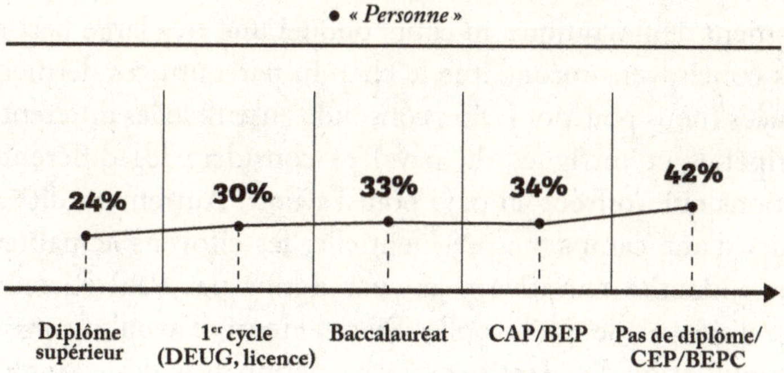

On tient peut-être là une autre explication – narrative, cette fois-ci – du mal-être français, si souvent commenté. Le repli sur soi : mais quand la scène nationale est désertée, que reste-t-il comme solution de repli, si ce n'est le théâtre de l'intime et du foyer ? La défiance : mais en l'absence de grand récit national, que reste-t-il sur le « marché des récits » disponibles, si ce n'est une myriade de narrations alternatives, tirant parfois dans des directions opposées ? Le ressentiment : mais comment ne pas éprouver un amer sentiment de gâchis quand un pays regorgeant de tant de richesses immatérielles se voit réduit au silence, voire à la négation de son existence – selon la célèbre formule de Lacan, pour qui « tout ce qui n'est pas dit n'existe pas » ?

Les psychanalystes le savent mieux que quiconque, il existe une force thérapeutique du récit. Or, tout se passe comme si, dans un pays perturbé par une succession de crises, personne n'avait réussi à trouver les mots justes pour, non pas décrire, mais bien *raconter* (dans un enchaînement logique de causes et d'effets) où nous en sommes collectivement, en tant que nation. C'est, en principe, l'une des fonctions symboliques majeures d'une campagne présidentielle, qui ne se résume pas à une simple élection. Une campagne présidentielle, c'est aussi ce moment démocratique au cours duquel une très large part de nos concitoyens reconstitue le chemin parcouru ces dernières années (nous pourrions dire, consolide ensemble les différentes péripéties et intrigues du pays) et considère les différentes options qui s'offrent au pays pour l'avenir. Autrement dit : au cours d'une campagne présidentielle, les citoyens actualisent leur « identité narrative », au sens donné par Paul Ricœur[1], et repris par le philosophe Pierre-Henri Tavoillot sous la dénomination d'« identité narrative nationale », désignant « le récit par lequel un peuple prend conscience de lui-même et s'inscrit dans le temps long [...] et par où l'on retrouve, enfin, une forme d'unité dans le peuple, car rien ne rassemble autant que de raconter ou d'écouter des histoires[2] ».

En 2022, cette actualisation ne s'est pas effectuée. On a peine à se remémorer de quelles valeurs, de quels idéaux, de quels horizons lointains nous avons collectivement, en tant que nation, discuté. Le président sortant en est le premier responsable : d'abord, parce que son entrée en campagne tardive a longtemps empêché que le débat démocratique se noue autour de son bilan. Ensuite parce qu'une fois en course, Emmanuel Macron a mené une campagne certes victorieuse, mais totalement neutralisée, tournant à vide, dans une sorte de faux rythme permanent, sans déconvenues majeures mais sans réels coups d'éclat. « La guerre en Ukraine écrase tout », disait-on alors pour expliquer pourquoi aucune grande idée,

1. Paul Ricœur, *Soi-même comme un autre*, Paris, Seuil, 1990.
2. Pierre-Henri Tavoillot, *Comment gouverner un peuple-roi ? Traité nouveau d'art politique*, Paris, Odile Jacob, 2019.

aucune grande mesure n'était avancée. En réalité, il apparaît aujourd'hui que le problème était plus profond : l'absence de récit trahissait une incapacité à actualiser l'identité narrative du pays. Qui sommes-nous, où allons-nous, et de quelle manière ? Nous n'avons pas fini de payer les conséquences de cette campagne présidentielle manquée.

En poursuivant plus avant le classement, nous ne sommes pas surpris de découvrir que les écrivains (21 % en premier, 42 % en total des citations) et les intellectuels (11 % en premier, 27 % en total des citations) arrivent respectivement en deuxième et troisième position – remarquons toutefois qu'ils sont cités assez loin derrière. Il en va certainement d'une longue tradition littéraire et intellectuelle d'une « République des Lettres » et d'une « Patrie des droits de l'Homme » qui a depuis longtemps réservé une place particulière à ses grands écrivains et penseurs. Creusons un instant ce sillon. Dans *Le sacre de l'écrivain*[1], l'historien littéraire Paul Bénichou a expliqué qu'autour de la Révolution française et des révolutions du XIXe siècle, devant le déclin du pouvoir spirituel de l'Église, les écrivains ont pris la place des prêtres dans la direction des consciences. Et s'ils avaient progressivement remplacé le pouvoir temporel, les politiques, dans la prise en charge du roman national ? Si, pendant les Trente Glorieuses, un certain nombre d'intellectuels ont fait de la « mort de l'auteur[2] » le signe de l'entrée dans la modernité scripturale, en réalité, c'est la

1. Paul Bénichou, *Le sacre de l'écrivain, 1750-1830; essai sur l'avènement d'un pouvoir spirituel laïque dans la France moderne*, Paris, Gallimard, 1996 [1973].

2. « La mort de l'auteur », le texte de Roland Barthes, paraît une première fois dans le numéro 5 de la revue *Manteia* à l'automne 1968, puis est repris dans *Le bruissement de la langue ; essais critiques IV*, Paris, Seuil, 1984.

« fonction-auteur », pour reprendre une expression de Michel Foucault[1], qui a évolué. Au cours du temps, la littérature a infléchi ses formes et adapté ses finalités aux grandes attentes du lecteur et de l'époque. Dans un ouvrage consacré à l'évolution de la fonction de la littérature contemporaine, Alexandre Gefen notait par exemple qu'en miroir de la violence dévastatrice de la société, un nombre croissant de romans obéissait désormais à l'idée de « réparer le monde » :

> Si elle refuse de devenir un simple divertissement, la littérature française contemporaine a l'ambition de prendre soin de la vie ordinaire, des individus fragiles, des oubliés de la grande histoire, des communautés ravagées, de nos démocraties inquiètes, en offrant au lecteur sa capacité à penser l'impératif d'individualisation, à faire mémoire des morts, à mettre en partage des expériences sensibles ou à inventer des devenirs possibles : c'est à ce titre qu'elle fait face au monde[2].

Ces dernières années, plusieurs écrivains ont été régulièrement présentés comme d'authentiques « sociologues » du pays – et ce, de Michel Houellebecq à Nicolas Mathieu, en passant par Annie Ernaux ou Aurélien Bellanger. À chaque fois, ce que l'on a célébré, c'est leur capacité à réordonner le réel par la littérature. Leur geste littéraire, qui est dans le même temps un geste politique, consiste à redonner du sens et de la lisibilité à des phénomènes qui, autrement, paraissent écrasants, empreints de fatalisme, ou sont tout simplement incompris. Au travers de personnages de fiction, ces « écrivains-sociologues »

1. Michel Foucault, « Qu'est-ce qu'un auteur ? », conférence prononcée au Collège de France en février 1969 devant la Société française de philosophie.
2. Alexandre Gefen, *Réparer le monde ; la littérature française face au XXIe siècle*, Paris, Corti, 2017.

racontent leur époque, comme Zola, Stendhal ou Proust en leur temps. Ils reconstituent la chaîne de causalité du délitement amoureux, de la misère sexuelle, de l'exclusion sociale, de la fracture territoriale, ou encore de la société de consommation ou du monde de la télé-réalité. Au travers d'intrigues romanesques, ils recréent sous les yeux du lecteur les grandes transformations d'état que vit effectivement le pays de façon charnelle; et par cette activité de narration, ils permettent dans un même mouvement de retrouver des « marges de vie », comme on retrouve des marges de manœuvre : si l'on passe de l'inclusion à l'exclusion, de l'union à la désunion, de la force à la faiblesse, il est possible – au moins dans l'imaginaire – d'effectuer le chemin inverse. Autrement dit : plus la perception du déficit de récit national s'est creusée, et plus on a fait des écrivains nos conteurs nationaux de substitution.

Toujours est-il que l'influence des écrivains dans la société française a peut-être d'ores et déjà entamé son reflux : dans l'enquête IFOP, on constate en effet de très forts écarts générationnels – seuls 35 % des moins de 35 ans citent les écrivains comme acteurs capables de raconter la France, contre 51 % pour les plus de 65 ans (en Total des citations). Autrement dit : les écrivains parlent surtout à ceux qui lisent… Pour les jeunes adultes, les référentiels culturels changent : ils vont plus spontanément évoquer les sportifs (19 %), les artistes (19 %), voire les influenceurs sur les réseaux sociaux (7 %) comme autant d'acteurs qui racontent la France.

La « société du ricanement »

La perception, en revanche, est différente quand on passe d'une échelle collective et nationale à une échelle individuelle et quotidienne. À la question de savoir « Qui raconte le mieux les Français aujourd'hui (leurs tracas et leurs joies du quotidien, leurs contradictions, leurs rêves et leurs angoisses) ? », la réponse « Personne » chute à 23 % de citations (en premier), soit un recul de onze points par rapport à la question portant sur la France. En total des citations, la proportion d'interrogés citant « Personne » atteint toutefois des scores importants chez les catégories populaires (37 %), les catégories modestes (45 %) et les habitants de communes rurales (42 %), cette « majorité ordinaire » qui subit un éloignement géographique, social, politique et culturel. Pour ces catégories, le sentiment d'exclusion est d'autant plus douloureusement ressenti qu'aucun acteur ne semble être en mesure de porter leurs vécus et leurs émotions. Les sociologues parlent de « violence symbolique », nous pourrions parler de « violence narrative » lorsque des individus se sentent exclus des principaux récits qui occupent le devant de la scène, aussi bien politique que cinématographique ou publicitaire. Or, ne pas se sentir appartenir à un même récit nous liant les uns aux autres, c'est être dans l'incapacité de se projeter dans un avenir commun. La « violence narrative », qui est de l'ordre de l'imaginaire, produit des effets politiques bien réels.

À cette question de savoir qui raconte le mieux les Français, ce sont les humoristes qui arrivent en première place du classement (25 % de citations en premier, 39 % en total des citations) – devançant de dix points les journalistes, qui complètent le podium (15 % de citations en premier, 26 % en total des citations). Preuve s'il en est de la place centrale qu'occupent aujourd'hui les Jérémy Ferrari, Florence Foresti et autres Jonathan Cohen dans leur capacité à représenter ce que vivent et ressentent les gens. À maints égards, ce sont les humoristes qui sont aujourd'hui considérés comme les porte-voix les plus fidèles du quotidien des Français. Sur une plus longue temporalité, Jérôme Fourquet note que la montée des humoristes comme figures médiatiques est concomitante des premières fissures dans le roman national :

Les humoristes ont commencé à prendre de l'importance dans l'espace public à partir des années 1970-1980, avec Coluche pour figure de proue, mais il n'est pas le seul : il est accompagné de toute une génération d'humoristes comme Guy Bedos, Roland Magdane ou Pierre Desproges… L'immense succès des *Bronzés* (1978) et des *Bronzés font du ski* (1979) consacre la bande du Splendid : Christian Clavier, Thierry Lhermitte, Michel Blanc, Josiane Balasko, Marie-Anne Chazel… Dans le même temps, les effets des chocs pétroliers et de la désindustrialisation se font sentir, et les grandes verticales qui avaient longtemps structuré la société française ne font plus vibrer personne[1].

Tableau 2. « Selon vous, qui raconte le mieux les Français aujourd'hui (leurs tracas et leurs joies du quotidien, leurs contradictions, leurs rêves et leurs angoisses) ? »

	En premier	**Total des citations**
Les humoristes	25 %	39 %
Personne	23 %	38 %
Les journalistes	15 %	26 %
Les artistes	9 %	22 %
Les écrivains	7 %	19 %
Les intellectuels	6 %	17 %
Les syndicats	5 %	12 %
Les influenceurs sur les réseaux sociaux	4 %	9 %
Les hommes et femmes politiques	3 %	8 %
Les marques des produits et services que je consomme	2 %	6 %
Les sportifs	2 %	4 %
Total	100 %	(*)

(*) Total supérieur à 100 %, les interviewés ayant pu donner plusieurs réponses.

1. Interview avec l'auteur, le 1er février 2023.

À la légèreté et l'insouciance des années 1980 et de l'humour Canal+ qui, avec *Les Guignols de l'info*, a porté au plus haut l'irrévérence vis-à-vis du pouvoir et des puissants, a succédé une forme d'humour plus sarcastique et désabusée. « En tournant tout en dérision », complète Jérôme Fourquet, « y compris et surtout la geste politique, ce qu'on pourrait appeler la "société du ricanement" accompagne et accélère le phénomène de perte de transcendance qui touche de plein fouet le monde politique et se diffuse dans toute la population ».

Au-delà des seuls humoristes, ce dont il faut bien prendre conscience, c'est combien le rire s'est peu à peu imposé comme le mode premier de relation au politique : c'est peut-être d'abord cela, la « société du ricanement ». Dans une étude qualitative consacrée aux abstentionnistes, publiée par la Fondation Jean-Jaurès[1], nous notions avec Laurence de Nervaux, directrice générale du think tank Destin commun, que beaucoup d'abstentionnistes ne conservaient un lien avec l'actualité politique qu'au travers de programmes pratiquant le ricanement généralisé, se délectant des imperfections du personnel politique, ridiculisant leurs bourdes, moquant leurs moments de gêne ou de malaise. Dans les entretiens que nous avons eus avec plusieurs groupes d'abstentionnistes, beaucoup disaient regarder *Quotidien*, « une manière de rire sur les faits de société », *Le Grand Cactus*, une émission belge qui « traite l'actualité française de manière décalée », ou encore… Cyril Hanouna.

Ce dernier a construit tout son capital médiatique autour d'une promesse : donner la parole à ceux que l'on n'entend pas, rendre visibles ceux que l'on ne voit pas, parler des sujets

1. Raphaël LLorca, Laurence de Nervaux, « Dans la tête des abstentionnistes ; à l'écoute de ceux qui se taisent », Fondation Jean-Jaurès, 10 juin 2022.

dont on ne discute pas. Du mouvement des Gilets jaunes[1] à l'organisation défaillante du bac et du BTS, du témoignage de Jeanine, une retraitée de 67 ans qui n'arrive pas à joindre les deux bouts, aux confessions de la famille Pellissard qui a décidé de lancer sa chaîne de vidéos intimes, c'est bien le quotidien des Français (et, singulièrement, de ses classes les plus populaires) que Cyril Hanouna se propose de raconter chaque soir à l'écran. En cela, il incarne bien un nouvel acteur du roman national, y compris dans tout ce que ses émissions charrient de réécriture des faits – *Touche pas à mon poste ! (TPMP)* est souvent accusée de se faire l'écho de rumeurs infondées. Elle n'en a pas moins trouvé son public : en mai 2021, une enquête IFOP pour *Le Point* montrait que pas moins de 27 % des catégories populaires regardaient « une fois par semaine au moins » une de ses émissions (*Touche pas à mon poste !*, *Balance ton post !*). Dans un livre d'entretiens réalisé avec Christophe Barbier, opportunément intitulé *Ce que m'ont dit les Français*, Cyril Hanouna revendiquait ouvertement ce rôle de porte-voix, non sans embrasser de furieux accents de leader populiste :

> Infirmières, étudiants, agriculteurs, routiers, livreurs… Vous m'avez dit : « Cyril, on veut se faire entendre par les gens d'en haut. » Vous m'avez demandé de jouer le médiateur entre vous et les politiques. Ensemble, nous avons révolutionné

---

1. Hanouna rappelle souvent qu'il a été le premier à avoir reçu des Gilets jaunes en direct à la télévision : le 20 novembre 2018, trois jours après l'Acte I, *Touche pas à mon poste!* reçoit en plateau pendant près de vingt-trois minutes Idir, informaticien, Adel, superviseur ferroviaire, Jean-Claude, chauffeur VTC, et… Maxime Nicolle, intérimaire dans la mécanique, devenu ensuite une figure du mouvement. À la fin de l'émission, Cyril Hanouna lance : « Si je peux devenir votre porte-parole à la télévision, et si vous voulez venir me voir à chaque fois que vous avez un message pour qu'on puisse faire avancer les choses, dans le calme, on le fera. »

> TPMP pour accompagner ce que vous viviez : la crise des Gilets jaunes, le Grand Débat national, les violences policières, les craintes autour du Covid. L'émission est devenue une agora, la vôtre, où vous pouvez tous, quels que soient vos origines, vos couleurs, vos opinions, vos milieux sociaux, vos orientations sexuelles, vous exprimer librement[1].

Le point clé, c'est que Cyril Hanouna a construit une bonne partie de sa popularité et de sa légitimité en mettant « les rieurs de son côté ». Le style Hanouna consiste à multiplier les saillies qui ébranlent d'autant plus la personne visée qu'elles parviennent à faire éclater de rire le plateau derrière lui – que ce soit sur le financement de la télévision publique, les antispécistes ou Anne Hidalgo, sa bête noire. Comme Trump ou Beppe Grillo avant lui, c'est en se forgeant une figure de « ricaneur national » que Cyril Hanouna a peu à peu acquis une dimension proprement politique. Une stature d'autant plus forte que l'humour est une redoutable arme, comme le rappelle Frédéric Beigbeder :

> L'humour est une dictature parce qu'il n'autorise jamais de droit de réponse. C'est son apparente légèreté qui le rend si implacable. Si tu te plains, tu passes pour quelqu'un de chiant, lourd et susceptible[2].

C'est en capitalisant sur ce double statut de porte-voix autoproclamé et de ricaneur national que Cyril Hanouna a pu se sentir autorisé à franchir plusieurs lignes jaunes ces derniers mois – comme lorsqu'il a publiquement insulté un élu de la Nation (Louis Boyard) ou lorsqu'il a vivement réclamé un « procès immédiat » à l'encontre de la principale suspecte

1. Cyril Hanouna avec Christophe Barbier, *Ce que m'ont dit les Français*, Paris, Fayard, 2021.
2. Frédéric Beigbeder, *L'homme qui pleure de rire*, Paris, Grasset, 2020.

dans l'affaire Lola, au mépris des principes fondamentaux de la justice. Ces attaques ne sont pas de simples dérives : elles constituent plutôt une sorte d'évolution logique. Car le ricanement permanent fonctionne comme une cocotte-minute : après avoir compressé un tel volume d'amertume et amassé un tel niveau de désillusions, le rire jaune, le rire grinçant, le rire amer doivent nécessairement trouver un point d'évacuation des tensions, sous peine d'explosion – d'où les déclarations violentes et les propositions démagogiques qui, à intervalles réguliers, servent de catharsis aux téléspectateurs ; crantant, en retour, une escalade dans les mots, et élargissant un peu plus encore la surface de l'imaginaire de violence symbolique qui mine les esprits et ronge les cœurs. Morale de l'histoire : dans un pays usé par une crise de la représentation, dans lequel plus des deux tiers de ses habitants (67 %) considèrent que leurs idées ne sont pas bien représentées et dans lequel seuls 29 % estiment que « les hommes et les femmes politiques agissent principalement dans l'intérêt des Français[1] », gare à celui qui prend le mégaphone. Comme le rappelle le médiologue Daniel Bougnoux, la revendication d'une plus conforme représentation du réel a souvent été à l'origine de révolutions, artistiques comme politiques[2].

Les marques et les acteurs politiques dans la nouvelle « géographie narrative »

En lisant les résultats différemment, il est possible de voir une transformation profonde de ce que nous pourrions appeler la « géographie narrative » du pays. Regroupons les acteurs en

1. Deux chiffres issus du baromètre Ipsos/Sopra Steria, « Fractures françaises », 2022, enquête citée.
2. Daniel Bougnoux, *La crise de la représentation*, Paris, La Découverte, 2006.

quatre catégories de conteurs : « Personne », les « conteurs du politique » (les hommes et femmes politiques, les syndicats, les journalistes), les « conteurs pop-culturels » (les marques, les sportifs, les humoristes, les influenceurs) et les « conteurs sensibles » (les écrivains, les intellectuels, les artistes). En cumulant les pourcentages de citations « En premier » de chacune de ces catégories, on obtient la géographie narrative ci-dessous (Figure 2).

Figure 2. Qui raconte le mieux la France et les Français ? Répartition par catégorie de conteurs.

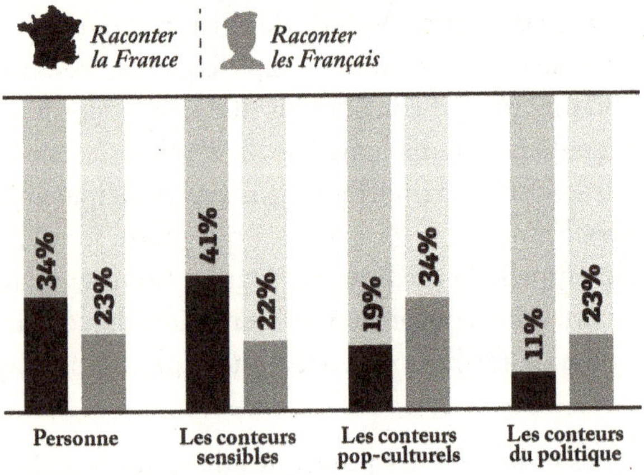

À l'échelle collective (« Raconter la France »), les réponses laissent apparaître deux blocs majoritaires : « Les conteurs sensibles » et « Personne ». À l'échelle individuelle (« Raconter les Français »), les réponses sont plus équilibrées, « Les conteurs pop-culturels » (34 %) surplombant légèrement les trois autres catégories de conteurs, qui se situent dans le même étiage (22-23 %). Quelles interprétations en tirer ? Comment comprendre que les Français aient le sentiment que leurs individualités sont mieux racontées que leur pays ? Sans doute est-ce le signe d'un changement d'échelle narrative : à notre époque post-moderne, qui acte selon certains auteurs la « fin des grands récits[1] », les macro-récits d'explication du monde ont laissé la place à une prolifération de micro-récits. C'est précisément au moment où le récit national montre ses signes d'essoufflement les plus aigus que les technologies du numérique nous donnent, à tout un chacun, le moyen de démultiplier ses espaces de narration de soi – songez à Facebook, Instagram ou Twitter. Corrélation ou causalité, il y a débat – nous l'explorerons dans le chapitre suivant. Dans tous les cas, il semble bien que la prolifération de récits individuels ne parvienne pas à compenser l'absence d'une matrice narrative collective. C'est bien là le cœur du problème.

Ce qui se fait jour, c'est que l'horizon thématique des discours ne vise plus tant la projection dans le futur que l'immersion dans le quotidien, et ce, pour l'ensemble des catégories de conteurs. Ainsi de Marlène Schiappa, secrétaire d'État à l'Économie sociale et solidaire et à la Vie associative, qui revendique de façon tout à fait emblématique de passer de la « révolution » (chère au macronisme du cru 2017) à « l'amélioration de la vie quotidienne[2] », mentionnant le sujet de la circulation des poussettes dans Paris. Plus largement, c'est toute la majorité présidentielle qui semble avoir changé d'échelle, passant en 2017 du tonitruant « Parce que c'est notre projet ! » à la défense, cinq ans plus tard, d'un ensemble de (plus ou moins) grandes causes individuelles, souvent très ancrées

1. Jean-François Lyotard, *La condition postmoderne; rapport sur le savoir*, Paris, Minuit, 1979.
2. Matthieu Deprieck, « Marlène Schiappa : "Mon engagement politique vient de sujets de ma propre vie quotidienne" », *l'Opinion*, 3 février 2023.

dans la vie quotidienne. Sur le site *pourunecause.fr*, lancé en mai 2021 par En Marche !, on trouve l'idée de « développer le mentorat » ou la « lutte contre les punaises de lit ». Pour des politiques souvent accusés d'être hors sol, le quotidien est de plus en plus considéré comme le nouvel horizon de légitimité, une sorte d'Eldorado leur permettant de regagner quelques galons auprès de leurs concitoyens. Hélas, à ce rythme, il risque fort de devenir un cache-misère, visant à masquer l'impuissance du politique à vraiment changer le monde.

Autre cas d'école, celui des humoristes (on y revient) : comme le note très justement la sociologue du rire Laure Flandrin, on assiste à la quasi-disparition du rire satirique. L'humour très politique des années 1970, qui s'attaquait aux grands fauves politiques ou à l'Église (bref, aux cadres collectifs), a laissé la place à des « figures comiques de proximité, qui évoluent dans un régime de pouvoir localisé, dans le champ de l'interaction ordinaire : le beau-père, le patron[1]… » – bref, des figures du quotidien. Dans les *comedy clubs* qui fleurissent dans les centres-villes des métropoles, il est frappant de voir combien les stand-uppers versent plus volontiers dans l'autodérision (le célibataire, le moche, le maladroit, le malchanceux, le malaisant, etc.) ou l'observation amusée des petits désagréments du quotidien (faire la queue à la boulangerie, prendre les transports en commun, rencontrer son premier *date* Tinder) que dans l'observation critique des grands travers de la société. Les humoristes plus installés ont, à leur tour, multiplié les formats télévisuels pour les centrer sur la narration de leurs

1. Laure Flandrin, « Le rire, une gigantesque soupape indispensable aux individus comme à la société tout entière », interview dans *l'Opinion* réalisée par Raphaël LLorca, 22 août 2022.

tourments personnels, que ce soit leur dépression[1] (*La meilleure version de moi-même*, la série Canal+ de Blanche Gardin) ou leurs conflits intrafamiliaux (*Reste un peu*, le film biographique de Gad Elmaleh sur sa propre famille, juive, confrontée à sa conversion au catholicisme). Dernier exemple illustratif, la victoire éclatante des « écrivains myopes » sur les « écrivains presbytes », pour reprendre une distinction qu'élabore Julien Gracq dans ses *Entretiens*[2] et dont se réclame Sylvain Tesson :

> Les écrivains myopes, ceux qui ne voient pas de loin, s'intéressent aux détails, au chatoiement, aux reflets, au minuscule, à l'atomisation des choses, aux insectes, aux trésors de la terre, aux mécanismes et aux rouages. Les écrivains du panorama, les presbytes qui ne voient pas ce qui est près, regardent les grands ensembles et tracent, comme des peintres, leurs fresques au rouleau, leurs récits à la brosse et leur analyse à grands traits. Moi, je suis myope [...]. J'appartiens à la race d'écrivains de la proximité et du détail[3].

Dans tous les cas, que ce soit à l'échelle collective ou individuelle, on note une constante : les hommes et femmes politiques sont considérés comme de piètres « acteurs narratifs ». Quand on regarde le total des citations, on constate que seule une portion extrêmement réduite de la population leur reconnaît la capacité à raconter la France (11 %) et les Français (8 %) – autant de critères (vision, proximité) pourtant considérés

1. Le sujet de la santé mentale pouvant pourtant constituer un sujet politique par excellence, comme l'a montré une longue tradition intellectuelle française dans les années 1960 et 1970 (Foucault, Deleuze, Guattari...).
2. Julien Gracq, *Entretiens*, Paris, José Corti, 2022.
3. Vincent Trémolet de Villers, Eugénie Bastié, « Régis Debray-Sylvain Tesson : "Faut-il changer le monde ou le contempler ?" », *Le Figaro*, 15 mai 2022.

comme essentiels à tout leader politique. Interrogés à l'orée de la dernière élection présidentielle sur ce qu'était selon eux « un bon leader politique pour diriger la France », les Français répondaient que c'était avant tout quelqu'un d'« attentif à la réalité quotidienne des Français » (70 %) et qui porte « une vision d'avenir pour réformer et changer la France » (40 %)[1]. Pour reprendre notre propos initial sur la « rationalité fictionnelle », il y a la perception d'une incapacité des hommes et femmes politiques à produire un enchaînement cohérent de causes et d'effets sur le devenir du pays et sur le vécu de leurs concitoyens. Avant même la formulation de propositions politiques, une partie du sentiment de déconnexion de nos représentants politiques vient peut-être, d'abord, de cette attente narrative déçue.

Deuxième constante : les marques font jeu égal avec les hommes et femmes politiques. Au vu des résultats, il est objectivement impossible de conclure que les marques sont aujourd'hui identifiées aux yeux des Français comme des conteurs nationaux de premier plan. En l'occurrence, notre travail vise précisément à dessiller le regard sur cet aspect. Les faiblesses narratives des marques sont clairement exprimées : les interrogés estiment qu'elles ont une mauvaise représentation de la réalité du pays et de ce que vivent les gens (voir Tableau 3). Le constat est partagé de façon suffisamment écrasante dans la population pour prendre le message au sérieux : il semblerait que les marques et la publicité participent, elles aussi, à cette « invisibilisation » ou cette insuffisante prise en compte de la réalité du pays. Parisianocentrisme, déconnexion de la réalité, impossible identification aux scénarios proposés : on retrouve, dans les reproches adressés aux récits publicitaires, les mêmes reproches communément adressés aux récits politiques.

1. « Enquête électorale 2022 », vague 4, une enquête Ipsos/Sopra Steria pour la Fondation Jean-Jaurès, le CEVIPOF et *Le Monde*, 22 janvier 2022.

Tableau 3. Perception des faiblesses narratives des marques.

	Total D'accord	Ni d'accord ni pas d'accord	Total Désaccord
« Souvent, je trouve que les situations décrites dans les publicités sont stéréotypées ou caricaturales et ne correspondent pas vraiment à la réalité »	73 %	23 %	4 %
« Lorsque les entreprises parlent de la France, je trouve qu'elles parlent avant tout de Paris et pas assez de la province et des différentes régions »	62 %	29 %	9 %
« Les imaginaires véhiculés par la publicité me semblent déconnectés de la vie quotidienne des Français »	64 %	29 %	7 %
« Il m'arrive régulièrement de me reconnaître dans les spots publicitaires qui passent à la télé ou à la radio »	18 %	35 %	47 %

En revanche, remarquons qu'en total des citations, les marques arrivent au même niveau que le politique pour « Raconter la France » (11 %), et qu'elles sont perçues de façon quasi équivalente en ce qui concerne leur aptitude à « Raconter les Français » (6 % des interrogés ont cité « Les marques des produits et services que je consomme », contre 8 % « Les hommes et femmes politiques »). Quand on regarde plus en détail le match « marques versus politiques », on constate que les différences se creusent pour certaines catégories, en faveur des marques (Figure 3). À l'échelle collective (« Raconter la France »), les marques devancent la politique de six points chez les classes populaires et chez les électeurs de Marine Le Pen au premier tour de l'élection présidentielle de 2022. En particulier, en total des citations, les ouvriers sont deux fois plus nombreux à plébisciter les marques que les hommes et femmes politiques (18 % versus 9 %) pour raconter la France. Pour chacune de ces sous-catégories, les marques font jeu égal avec « Les intellectuels » – catégorie qui arrive pourtant, en moyenne, en troisième position des acteurs qui racontent le mieux la France.

Figure 3. Qui raconte le mieux la France : les marques ou les politiques ? (total des citations).

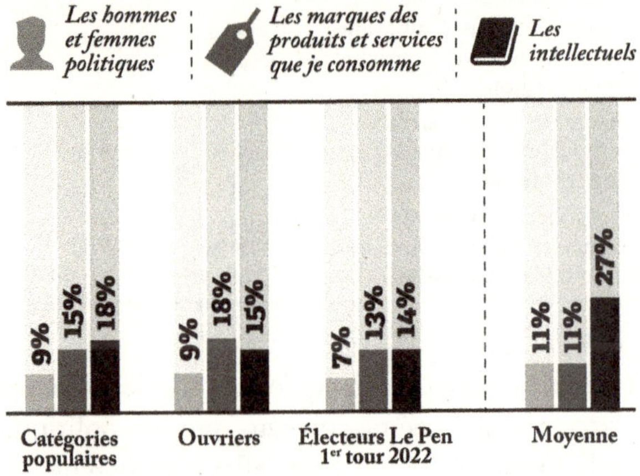

En observant la répartition des réponses selon le revenu mensuel (Figure 4), seules les catégories aisées et les classes moyennes supérieures placent les hommes et femmes politiques au-dessus des marques. Pour les classes sociales inférieures, ce sont les marques qui sont considérées comme de meilleurs « conteurs nationaux ». On note un violent décrochage entre les classes moyennes supérieures et les classes moyennes inférieures : entre les deux, la proportion d'interrogés classant en tête les hommes et femmes politiques est divisée par deux (de 16 à 8 %). À ce stade, formulons la conclusion partielle suivante : plus les individus sont en situation de précarité et de fragilité, plus les marques sont perçues comme de meilleures

« conteuses nationales » que les politiques. Ce n'est pas une mince affaire que de le remarquer, dans un moment où les classes laborieuses font précisément l'objet d'une intense bataille politique de la part de la NUPES et de l'extrême droite.

Figure 4. Qui raconte le mieux la France : les marques ou les politiques ? Répartition selon le revenu mensuel (total des citations).

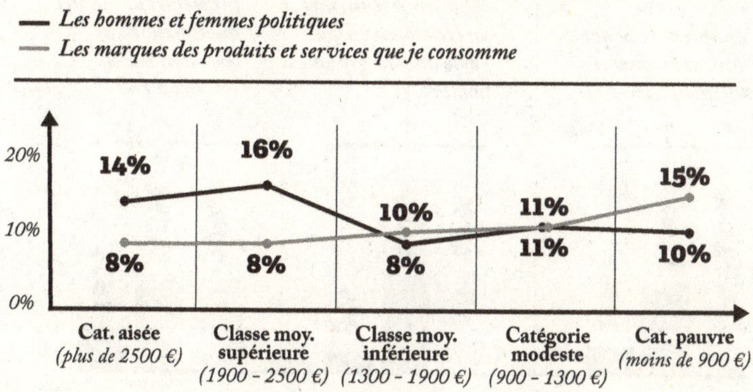

Nous avons voulu tester de façon plus précise encore la perception des Français sur l'action concrète des marques, comparée à celle des hommes et femmes politiques (Figure 5). Il en ressort que près d'un Français sur deux (48 %) est d'accord pour dire que les marques et les entreprises parviennent davantage que les hommes et les femmes politiques à (1) « comprendre ce que vivent les gens au quotidien » et (2) « construire un récit commun qui parle au plus grand nombre ». S'il n'y a pas de majorité absolue qui se dégage pour les marques, on constate qu'il n'y a qu'une très faible proportion de désaccord (autour de 10 %), et un important bloc central d'indécis (autour d'une quarantaine de pour cent). Il aurait été intéressant de disposer

Figure 5. Qui a le plus grand impact : les marques ou les politiques ?

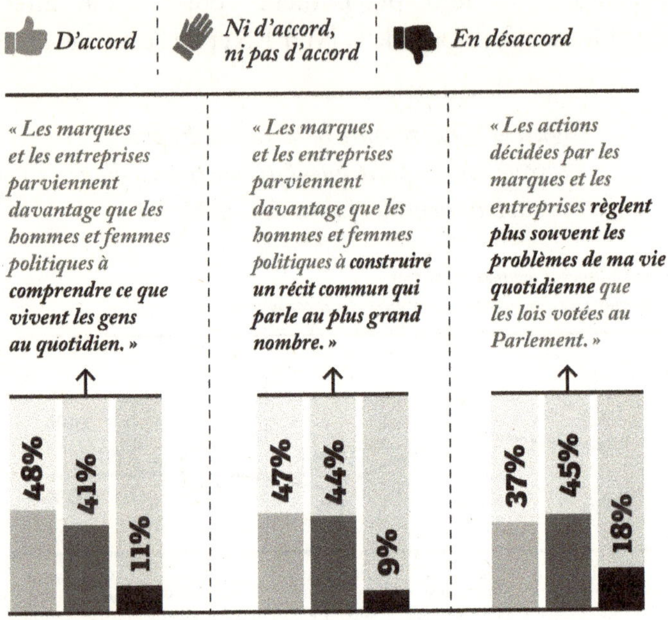

de chiffres d'années antérieures, pour mesurer l'évolution. Notre hypothèse est que, ces dernières années, la proportion des personnes « En désaccord » s'est considérablement amoindrie, gonflant dans un premier temps les rangs des indécis. L'avenir nous dira si l'opinion suivra un deuxième basculement, cette fois-ci du côté des « En accord ».

Plus frappant encore : plus d'un tiers des Français (37 %) estiment que « Les actions décidées et menées par les marques et les entreprises règlent plus souvent les problèmes de ma vie quotidienne que des lois votées au Parlement » (!). Là encore : s'il n'y a pas majorité, il s'agit d'une importante minorité (plus d'un tiers des Français). La proportion atteint même 46 %

pour les professions intermédiaires, à savoir tous ceux qui travaillent dans l'enseignement, la santé, le travail social – ce peuple de professeurs des écoles, d'infirmières, d'assistantes sociales, de fonctionnaires de catégorie B, chez qui le sentiment dominant est celui de la déconsidération.

Ces résultats peuvent être lus comme la résultante de deux phénomènes, qui ont agi en ciseaux : d'un côté, la confiance perçue dans les marques et les entreprises, en nette progression sur dix ans, y compris (et de façon spectaculaire) chez les citoyens classés « Très à gauche » (voir Tableau 4) ; de l'autre côté, la confiance dans les politiques qui, elle, régresse tendanciellement.

Remarquons cette fois-ci que sur la question de l'impact comparé de l'action des marques et des lois votées au Parlement, les marques sont d'autant plus plébiscitées que les interrogés disposent d'un important capital économique et culturel : près de 47 % des catégories supérieures et 43 % des diplômés du supérieur plébiscitent les marques, contre seulement 37 % des catégories modestes et pauvres et 32 % des non-diplômés. L'écart entre le total « D'accord » et le total « En désaccord » passe de vingt-neuf points (en faveur) des catégories aisées à quinze points (en faveur) pour les catégories modestes.

Résumons l'opposition « marques versus politiques ». Pour les catégories supérieures et diplômées, le politique détient encore le bénéfice du verbe, mais plus celui de l'action : ce sont les hommes et femmes politiques qui racontent le mieux la France, mais leur action législative est jugée moins efficace que l'action des marques. Pour les catégories modestes et peu diplômées, c'est l'inverse : ce sont les marques qui sont perçues comme de meilleures « conteuses nationales », tandis que c'est l'action des politiques qui est jugée plus efficace pour régler les problèmes de leur vie quotidienne. D'où, lorsque l'action politique n'est pas à la hauteur, une immense déception, sentiment qui ne peut nourrir que l'abstention ou le vote populiste.

Ce constat en forme de chassé-croisé est révélateur des différents rapports au politique qui existent aujourd'hui. Du côté des plus favorisés, on est structurellement moins dépendants de l'action des hommes et femmes politiques pour améliorer son quotidien : d'une certaine façon, leur aisance matérielle et culturelle leur permettent de s'autonomiser du politique. On rejoint le constat de la « sécession des riches » énoncé par Jérôme Fourquet, qui remarquait qu'un « processus de séparatisme social » était à l'œuvre dans la société française, voyant une « autonomisation d'une partie des catégories les plus favorisées, qui se sentent de moins en moins liées par un destin commun au reste de la collectivité nationale[1] ». Toutefois, ces classes supérieures restent attachées à la noblesse du Politique (avec un grand « P »), les marques n'étant pas considérées comme des acteurs politiques légitimes pour raconter la France – c'est pourquoi 65 % des catégories aisées s'inquiètent que « des entreprises privées puissent mieux raconter la France que nos responsables politiques ». Bien qu'encore majoritaire, l'inquiétude est significativement plus faible chez les catégories modestes (50 %) et pauvres (48 %) : chez ces dernières, travaillées par un profond sentiment d'invisibilisation de leur condition et de leurs modes de vie, ce sont les marques qui parviennent le mieux à « leur parler » en racontant la France et leur quotidien. Dans cette France à l'euro près, c'est le champ politique traditionnel qui est jugé plus efficace pour améliorer leur vie quotidienne.

1. Jérôme Fourquet, « 1985-2017 : quand les classes favorisées ont fait sécession », Fondation Jean-Jaurès, 20 février 2018.

Tableau 4. Évolution de la confiance dans les marques et les entreprises privées entre 2012 et 2022, selon le positionnement politique.

	Très à gauche	À gauche	Au centre	À droite	Très à droite	Ni à gauche ni à droite
Confiance des enquêtés dans les grandes entreprises privées	3/37	25/43	41/58	63/60	39/52	31/46
L'État devrait davantage faire confiance aux entreprises privées pour lutter contre la crise économique	12/39	26/49	51/58	61/70	46/61	40/52

Note : le premier chiffre est celui de 2012, le second, celui de 2022.

Source : CEVIPOF, « Baromètre de la confiance politique », vagues 3 et 13, 2012 et 2022. Cité dans Luc Rouban, *La vraie victoire du RN*, Paris, Presses de Science Po, 2022.

Quelles marques représentent le mieux la France ?

Pour clore cette première partie, nous avons voulu sonder la perception des Français sur la capacité de dix catégories d'acteurs économiques à représenter la France. Pour chacune d'entre elles, on leur a demandé s'ils représentaient mal (notes : 0-3), moyennement (4-6) ou bien (7-10) « la France dans ce qu'elle est aujourd'hui » (voir Figure 6). Plusieurs enseignements peuvent être tirés.

Figure 6. « Sur une échelle de 0 à 10, indiquez si selon vous chacun des acteurs économiques suivants représente bien ou non la France dans ce qu'elle est aujourd'hui » (note moyenne).

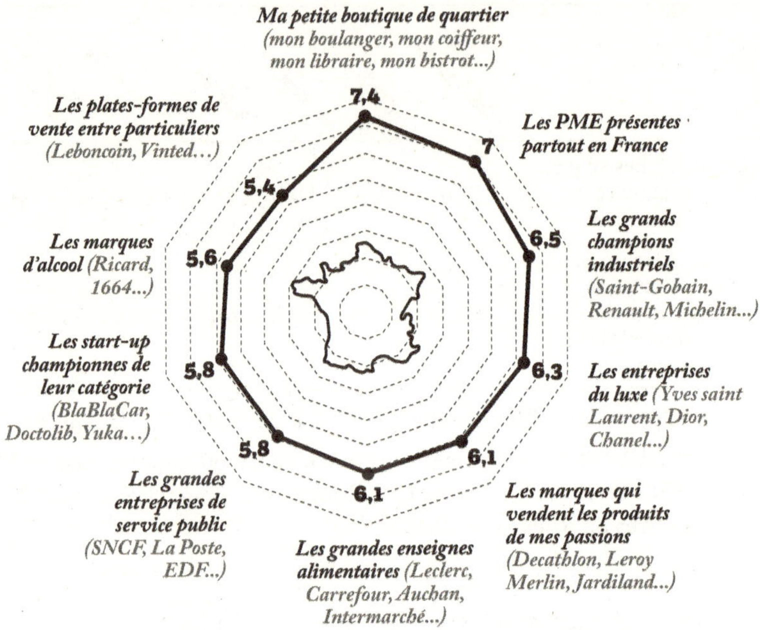

Il y a d'abord une prédominance du local. De la même façon que le maire demeure la figure politique envers laquelle le citoyen a le plus confiance, le consommateur reconnaît d'abord son pays dans la marque du coin : « Ma petite boutique de quartier (mon boulanger, mon coiffeur, mon libraire, mon bistrot…) » et « Les PME présentes partout en France » arrivent en tête des acteurs économiques qui représentent le mieux la France, avec des notes moyennes respectives de 7,4 et 7,0 sur 10. Rappel nécessaire : dans la tête des Français, les marques qui représentent le plus fidèlement la France, ce sont d'abord des enseignes du type *le Bellevue*, *l'Hair du temps* ou la quincaillerie du centre-ville. Un règne de l'ultra-local que l'on trouve par exemple dans l'essor exceptionnel des micro-brasseries sur l'ensemble du territoire français, passant d'une centaine à la fin des années 1990 à plus de deux mille cinq cents aujourd'hui : désormais, chaque coin de rue dispose d'une boisson qui revendique une identité très localisée spatialement. Plus largement, il s'agit de tous ces magasins de centre-ville qui remplissent, selon le sociologue Vincent Chabault, un rôle social dans le quotidien des Français. Dans son étude sur les fonctions symboliques du commerce, il avance que l'« on peut envisager que le magasin devienne finalement l'un des éléments sur lesquels repose l'identité du consommateur du XXIe siècle[1] ». C'est ce qu'il regroupe dans la notion de « distribution ostentatoire » (en référence aux théories sur la « consommation ostentatoire »), qui désigne « l'importance du magasin comme espace de définition de soi et lieu de construction identitaire ». Parler de « mon fleuriste » ou de « mon boucher » n'est pas neutre : le choix du circuit de vente est un outil de positionnement social chez le consommateur qui, par sa décision, fait acte d'une préférence pour le travail des artisans (commerces de bouche) plutôt que celui de la grande distribution, ou du libraire indépendant plutôt qu'Amazon. C'est tout cela que l'on retrouve, dans la préférence massive pour « ma petite boutique de quartier ».

On observe ensuite une réminiscence des Trente Glorieuses, avec « Les grands champions industriels » qui arrivent en troisième position avec une note moyenne de 6,5 sur 10. Dans un pays en voie de désindustrialisation massive, il n'est pas anodin de remarquer la place particulière qu'occupent encore les Saint-Gobain, Renault et autres Michelin dans l'imaginaire national.

---

1. Vincent Chabault, *Éloge du magasin; contre l'amazonisation*, Paris, Gallimard, 2020.

On remarquera que les premiers concernés, les ouvriers, placent cette catégorie d'acteurs économiques en dessous de la moyenne nationale (à 6,0), signe peut-être d'une plus grande lucidité sur la place réelle de l'industrie en France.

Les entreprises du luxe se hissent à la quatrième place, avec une note moyenne de 6,3. Contrairement aux précédents acteurs, cette catégorie est profondément clivante : par génération (seuls 42 % des 18-24 ans estiment que les entreprises du luxe représentent bien la France [note de 7 à 10] contre 66 % des plus de 50 ans, soit vingt-quatre points d'écart), par niveau de revenu (seules 8 % des catégories aisées estiment que les entreprises du luxe représentent mal la France [note de 0 à 3] contre près de 26 % des catégories pauvres), et par proximité politique (les sympathisants LR octroient aux entreprises du luxe une note de 8,0 sur 10 en moyenne, contre une note de 5,1 sur 10 pour les sympathisants du RN).

Dans « la société de supermarché » que nous avions décrite avec Jérôme Fourquet dans une étude pour la Fondation Jean-Jaurès[1], nous ne sommes pas surpris de voir « Les grandes enseignes alimentaires (Leclerc, Carrefour, Auchan, Intermarché…) » obtenir une note moyenne de 6,1 sur 10. Cet acteur arrive même en troisième position pour les catégories modestes et les sans diplôme, preuve de leur place singulière dans l'imaginaire des catégories les plus fragiles de la société française.

Pour mieux cerner les différences de perception d'un Français à l'autre, nous avons reconstitué le top cinq des réponses selon trois classifications : par niveau de revenu, par niveau de diplôme et par géographie (voir Annexe 2). Les deux

1. Jérôme Fourquet, Raphaël LLorca, « La société de supermarché ; rôle et place de la grande distribution dans la France contemporaine », Fondation Jean-Jaurès, 26 juillet 2022.

premières positions sont globalement trustées par « Ma petite boutique de quartier » et « Les PME ». La troisième position voit le plus souvent intervenir « Les grands champions industriels » (à sept reprises sur quinze lignes) et « Les entreprises du luxe » (à quatre reprises sur quinze lignes). C'est dans les quatrièmes et cinquièmes positions que l'on voit se former certains tropismes : l'entrepreneuriat chez les catégories les plus aisées et les plus diplômées (« Les start-up championnes de leur catégorie »), les loisirs chez les catégories modestes, les sans diplôme et les communes rurales (« Les marques qui vendent les produits de mes passions » et « Les plates-formes de vente entre particuliers »). Une constante : « Les grandes entreprises de service public » n'apparaissent dans aucun top cinq – preuve assez stupéfiante de l'effacement de la SNCF, d'EDF et autres La Poste de l'imaginaire national.

Dans *Poste restante*[1], Christian Authier, romancier et fils de postiers, consacre un ouvrage à La Poste et à sa place dans la société française. Mêlant la biographie et l'essai, la nostalgie et l'indignation, les anecdotes kafkaïennes des réorganisations hasardeuses et la grande Histoire, de la création du « service des chevaucheurs du roi » sous Louis XI à la disparition des P.T.T., l'auteur retrace la lente liquidation de La Poste. Autrefois synonyme d'excellence et de fierté nationale (on songe aux héros de l'Aéropostale, comme Mermoz ou Saint-Exupéry), La Poste fait aujourd'hui partie des grands irritants nationaux. « Il suffit de prononcer les mots “La Poste” devant un interlocuteur pour que celui-ci confie aussitôt quelques expériences personnelles, en général peu à la gloire de l'entreprise », écrit-il. Et pourtant, insiste-t-il, La Poste occupe une place privilégiée dans notre imaginaire national. « À l'instar de l'École », défend l'auteur, « La Poste incarne le service public à la française et

1. Christian Authier, *Poste restante*, Paris, Flammarion, 2023.

l'État. La figure du postier et plus encore celle du facteur est parfois le dernier lien concret, vivant, humain qu'entretiennent les Français – isolés, souvent âgés – avec l'administration, avec la République, avec cette communauté nationale dont ils se sentent exclus, relégués ». On pourrait ajouter que, pendant des décennies, La Poste a contribué à l'entretien et à la diffusion du roman national, au travers des timbres qu'elle émettait et vendait. « Qu'il s'agisse de timbres isolés ou de séries thématiques », nous rappelle Jérôme Fourquet, « de très nombreux éléments de notre patrimoine ont été représentés sur les vignettes de la Poste. Monuments emblématiques, paysages et sites naturels, villes et villages remarquables, personnalités célèbres (artistes, écrivains, scientifiques…), évènements historiques, inventions industrielles ou scientifiques… des milliers de timbres, souvent finement gravés, ont dessiné au fil des ans une grande fresque nationale, comme autant de fragments d'un grand vitrail[1] ». Sous l'effet de la montée en puissance des e-mails, des réseaux sociaux et des téléphones portables, les lettres – et donc les timbres – ont peu à peu disparu du quotidien des Français ; aujourd'hui, quand on affranchit son courrier dans un bureau de poste, la Marianne colorée est remplacée par une vignette générique, bardée de chiffres et d'un code-barre. Dans le cas de La Poste, l'effacement matériel a précédé l'effacement symbolique de l'imaginaire national.

*

À l'issue de cette plongée dans la perception des Français, retenons plusieurs idées fortes sur lesquelles nous allons nous appuyer pour la suite de notre étude sur le roman national des marques. D'abord, il y a une vraie « souffrance narrative » dans

1. Interview avec l'auteur, le 1er février 2023.

le pays, particulièrement marquée chez les classes populaires : si le roman national est en panne, il existe une très forte attente de pouvoir adhérer à un récit faisant vibrer les cordes sensibles du sentiment national, en intégrant le vécu individuel à une dimension plus collective.

Face au déficit de récit national proposé par la classe politique – c'est le deuxième enseignement – les Français se sont trouvé des conteurs de substitution : les écrivains, les humoristes, mais aussi des personnalités comme Cyril Hanouna – ce dernier promettant de raconter, à hauteur d'Homme, le vécu et les émotions ressenties par tout un chacun. Un besoin fortement identifié et un coût d'entrée sur le marché du récit national qui s'est drastiquement abaissé : c'est bien sur ce terreau que les marques ont progressivement investi le champ du roman national.

Avant d'entrer dans le détail dans la fabrique du roman national des marques, au travers de plusieurs exemples récents (deuxième partie), il nous faut d'abord revenir sur une des causes structurelles de l'érosion du sentiment national : le capitalisme. À maints égards, ce que l'on va appeler le « capitalisme de l'écran », qui regroupe un ensemble d'acteurs allant de la télévision à Netflix en passant par Twitter ou Instagram, contribue au brouillard que nous évoquions en introduction, en cela qu'il a peu à peu dilué la force des macro-récits qui nous liaient ensemble. Comme nous allons le voir, la promotion d'une pluralité de micro-récits a fini par nourrir des processus d'évanouissement du commun, rendant plus critiques les conditions mêmes d'existence d'un roman national.

2
Le roman national à l'épreuve du capitalisme

« *Your Netflix is not my Netflix* »
OLIVIA DE CARLO,
directrice de l'innovation produit
et du contenu, Netflix (2018)

Pourquoi sommes-nous capitalistes ? Plutôt que d'y répondre « par le haut », en décrivant le système capitaliste et ses effets à l'échelle macro, le sociologue Denis Colombi propose dans son dernier essai d'y répondre « par le bas ». En partant de nos comportements individuels et quotidiens, il montre en quoi ils sont imprégnés par le capitalisme, malgré nous. La force de son essai est de rappeler que le capitalisme n'est pas qu'un régime économique : il est devenu une culture au sens large, traversant toutes les sphères de la société – le monde du travail, la politique, l'enfance, l'éducation, la famille… D'où la difficulté de s'en passer.

En appui de sa démonstration, il fait le parallèle entre le fonctionnement de l'économie contemporaine et… le *Monopoly*. Comment expliquer qu'un joueur de *Monopoly* cherche à accumuler avec frénésie les billets et les propriétés sur le plateau de jeu, et qu'il s'emploie avec passion à ruiner ses adversaires ? Ce n'est pas parce qu'il est un grand capitaliste dans l'âme, mais plutôt que son comportement est présélectionné par les paramètres du système du jeu. « En agissant de la sorte, le joueur ne fait que se conformer à ce que le jeu de *Monopoly* attend de lui. » En théorie, il est bien sûr possible de jouer au *Monopoly* sans se montrer cupide, mais tout un ensemble de dispositions contraint le joueur à accumuler le plus de profit possible au détriment de ses partenaires :

> Pas seulement les règles proprement dites, mais aussi toutes les dimensions matérielles du jeu – son plateau, ses pions, ses dés, ses cartes, etc. – ainsi que ses dimensions proprement sociales – la présence d'autres joueurs, leurs stratégies, leurs actions et réactions, les relations qui existent et se tissent entre participants, etc.[1]

Il en va de même avec le roman national, serions-nous tentés de dire. Sa puissance (ou son impuissance) dépend étroitement de ses conditions de production et de diffusion : comment le récit national est-il élaboré, par qui, et par quelles voies est-il acheminé vers le grand public ? C'est pourquoi, dans notre tentative d'analyse clinique du roman national contemporain, il nous faut plonger dans la relation qui lie intrinsèquement capitalisme, consommation et sentiment national. Pour y répondre, nous avons fait le choix d'éviter le plus possible de nous placer sur le terrain des controverses théoriques, pour nous placer sur celui des pratiques. Ce faisant, on distinguera dans notre réponse trois formes de capitalisme : le « capitalisme de l'imprimé », le « capitalisme de l'écran » et le « capitalisme des marques ».

---

1. Denis Colombi, *Pourquoi sommes-nous capitalistes (malgré nous) ?*, Paris, Payot, 2022.

Du « capitalisme de l'imprimé » au « capitalisme de l'écran », l'évanouissement du sentiment national

Le roman et le journal, aux prémices de l'idée moderne de la nation

Dans *Imagined communities*, l'un des grands théoriciens du nationalisme, Benedict Anderson, est passé à la postérité pour sa définition de la nation comme « communauté politique imaginaire ». « Elle est imaginaire [*imagined*] », précise-t-il, « parce que même les membres de la plus petite des nations ne connaîtront jamais la plupart de leurs concitoyens : jamais ils ne les croiseront ni n'entendront parler d'eux, bien que dans l'esprit de chacun vive l'image de leur communion[1] ».

En concevant les nations comme des « artefacts culturels », et en s'appuyant sur le vaste domaine des discours et des imaginaires, Benedict Anderson s'ancre résolument dans les *cultural studies.* Toute la force de son ouvrage est de relater les processus qui ont rendu possible l'émergence et l'expansion du sentiment national. Ce qui est étrangement moins resté de son propos, ce sont ses analyses sur le rôle de ce qu'il appelle le « capitalisme de l'imprimé » : « La convergence du capitalisme et de la technologie de l'imprimerie a ouvert la possibilité d'une nouvelle forme de communauté imaginée qui, dans sa morphologie moderne, a créé les conditions de la nation moderne », écrit-il. Pour Anderson, l'invention et la diffusion massive du livre – et, par extension, du journal, qui n'est pour lui qu'une « forme extrême de livre » – ont ouvert la possibilité même d'imaginer la nation, en permettant « à une masse rapidement croissante de gens de se penser et de se rattacher à autrui en des termes profondément nouveaux ».

1. Benedict Anderson, *L'imaginaire national*, 2006, *op. cit.*

D'abord, parce qu'en diffusant des idées portées par d'autres langues que le seul latin ou hébreu, le roman et la presse ont permis de sortir de l'idée qu'une seule langue-écriture permettait d'accéder à la Vérité (conception ancrée dans les communautés structurées autour des trois religions monothéistes) – rompant là avec l'ordre divin et la hiérarchie cosmologique transmise par les élites locutrices des « langues-vérité ». Portée par le « capitalisme de l'imprimé », la révolution des langues vernaculaires s'opère et crée « de vastes publics de lecteurs monoglottes », ces « langues d'imprimerie » finissant par jeter les bases de la conscience nationale.

Ensuite, parce que l'essor de « l'imprimé-marchandise » a généré une idée entièrement nouvelle à l'époque, à même, selon Anderson, de créer les conditions d'un sentiment national : l'idée d'un temps vécu en simultanéité, de façon collective et partagée. C'est bien ce que permettent les intrigues d'un roman, dans la mesure où elles font naître dans l'esprit du lecteur l'idée que plusieurs actes peuvent être accomplis à la même heure calendaire, par des acteurs qui peuvent ne rien connaître les uns des autres. Le lecteur devient omniscient : comme Dieu, il peut observer « le personnage A qui téléphone à C, B qui fait des emplettes, et D qui joue aux cartes – tous à la fois ». La formule romanesque « pendant ce temps » traduit ce lien qui inscrit les personnages dans des communautés sociales « dont la réalité est tellement ferme et stable que leurs membres peuvent se croiser dans la rue, sans jamais faire connaissance, et être tout de même liés l'un à l'autre ». Dès lors que cette structure mentale est en place dans le cadre du roman, il est possible, selon Anderson, d'étendre le raisonnement à une échelle plus vaste – celle de la nation.

On retrouve la même gymnastique d'esprit pour le journal : ce dernier distille dans l'esprit du lecteur les prémices de l'idée de nation, car il ouvre « la possibilité de s'imaginer relié à l'autre, sans pour autant se voir, grâce à la conscience acquise de cette simultanéité des actes accomplis à la même heure calendaire[1] ». Anderson consacre un paragraphe lumineux à la lecture du journal, qu'il conçoit comme une « cérémonie de masse » :

> Elle s'accomplit silencieusement, en privé, dans les méandres du cerveau. Pourtant, chaque communiant sait pertinemment que la cérémonie qu'il accomplit est répétée simultanément par des millions d'autres, dont il connaît parfaitement l'existence même s'il n'a pas la moindre idée de leur identité. De surcroît, cette cérémonie se répète sans cesse, à intervalles quotidiens ou semi-quotidiens, au rythme du calendrier. Peut-on envisager figure plus vivante de la communauté imaginée séculière, historiquement chronométrée ? Dans le même temps, le lecteur du journal qui voit ses voisins en lire des répliques exactes – dans le métro, chez le coiffeur, dans son immeuble – est continuellement rassuré : le monde imaginé s'enracine visiblement dans la vie quotidienne.

Ce faisant, conclut Anderson, le roman et la presse « fournirent les moyens techniques de re-présenter le genre de communauté imaginée qu'est la nation ». La spécialiste d'histoire culturelle Anne-Marie Thiesse y voit un formidable processus de démocratisation et de sécularisation :

> Le lecteur peut désormais, au moins dans l'ordre de la fiction, avoir une vision tout à la fois dominante et plongeante de la société, saisir les actions d'un ensemble de personnages tout en pénétrant dans leurs pensées. Sous contrôle de l'auteur,

1. Pour reprendre les mots de Christine Chivallon, « Retour sur la "communauté imaginée" d'Anderson ; essai de clarification théorique d'une notion restée floue », *Raisons politiques*, n° 27, 2007/3, p. 131-172.

> lui sont offertes une connaissance illimitée qui n'est plus apanage divin et une vue de surplomb qui n'est plus le privilège des puissants[1].

L'intérêt de ces analyses, c'est qu'elles remettent de la matérialité dans la constitution du sentiment national (le livre, le journal), tout en insistant sur le rôle moteur d'acteurs privés (les capitalistes de l'imprimé). Efforçons-nous de prolonger sa réflexion : qu'en est-il aujourd'hui ? Première remarque : les conditions de structuration et de fonctionnement du « capitalisme de l'imprimé » ont évolué. Qu'advient-il lorsqu'il obéit non pas à une logique de « marché libre et non faussé », mais de concentration maximale entre les mains de quelques-uns ? Qu'advient-il lorsque le capitalisme de l'imprimerie n'a pas pour principe l'information libre et pluraliste, mais est mis au service d'une cause politique ? C'est tout l'objet de l'avertissement d'Erik Orsenna au sujet de l'empire éditorial de Vincent Bolloré : « Si on l'avait laissé faire, c'est-à-dire cumuler Editis et Hachette », dit-il lors d'une interview au journal *Le Monde*, « il détiendrait 60 % des sorties de livres, 70 % de la distribution et 80 % du scolaire. Une société où une seule personne pourrait dominer tout ça me fait peur. Et quand cette personne a un projet idéologique, ce n'est plus seulement une menace, c'est un adversaire[2] ». Dans cette configuration, on peut estimer que le « capitalisme de l'imprimé » biaise la formation du sentiment national.

La seconde remarque tient davantage aux conditions contemporaines de constitution du lien collectif. Dans une époque où l'écrit a largement été remplacé par l'image, le

1. Anne-Marie Thiesse, *La fabrique de l'écrivain national; entre littérature et politique*, Paris, Gallimard, 2019.
2. Vanessa Schneider, « Erik Orsenn : "Vincent Bolloré est dangereux pour la démocratie" », *Le Monde*, 7 février 2023.

journal par la vidéo TikTok et le roman par la série Netflix, quel est le rôle de ce que nous pourrions appeler le « capitalisme de l'écran » (pendant contemporain du « capitalisme de l'imprimé ») dans la perpétuation du sentiment national ?

Un chiffre de notre enquête nous offre une solide piste de réflexion : seuls 41 % des interrogés ont « le sentiment d'appartenir à une même communauté nationale que le reste de la population vivant en France[1] ». Sur cette question, les écarts sont très importants : entre les détenteurs d'un diplôme supérieur (54 %) et les détenteurs d'un CAP/BEP (33 %), entre les catégories aisées (56 %) et les catégories pauvres (31 %), entre les sympathisants de la majorité présidentielle (60 %) et les sympathisants RN (21 %). « On assiste à une désagrégation par le bas », commente Jérôme Fourquet. Est-ce pour autant que les Français ont le sentiment d'appartenir à d'autres formes de communautés ? Pas vraiment, à en croire le « Baromètre de la confiance politique[2] », qui mesurait des signes alarmants d'anomie : en janvier 2022, plus d'un Français sur quatre (41 %) étaient d'accord avec l'affirmation « Je n'ai pas le sentiment d'appartenir à une communauté » (Figure 7). Comme le souligne le politiste Luc Rouban :

> On n'est pas dans un archipel ! [...] La France n'est pas le pays des communautés mais le pays de l'anomie. Elle est le pays où la proportion la plus importante de gens ne se retrouve dans aucune communauté. On en revient à ce

1. Dans le détail : À l'affirmation « J'ai le sentiment d'appartenir à une même communauté nationale que le reste de la population en France », 41 % des interrogés sont « D'accord » (dont 11 % « Tout à fait d'accord »), 24 % sont « En désaccord » (dont 7 % « Tout à fait en désaccord ») et 35 % ne sont « Ni d'accord ni pas d'accord ».
2. « Baromètre de la confiance politique », OpinionWay pour le CEVIPOF et la Fondation Jean-Jaurès, vague 13, janvier 2022.

problème, en France, de la cohésion sociale. On parle souvent de l'intégration des immigrés, mais on devrait parler aussi de l'intégration des Français[1].

Ce qui domine nos sociétés contemporaines, ce ne sont pas tant des forces de fragmentation du commun, avec tout ce que l'expression charrie de violence et de brutalité, mais des processus beaucoup plus diffus d'évanouissement du sentiment national. Ce que nous souhaiterions montrer, c'est que le « capitalisme de l'écran », de la télévision à Netflix et TikTok, y joue un rôle déterminant.

Figure 7. « Avez-vous le sentiment d'appartenir avant tout… » (« Baromètre de la confiance politique », vague 13).

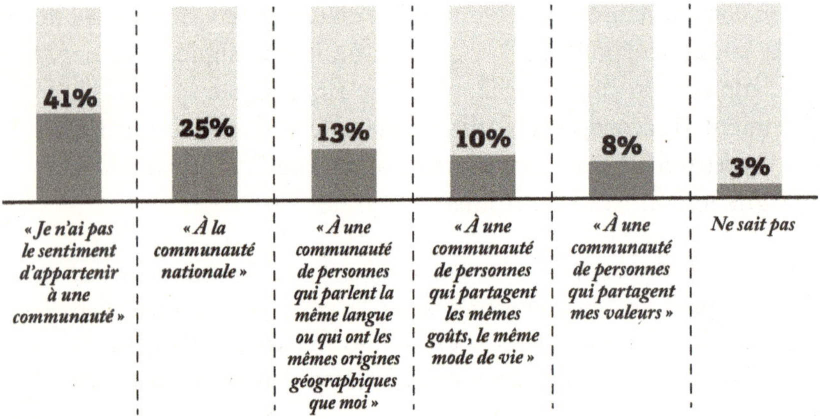

1. Gaïdz Minassian, Patrick Roger, « Luc Rouban, politiste : "Le macronisme est un moment, il n'est pas fait pour durer" », *Le Monde*, 25 juin 2023.

L'érosion du pouvoir prescriptif de la télévision

Première raison : la logique de libéralisation du marché de l'audiovisuel a conduit à une explosion du nombre d'acteurs, réduisant mécaniquement l'influence des grands médias de masse, autrefois en situation d'oligopole. Forts jadis de très larges audiences, les grands médias de masse participaient à l'élaboration d'une vision du monde commune et partagée. C'est particulièrement vrai de la télévision : son important pouvoir prescriptif provenait non seulement de son fort taux de pénétration dans les foyers (entre 1954 et 1980, on est passés de 1 % à 90 % des foyers équipés[1]) mais également de la diversité des programmes proposés (journaux télévisés, films, émissions de divertissement, sports, etc.), qui étaient à même de faire tenir une large part de la population dans un métarécit commun. Aux États-Unis, une étude a montré que l'exposition à des émissions de télévision montrant des récits d'ascension sociale, avec des individus passant de la misère à la richesse (comme dans *America's Got Talent*, *American Idol* ou *Shark Tank*), augmentait radicalement l'adhésion au récit méritocratique de l'*american dream*[2].

Dans les années 1990, le spécialiste de la communication Dominique Wolton pouvait célébrer la télévision comme « l'instrument de la démocratie de masse[3] ». « L'égalité d'accès à la télévision est fondamentale, car tout le monde la regarde, et tout le monde en parle, du haut en bas de l'échelle sociale », écrivait-il alors. Wolton parlait même d'un « génie de la

1. Jean-Claude Daumas, *La révolution matérielle; une histoire de la consommation (France, XIXe-XXIe siècle)*, Paris, Flammarion, 2018.
2. Eunji Kim, « Entertaining beliefs in economic mobility », *American Journal of Political Science*, vol. 67, n° 1, 12 mars 2022, p. 39-54.
3. Dominique Wolton, « L'instrument de la démocratie de masse », *Le Monde*, 1er février 1992.

télévision » en ce qu'elle permettait de participer librement, de chez soi, à une activité collective. « C'est le mélange de ces deux dimensions contradictoires, la consommation privée d'une activité collective, qui en fait un lien social irremplaçable dans une société de masse », concluait-il. En d'autres termes, si la « cérémonie de masse » dont parle Anderson désignait au XIXe siècle la lecture du journal, au XXe siècle elle a plutôt pris la forme du visionnage d'une chaîne de télévision très grand public. C'est ce que nous pourrions appeler « l'ère TF1 », que Jérôme Fourquet décrivait en ces termes :

> À son heure de gloire, TF1 était en effet hégémonique dans le paysage audiovisuel national et fédérait un très large public. Chaque jour, des millions de Français regardaient à la même heure le même programme. Cette consommation, notamment à l'occasion d'événements marquants (tel match de football de l'équipe de France, la première diffusion d'un film à la télévision, tel reportage-choc sur tel sujet d'actualité, etc.), avait un très fort pouvoir fédérateur, une part très importante de la population vivant la même expérience au même moment[1].

En trente ans, les parts de marché de TF1 sont toutefois passées de près de la moitié de la population française (44,8 % en 1988) à moins d'un cinquième (18,7 % en 2022) – effaçant les gains obtenus en 2020 pendant le confinement (voir Figure 8). Une bonne façon de mesurer l'évolution de sa place dans la société française consiste à observer l'évolution de ses slogans publicitaires. En 1987, l'année de sa privatisation, la chaîne de télévision signait « Y en a qu'une ! C'est la Une® ». En 2006, première tentative de patrimonialisation avec le slogan « On a tous TF1 en commun® ». En 2009, alors que la chaîne de

1. Jérôme Fourquet, *L'archipel français*, 2019, *op. cit.*

télévision passe pour la première fois de son histoire sous les 25 % de part d'audience, elle opte pour un « On se retrouve sur TF1® », versant dans une invitation à la limite de la supplique. Depuis 2014, comme si elle avait acté la fin de son influence, TF1 a opté pour le slogan « Partageons des ondes positives® », axant son discours sur le contenu de ses programmes plutôt que sur sa place dans le quotidien des Français. En juin 2023, la chaîne a dévoilé son nouveau slogan : « Les Français ensemble® ». L'absence de tout verbe contredit l'idée d'un rôle moteur de TF1, qui souhaiterait être le « principal trait d'union entre les Français », dixit leur communiqué de presse. Dès lors, pourrait-il s'agir d'un vœu pieux ?

Derrière cette baisse spectaculaire de l'audience de TF1, il y a un effet de compétition (les spectateurs ont aujourd'hui le choix parmi plusieurs dizaines de chaînes de télévision), mais aussi un effet médiologique : la télévision est de moins en moins en situation d'hyperpuissance. Elle demeure, en tant que medium, la façon dont on s'informe le plus sur l'actualité[1], mais les audiences TV ne cessent de reculer. Selon Médiamétrie, la durée d'écoute individuelle de la télévision est passée, tous profils confondus, de trois heures quarante quotidiennes en 2019 à trois heures vingt-six en 2022, soit un recul de 6 % en trois ans.

1. Pour « être informé sur ce qu'il se passe dans l'actualité », 87 % utilisent les journaux télévisés d'information (dont 55 % tous les jours), 76 % les chaînes d'information en continu (dont 37 % tous les jours), 72 % les émissions et débats d'actualité à la télévision (dont 22 % tous les jours), 64 % les émissions d'actualité et de divertissement à la télévision (dont 21 % tous les jours). Source : « La confiance des Français dans les médias », Baromètre La Croix/Kantar Public, janvier 2023.

Figure 8. 1988-2022 : évolution de la part d'audience de TF1, en pourcentage.

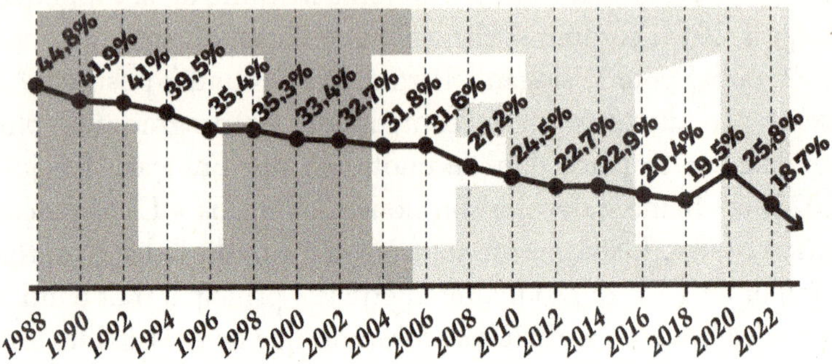

« Ce qui retient l'attention », souligne le magazine *Stratégies*, « c'est que cette baisse est davantage prononcée chez celle que l'on n'appellera plus la ménagère, à savoir la femme responsable des achats de moins de 50 ans (FRDA-50) qui, elle, affiche vingt-cinq minutes en moins devant la télévision (deux heures trente-sept en 2022 contre trois heures et huit minutes en 2019)[1] ». Pour résumer : si la télévision demeure le média le plus puissant, il n'est plus ce « membre de la famille » que décrivait le magazine américain *House Beautiful* en 1951. Dans *Make room for TV; television and the family ideal in postwar America*[2], Lynn Spigel montre comment, dans les années 1950, la télévision est devenue une figure centrale dans la représentation de la famille :

> La télévision était censée avoir une capacité d'unification, de rapprochement des familles, de « ciment du foyer », pour

1. Amélie Moynot, « Quand la ménagère se détourne de la télévision », *Stratégies*, 19 janvier 2023.
2. Lynn Spigel, *Make room for TV; television and the family ideal in postwar America*, Chicago, University of Chicago Press, 1992.

des familles qui avaient été séparées pendant la guerre et également après, dans la période d'installation des classes moyennes dans les banlieues[1].

Aujourd'hui, la télévision (27 %) est talonnée par les smartphones (25 %) comme mode d'accès aux nouvelles le matin, et pour la première fois, en 2022, les sources d'information en ligne (69 %) ont devancé la télévision (64 %) en tant que première source d'information hebdomadaire en France[2]. Surtout, le fossé générationnel ne cesse de se creuser : seuls 21 % des moins de 25 ans regardent le journal télévisé. Au Royaume-Uni, une étude a montré que les jeunes regardaient désormais sept fois moins la télévision que leurs aînés[3]. Signe des temps : dorénavant, les magazines d'aménagement intérieur multiplient les conseils pour réorganiser son « salon sans télévision ». « Si jusqu'à présent votre salon était dominé par le combo canapé + table basse + meuble de télévision, il sera dorénavant centré sur un espace de partage[4] », écrit par exemple *Compactor Magazine*. Les marques accompagnent cette évolution structurelle : dans la « Galerie Salon » de son catalogue digital (édition 2023), IKEA projette le consommateur dans des aménagements d'intérieur inspirants, via la bagatelle de vingt-neuf types de

1. Lynn Spigel, « La télévision dans le cercle de famille », *Actes de la recherche en sciences sociales*, n° 113, 1996/3, p. 40-55.
2. « Reuters Institute Digital News Report 2022 », chiffres France.
3. Dans le détail : « Les utilisateurs de 16 à 24 ans passent en moyenne cinquante-trois minutes par jour à regarder la télévision, un chiffre en baisse de deux tiers par rapport aux années 2010. À l'inverse, les personnes âgées de plus de 65 ans regardent le petit écran pendant environ six heures par jour » (Héloïse Le Fournet, « Les jeunes regardent désormais sept fois moins la télé que leurs aînés », *Slate*, 22 août 2022).
4. « Essayer un salon sans télévision, c'est l'adopter ? », *Compactor Magazine*, 18 février 2022.

salons différents – du « Salon moderne plein de vie » au « Salon du milieu du siècle moderne pour une époque moderne » en passant par le « Salon universel réconfortant pour toute la famille ». Sur ces vingt-neuf exemples, seuls quatre d'entre eux disposent d'un écran de télévision. Dans la représentation idéalisée du consommateur, ce qu'on pourrait appeler le « surmoi consommatoire », la télévision s'efface inexorablement et, avec elle, l'idée d'un medium participant de la fabrique d'un imaginaire commun, ferment d'un récit national partagé.

Netflix ou la « clusterisation » du monde

Où sont passés les téléspectateurs ? Dans un premier temps, la bascule a eu lieu en faveur des grandes plates-formes de vidéo à la demande (Netflix, Amazon Prime Video, Disney+, etc.) : fin décembre 2022, Netflix était utilisé régulièrement dans 43 % des foyers français, preuve de la prégnance du modèle de la série dans la consommation audiovisuelle des Français. Pour autant, s'agit-il d'un remplacement poste pour poste ? Une plate-forme de vidéo à la demande comme Netflix pourrait-elle, à son tour, contribuer à perpétuer un sentiment national ? Non, et pour deux raisons : la *clusterisation* et la *délinéarisation*.

Il faut d'abord bien comprendre comment fonctionne la production de films et de séries Netflix : depuis quelques années, la plate-forme a cessé d'utiliser sa traditionnelle segmentation géographique, pour élaborer une méthode complexe de segmentation de ses publics – mêlant des éléments sociodémographiques, psychologiques, de systèmes de valeurs et de comportements (tirés de l'analyse algorithmique de l'utilisation personnelle de la plate-forme). Résultat : Netflix divise ses deux cent vingt-trois millions d'abonnés en deux mille *taste communities*, à savoir des *clusters* regroupant des individus unis par leurs goûts et leurs préférences de consommation audiovisuelle. Ce qui met définitivement fin au monopole de la sociodémographie comme seul critère de segmentation, car, comme le précise Ted Sarandos, le *chief content officer* de Netflix : « Il est tout aussi probable qu'une série comme *Riverdale* soit appréciée par un homme de 75 ans vivant au Danemark que par la bande d'ados qui vivent chez moi[1]. » On ne sait pas grand-chose de leur méthode de segmentation, tenue aussi secrète que la recette du Coca-Cola. Tout juste sait-on par exemple que l'un des plus gros succès de Netflix, la série *Black Mirror*, surperforme particulièrement parmi le Cluster 290, qui a la particularité de regrouper les spectateurs ayant plébiscité des séries comme *Lost*, *Groundhog Day*, *Stranger Things* ou *The 100*[2]. Autre exemple paru dans la presse spécialisée : en 2018, Netflix a décidé d'adapter le roman de Josh Malerman, *Bird Box*, en constatant qu'aucune série originale Netflix ne venait combler les besoins d'un cluster plébiscitant les contenus se situant à l'intersection de la romance et du supernaturel (comme *Twilight* ou *Vampire Diaries*, hors catalogue Netflix). Résultat : en ciblant cette micro-niche à l'échelle du globe, ce ne sont pas moins de quatre-vingt millions de personnes dans le monde qui ont regardé Sandra Bullock, Trevante Rhodes et John Malkovich jouer dans *Bird Box*[3].

Autrement dit : contrairement à la télévision, qui proposait un même contenu à une masse indifférenciée, l'ultra-segmentation menée par Netflix conduit à un double effet. Une

1. « *It's just as likely that a 75-year-old man in Denmark likes* Riverdale *as my teenage kids* », citation dans Josef Adalian, « Inside the binge factory », *Vulture* (*New York Magazine*), 11 juin 2018.

2. Jason Boog, « Is Netflix's Cluster 290 the future of fandom? », *Medium*, 19 juillet 2018.

3. Jason Boog, « The Netflix literary connection », *Plublishers Weekly*, 12 avril 2019.

individualisation d'abord, selon le précepte « *Your Netflix is not my Netflix* » : l'algorithme de la plate-forme affine en temps réel les propositions de consommation culturelle qui collent le plus à son humeur (*mood*) du moment[1], aboutissant à des suggestions très différentes d'un profil Netflix à un autre. Une tribalisation ensuite, dans la mesure où de vastes communautés d'individus (les deux mille *taste communities*) se réunissent autour d'objets culturels communs, mais avec la particularité de dépasser les frontières nationales. Netflix fait le pari qu'un Argentin et un Chinois du Cluster 290 auront bien plus d'affinités que deux Français issus de deux clusters différents. Si Netflix fabrique du commun, il est résolument transnational, pas national. C'est l'aboutissement de la logique de *clusterisation* utilisée à des fins commerciales par une entreprise globale.

Deuxième élément pour comprendre en quoi Netflix ne contribue pas à la fabrique d'un commun national : la délinéarisation. L'autre caractéristique de « l'ère TF1 » était la capacité de proposer un contenu *en même temps* à une masse indifférenciée – c'est la « coïndicence temporelle » dont parle Anderson, et qui est pour lui un facteur essentiel dans la fabrique du sentiment national. Au café du lundi matin, chacun discutait du film projeté la veille au soir, sur TF1 ou Antenne 2. C'est tout l'inverse qui se passe avec Netflix, et pour une raison simple : la plate-forme a modifié le système traditionnel de diffusion. Elle ne diffuse plus au rythme d'un épisode par semaine, mais tout d'un seul bloc – occasionnant la naissance du *binge watching*, *i.e.* des spectateurs regardant

1. Pour reprendre les mots d'Olivia de Carlo, *product-content innovation director* chez Netflix : « *We have a saying : Your Netflix is not my Netflix. But taste communities aren't some static construct either. We're complex beings, we're in different moods at different times* » (Josef Adalian, « Inside the binge factory », 2018, art. cité).

plusieurs heures d'affilée, sans interruption… mais sans aucun « partage temporel » en commun avec les autres spectateurs. Le « modèle délinéarisé » de Netflix a été pensé comme une façon de favoriser la liberté des spectateurs, mais il entraîne de nombreux effets indésirables, comme l'explique très bien Romain Blondeau dans son essai intitulé *Netflix, l'aliénation en série.* Pour lui, le *binge watching* « nous isole de tout ce qui pourrait faire communauté » car « il nous prive de nos pleines capacités de spectateurs » – et c'est le lien qu'il établit entre les deux qu'il nous semble très intéressant de relever :

> Avec le modèle de diffusion linéaire, celui des feuilletons télé programmés à un rythme hebdomadaire, nous étions des spectateurs agissants : d'un épisode à l'autre, nous prenions le temps de penser ce qui avait été vu, et d'imaginer ce qui allait être vu la semaine suivante. Nous laissions la fiction phosphorer en nous, nous stimulions nos intelligences pour devenir, à notre échelle, les auteurs d'une série en cours[1].

Quelle pourrait donc être la « cérémonie de masse » du XXIe siècle ? L'une des composantes médiatiques de notre époque, c'est qu'il y a précisément de moins en moins de medium capable de rassembler la majorité d'une population donnée en même temps. Remarquons d'ailleurs qu'après la Netflixisation, une autre bascule est déjà en train de se produire chez les plus jeunes : les dernières enquêtes montrent que les 15-24 ans délaissent, à leur tour, les grandes plates-formes de vidéo à la demande, pour consacrer plus de temps à YouTube et TikTok. Selon le baromètre SVoD Médiamétrie/Harris Interactive, au cours du troisième trimestre 2022, le nombre de 15-24 ans ayant regardé quotidiennement en France des programmes sur Disney+, Amazon Prime Video, Netflix, Apple TV+, Salto, myCanal,

1. Romain Blondeau, *Netflix, l'aliénation en série*, Paris, Seuil, 2022.

GulliMax et OCS est en forte baisse, et ce pour le sixième trimestre consécutif (quatre cent mille abonnés de moins en un an, huit cent mille en deux ans). En seulement deux ans, le nombre d'utilisateurs âgés de 15-24 ans a chuté de 42 %. « Non seulement les 15-24 ans sont moins nombreux à se brancher chaque jour sur un service de streaming par abonnement », explique un article du *Figaro*, « mais lorsqu'ils le font, ils regardent moins d'épisodes de séries[1] ».

Ces chiffres confirment l'inclination naturelle du « capitalisme de l'écran » contemporain : celle d'une continuelle fuite en avant médiologique, un medium en chassant un autre sans qu'aucun ne parvienne plus à réunir une large proportion de la population. C'est ce qui rend difficile la perpétuation même d'un roman national : comment faire éclore un récit partagé lorsque l'explosion du nombre de supports démultiplie d'autant la consommation narrative de tout un chacun ?

Le capitalisme numérique ou la sortie d'un monde commun

Quittons la télévision et les plates-formes de vidéo à la demande pour aborder un autre écran : celui de nos smartphones et, plus largement, ceux des nouvelles technologies numériques. Dans *L'ère de l'individu tyran*[2], le philosophe Éric Sadin étudie en profondeur leur impact sur nos psychologies individuelles et collectives. Après deux décennies de pratiques de plus en plus assidues, elles auraient selon lui « modifié nos mentalités, contribué à l'adoption de postures inédites, redéfini le rapport usuel au réel, aux autres et à nombre de cadres

1. Caroline Sallé, « Après la télé, les jeunes délaissent déjà Netflix, Disney+ et autres Amazon Prime », *Le Figaro*, 16 octobre 2022.
2. Éric Sadin, *L'ère de l'individu tyran ; la fin d'un monde commun*, Paris, Grasset, 2020.

qui déterminaient jusque-là la vie en commun ». Avec pour principale conséquence : l'avènement d'un « nouveau régime historique d'existence en commun », dont il explore dans le détail tous les atours, et qui consacrerait ce qu'il appelle « l'ère de l'individu tyran », à savoir :

> L'avènement d'une condition civilisationnelle inédite voyant l'abolition progressive de tout soubassement commun pour laisser place à un fourmillement d'êtres épars qui s'estiment dorénavant représenter l'unique source normative de référence et occuper de droit une position prépondérante.

Tout ceci serait d'abord rendu possible par l'émergence de nouveaux outils numériques (Facebook, Twitter, Instagram and co) qui proposent aux individus des possibilités d'expression inégalées dans l'Histoire. Ces outils ont forgé « un imaginaire se nourrissant de l'illusion d'une autosuffisance » qui, tout en nous donnant « le sentiment de détenir, comme de façon miraculeuse, un tout autre statut aux yeux des autres – à l'opposé de l'invisibilité sociale souvent vécue », s'écarte du macro-récit unificateur qui avait cours jusqu'à présent pour, à l'inverse, exposer tout un chacun à un éventail beaucoup plus large et divers de narrations.

Mais si ces technologies ont remporté un tel écho, explique Sadin, c'est que leurs récits *encapacitant* (*empowering*) ont dans le même temps rencontré une perception croissante d'impuissance du citoyen. Dans les démocraties se réclamant de l'individualisme libéral, de plus en plus de gens éprouvent le sentiment « d'avoir été trahi et d'avoir assisté à la désagrégation continue du contrat social fondé sur l'intervention de la puissance publique et le principe de la solidarité ». Du fond de leurs désillusions et de leurs souffrances, les gens auraient charrié tellement d'expériences déçues, accumulé un tel volume de dépit et d'amertume que « la majeure partie des consciences ne peuvent plus croire en aucun projet collectif, étant seulement renvoyées à elles-mêmes sans plus d'illusion relative à de possibles perspectives communes ». En un mot : « le projet dessiné par le libéralisme démocratique a suscité tant de déceptions successives qu'il n'inspire plus aucune foi ». Pire : dorénavant, « toute représentation majoritaire devrait être combattue dans la mesure où il est estimé que chacune d'elles contribue à perpétuer des situations ne profitant qu'à certains ». Bref, c'est l'appartenance même à un monde commun jugé déceptif qui est rejetée. Et donc, a fortiori, tout sentiment national qui relierait les concitoyens ensemble.

Pour prolonger sa réflexion, et en l'appliquant plus directement au récit national, il est frappant de constater que c'est précisément au moment où le récit national traditionnel (*i.e.* tel que transmis par l'École ou produit à l'Assemblée nationale) entre en crise à l'échelle collective que les technologies numériques nous offrent, à l'échelle individuelle, un accès à une myriade de narrations sur la France et les Français. En l'espace de seulement quelques années, tout un chacun s'est vu soudainement avoir accès à un vaste univers de micro-producteurs de récits, donnant accès à autant d'interprétations, d'opinions mais aussi de témoignages. Parfois pour le meilleur, toutefois, dans la mesure où ces témoignages peuvent contribuer à fabriquer une autre forme de commun. Prenons un exemple, à la jonction du digital et de la mobilisation sociale : à l'occasion de la mobilisation contre la « loi Travail » défendue par Myriam El Khomri en 2016, un hashtag lancé par des activistes classés à gauche a permis de réunir et de rendre visible une pluralité de situations personnelles liées au monde du travail. Sous la bannière du #OnVautMieuxQueCa, c'est tout un tas de petites et de grandes injustices, de trajectoires brisées, d'humiliations ordinaires de la part de petits chefs qui se sont exprimées.

Réunis côte à côte, ces micro-récits ont permis de passer du statut de témoignages individuels à celui d'un récit partagé, celui d'une certaine partie de la France en souffrance au travail.

Aujourd'hui, donc, à chacun son récit. « Mais sommes-nous encore capables de raconter ou d'écouter des histoires ? » s'interroge le psychanalyste Roland Gori. « Sommes-nous encore capables d'engendrer ces phénomènes d'illusion qui conditionnent les histoires d'amour comme les passions politiques ? Sommes-nous encore capables de recouvrir la nudité du pouvoir des voiles du sacré qui conduisent un peuple à consentir intimement à l'obéissance[1] ? » Car ce qui est en jeu dans la prolifération des micro-récits rendus possibles par le « capitalisme de l'écran », c'est en effet la difficulté d'adhérer à un macro-récit commun. On en voit de plus en plus visiblement les conséquences des Gilets jaunes à… l'abstention. Dans une note à la Fondation Jean-Jaurès[2] publiée aux lendemains des élections régionales de 2021, Jérémie Peltier et Jérôme Fourquet faisaient le lien entre la numérisation de nos existences et la « crise de foi républicaine » qui se cacherait derrière l'abstention massive alors observée (au premier tour, 66,7 % des inscrits – et pas moins de 82 % des moins de 35 ans – ne s'étaient pas déplacés). « Cette crise concerne à la fois le geste du vote mais également tout ce qui le sous-tend, c'est-à-dire le sentiment d'appartenance à un collectif de citoyens formant le corps électoral », écrivaient-ils. Après avoir battu en brèche les traditionnels facteurs de l'abstention, les deux auteurs avançaient l'idée que cette crise de foi républicaine pouvait être vue comme « la conséquence

1. Roland Gori, « Un récit national en miettes », *Cités*, n° 81, 2020/1, p. 185-195.

2. Jérôme Fourquet, Jérémie Peltier, « Abstention aux régionales : manifestation spectaculaire de la crise de foi républicaine », Fondation Jean-Jaurès, 7 juillet 2021.

d'une rupture anthropologique » : celle de l'individualisation et de l'essor de la société du sur-mesure, qui « constituent des phénomènes difficilement compatibles avec le principe même d'un vote, geste à finalité collective ».

> Dans notre société, l'individu-roi est habitué et encouragé à exprimer sa singularité dans tous les compartiments de sa vie et le marché s'est organisé pour lui proposer du « à la carte » pour coller au mieux aux aspirations d'une clientèle de plus en plus fragmentée et exigeante. Si les grandes entreprises ont su gérer ce passage d'un marché s'accommodant de produits standardisés à l'ère du sur-mesure et de la multiplication des produits, des options et des références, ce basculement est beaucoup plus complexe à maîtriser au plan politique. Les partis proposaient en effet une offre politique que l'on pourrait qualifier de « tayloriste ». À l'heure du sur-mesure, leur offre apparaît obsolète et faute de trouver un programme ou un candidat qui lui corresponde parfaitement, le citoyen-consommateur n'achète plus : il s'abstient.

Comment gouverner un « peuple-roi », s'interroge de même le philosophe Pierre-Henri Tavoillot dans son dernier essai[1] ? Ce qui se fait jour, c'est que le capitalisme – et, singulièrement, le capitalisme numérique – a renforcé l'ingouvernabilité des démocraties contemporaines, en transformant en profondeur le mode de réflexion du citoyen. De plus en plus habitué à penser en consommateur, « le moi privé hurle : "Je veux !" [...], et lui permet de l'emporter sur le calme "nous avons besoin" du moi public », écrit le professeur de sciences politiques Benjamin Barber dans un essai consacré aux effets du capitalisme sur la démocratie[2]. Son

1. Pierre-Henri Tavoillot, *Comment gouverner un peuple-roi ?*, 2019, *op. cit.*

2. Benjamin Barber, *Comment le capitalisme nous infantilise*, Paris, Fayard, 2007.

idée est que le capitalisme a peu à peu déshabitué le citoyen à se hisser à la dimension de l'intérêt général pour le conforter dans la défense de ses intérêts particuliers. C'est bien ce que lui incite le récit du « client-roi » qui, quand on y réfléchit bien et que l'on dépasse l'acception commune, semble en effet difficilement compatible avec la démocratie et tout ce qu'elle implique en termes de partage démocratique du fardeau de la décision commune. Dès les années 1960, Edgar Morin remarquait que le ton employé par la publicité envers ses cibles versait dans l'obséquiosité… royale :

> Ici se développe un processus extraordinaire, le processus même d'hommage qui était réservé aux rois, et qui s'adresse aujourd'hui à une masse ou plutôt à l'individu au sein de la masse […]. Les festivités télévisées, les jeux radiophoniques sont les équivalents démo-consommationnistes des fêtes de Versailles. La publicité révèle quelque chose d'essentiel de notre société, qui est la royauté de l'individualisme, en couvrant cet individualisme roturier-bourgeois des pompes de la monarchie[1].

Force est de constater que le capitalisme numérique a accentué davantage encore ce tropisme. Un article du *New York Times*[2] soulignait combien la décennie 2010 a vu l'explosion d'un nombre très important d'entreprises de la Tech qui ont promu de hauts standards de consommation à bas prix, permettant à des classes moyennes urbaines d'accéder à une qualité de vie jamais atteinte auparavant. Du transport à la livraison de nourriture, en passant par le divertissement, des centaines d'entreprises ont pratiqué des prix cassés pour espérer dominer

1. Edgar Morin, « Préface », in André Cadet, Bernard Cathelat, *La publicité*, 1968, *op. cit.*
2. Kevin Roose, « Farewell, millennial lifestyle subsidy », *New York Times*, 8 juin 2021.

rapidement leur marché, habituant le consommateur lambda à un style de vie autrefois réservé à une toute petite élite :

> Pendant des années, nous avons pris des millions de trajets Uber et Lyft bon marché, nous transportant en navette comme des rois, tout en partageant la facture avec les investisseurs de ces entreprises. Nous avons plongé l'entreprise MoviePass dans la faillite en profitant de son offre de billets de cinéma à volonté à 9,95 $ par mois, et avons pris tellement de cours de fitness subventionnés que ClassPass a été contraint d'annuler son forfait illimité à 99 $ par mois. Nous avons rempli des cimetières avec les carcasses de start-up de livraison de nourriture – Maple, Sprig, SpoonRocket, Munchery – simplement en acceptant leurs offres de repas gastronomiques à bas prix.

Or peut-on vivre en consommateur-roi et se comporter en citoyen-démocrate ? Plus encore que la traditionnelle opposition citoyen/consommateur, c'est peut-être ici que le problème se révèle être plus aigu : si le capitalisme a démocratisé l'accès aux biens de consommation, il a monarchisé les comportements du consommateur. On retrouve « l'individu tyran » dont parle Éric Sadin.

Tous ces processus ne se situent pas seulement dans la psyché contemporaine : le capitalisme numérique entraîne aussi des effets sociaux très concrets. Dans *Homo numericus*[1], l'économiste Daniel Cohen fait le lien entre processus technologiques, économiques et sociologiques. Il montre que la révolution numérique, en transformant en profondeur le système productif, a provoqué un « affaissement continu des emplois intermédiaires », dans un mouvement de polarisation de l'emploi entre deux

1. Daniel Cohen, *Homo numericus; la « civilisation » qui vient*, Paris, Albin Michel, 2022.

extrêmes – emplois « créatifs » tout en haut de l'échelle sociale, et « premiers de corvée » tout en bas. Au milieu, le numérique a peu à peu remplacé les tâches humaines. « La conséquence politiquement la plus importante de ce processus », écrit-il, « est l'érosion continue de la classe moyenne. Les tâches administratives et commerciales dont le rôle était de faire le lien entre le haut et le bas d'une entreprise ont toutes reculé, comme si les firmes n'avaient plus besoin de ces emplois situés au milieu de la hiérarchie pour fonctionner efficacement ».

Cette érosion de la classe moyenne, qui a longtemps constitué le pilier stabilisateur des démocraties libérales, parachève ce mouvement profond d'évanouissement du sentiment national, que favorise et accentue le capitalisme de l'écran. Dans ce contexte, les conditions d'exercice du roman national s'en trouvent considérablement fragilisées.

Le fait nouveau de ces trente dernières années, c'est l'entrée dans une nouvelle forme du capitalisme, que nous pourrions appeler le « capitalisme des marques ». Les marques sont devenues incontournables dans le paysage contemporain : non seulement plus aucun produit ou service n'échappe à sa logique, mais on assiste à une véritable extension du domaine de la marque – qui embrasse les personnalités (*personal branding*), les institutions et même les pays (*national branding*). L'émergence d'un « capitalisme des marques » a eu pour conséquence de venir accoler un nom, un visage mais aussi une histoire et des valeurs à des phénomènes économiques qui se déroulaient jusqu'alors de façon macro et désincarnée. Dès lors, c'est tout un récit capitaliste (« la main invisible du marché ») mais aussi anticapitaliste (« le Grand Capital ») qui s'en trouve chamboulé : derrière ces grands mécanismes, il y a des acteurs bien identifiés, qui agissent à découvert, au su et au vu de tout le monde, au cœur même de la vie des gens. Le propre du « capitalisme des marques », comme on va le voir, est de politiser la notion de consommation, jusqu'alors considérée de façon purement économique. Dès lors, tout change, et le « capitalisme des marques » permet d'entrer dans un tout autre paradigme : celui de la dimension véritablement politique des marques.

Le « capitalisme des marques » et les effets politiques de la consommation

Dans son best-seller mondial *Sapiens*[1], à un moment nodal de sa réflexion sur l'histoire de l'humanité, Yuval Noah Harari cherche à éclairer la notion de « communauté imaginaire ». Pour ce faire, il oppose de façon binaire « la Nation, communauté imaginaire de l'État » d'un côté et « la tribu des consommateurs, communauté imaginaire du Marché » de l'autre, ajoutant :

> Toutes deux sont des communautés imaginaires parce qu'il est impossible à tous les ressortissants d'une nation ou tous les clients d'un marché de se connaître réellement comme les villageois se connaissaient jadis. Le consumérisme et le nationalisme nous persuadent que des millions d'inconnus appartiennent à la même communauté, que nous avons tous un passé commun, des intérêts communs et un futur commun [...]. Elles n'existent que dans notre imaginaire collectif, mais leur pouvoir est immense.

On retrouve bien la définition de la communauté imaginaire proposée par Benedict Anderson. Ce qui est intéressant dans l'approche d'Harari, c'est l'opposition frontale qu'il établit entre « communauté imaginaire de l'État » et « communauté imaginaire du Marché ». Comment comprendre le sens de

1. Yuval Noah Harari, *Sapiens; une brève histoire de l'humanité*, Paris, Albin Michel, 2011.

cette opposition ? Dans quelle mesure les marques, ces « chefs de tribu des consommateurs », participent-elles de la fabrique d'un destin commun ? Vis-à-vis de la Nation, se constituent-elles en relais ou en contre-modèles ? C'est le rôle politique de ce que nous allons appeler le « capitalisme des marques » qu'il nous appartient à présent d'explorer.

« Brand community » : la consommation comme lien

Pour y répondre, il faut revenir à la littérature envisageant la dimension anthropologique de la consommation. En 1979, la publication de *The world of goods*[1] par l'anthropologue Mary Douglas et l'économiste Baron Isherwood a permis de rendre compte de la richesse et de la complexité des pratiques de consommation. Ces dernières, loin de ne répondre qu'à un jeu autorégulé entre offre et demande, reposeraient plus largement sur des fondements anthropologiques, rattachant alors la consommation à une pratique culturelle plutôt qu'à une pratique économique. Leur thèse centrale, c'est que les objets de consommation transportent des significations culturelles : ils constituent la « partie visible de la culture », avec pour fonction essentielle de donner ce qu'ils appellent une « concrétude » aux principes culturels, par nature intangibles. En lui donnant corps, « la culture se trouve à la fois identifiée, matérialisée et stabilisée ». Par conséquent, la consommation n'est pas qu'une simple acquisition d'un bien ; c'est une forme de communication, par lequel l'individu se socialise en marquant son appartenance à un groupe culturel :

1. Traduit en français sous le titre : *Pour une anthropologie de la consommation ; le monde des biens*, Paris, IFM/Regard, 2008.

> La fonction communicationnelle de la consommation est de transmettre de l'information sur la façon de vivre du groupe ou de l'individu à d'autres membres de la société, et de proposer, par un effet rétroactif, un miroir par lequel les individus puissent projeter l'évidence du type de monde qu'ils se sont construit et dans lequel ils habitent[1].

Dans cette approche anthropologique, la consommation est envisagée comme une fabrique de liens inter-individuels. En 2001, l'article de Muñiz et O'Guinn intitulé « Brand community[2] » (« Communauté de marque ») va prolonger cette réflexion, en forgeant « proprement » (comprendre : académiquement) la notion de « communautés de marque », qu'ils définissent comme des « entités sociales qui reflètent l'enracinement des marques dans la vie quotidienne des consommateurs, et la façon dont les marques relient les consommateurs aux marques et les consommateurs aux consommateurs ».

En partant de l'étude du comportement de consommateurs de trois marques iconiques (Macintosh et deux constructeurs automobiles : Ford Bronco et Saab), les auteurs notaient que le partage d'une même pratique de consommation forgeait un fort sentiment d'appartenance. On retrouverait même les trois marqueurs traditionnels d'une communauté, au sens des anthropologues : une conscience partagée (les « *Saabers* », les « *Mac people* »), des rituels et des traditions, et un sens de responsabilité morale vis-à-vis des autres membres.

---

1. Pour reprendre les mots utilisés par Benoît Heilbrunn dans la préface de l'édition française. Texte repris dans la *Revue du Mauss* sous le titre « Le monde des biens ou la naissance de l'anthropologie de la consommation » (n° 44, 2014/2, p. 108-214).
2. Albert M. Muñiz Jr., Thomas C. O'Guinn, « Brand community », *Journal of Consumer Research*, vol. 27, n° 4, mars 2001, p. 412-432.

> Les membres d'une communauté de marque ressentent un lien important avec la marque, mais plus important encore, ils ressentent un lien plus fort les uns avec les autres membres. Tous ont l'impression qu'ils se connaissent, même s'ils ne se sont jamais rencontrés.

Si le concept de « communauté de marque » a eu un tel écho dans le monde marketing, c'est que jusqu'alors les thèses sociales dominantes soulignaient combien le monde moderne et la consommation avaient abouti à la destruction des communautés traditionnelles. Depuis la fin du XIXe siècle, le mouvement de modernisation a presque toujours été analysé comme un processus d'atomisation. Pour le sociologue allemand Ferdinand Tönnies, auteur en 1887 de *Communauté et société*, devenu un classique, le passage à l'ère industrielle a coïncidé avec l'affirmation d'un nouveau mode de groupement des individus. Ainsi est-on passé de la « *Gemeinschaft* » (la « communauté »), organisée autour d'un principe d'unité absolue, voyant des individus se dissoudre dans un groupe très soudé (exemple archétypal : la famille traditionnelle), à la « *Gesellschaft* » (la « société »), qui voit les individus gagner en autonomie mais perdre lien les uns avec les autres (exemple archétypal : les habitants des grandes villes). « Tandis que précédemment le tout était donné avant les parties, ce sont maintenant les parties qui sont données avant le tout[1] », commente Émile Durkheim. Depuis, cette approche de la modernité comme destruction de liens traditionnels et d'atomisation des individus a eu son cortège d'auteurs ; elle a surtout été l'origine épistémologique d'une nouvelle philosophie des affaires, apparue dans la seconde moitié du XIXe siècle, et généralisée à partir des années 1920 : le marketing. Comme l'a très bien montré

1. Émile Durkheim, « Communauté et société selon Tönnies », *Revue Philosophique*, vol. 27, 1889, p. 416-422.

l'historien et anthropologue des marchés Franck Cochoy[1], le marketing a permis de passer de la masse compacte et monolithique du *marché*, régi par des lois sur lesquelles une entreprise n'a, seule, que peu de prise, à la foule plurielle et hétérogène des *consommateurs*, dont les aspirations individuelles, elles, peuvent être influencées, façonnées, voire construites de toute pièce. En définitive, le marketing s'est appuyé sur l'hypothèse sociologique de l'atomisation des individus modernes pour « découvrir le consommateur sous le marché », selon la très belle formule de Cochoy. En inventant ensuite un ensemble de techniques commerciales (segmentation, ciblage, positionnement...), le marketing a dégagé des moyens d'action jusqu'alors inédits pour l'entreprise :

> Dès que, par « marché », on entend « consommateurs », le pluriel du second terme vient ruiner la masse compacte et écrasante du premier : le marché se fracture, se dissocie, se délite, il devient segmentable : si le gestionnaire ne peut rien contre le marché monolithe de l'économie politique classique, il devient potentiellement beaucoup plus fort si, dans la texture du monolithe, il parvient à entrevoir les grains qui constituent ses débouchés/sa clientèle potentielle [...]. Le marketing permet de reprendre la main : récupérer le contrôle de l'économie de marché jusque-là détenu par la main invisible smithienne[2].

Avec la notion de « communauté de marque », la consommation n'est plus synonyme d'individualisation, mais de socialisation. En cherchant à « adopter une position théorique plus appropriée au XXIe siècle qu'au XIXe siècle », Muñiz et O'Guinn appellent à dépasser les aprioris péjoratifs, qui

1. Franck Cochoy, *Une histoire du marketing; discipliner l'économie de marché*, Paris, La Découverte, 1999.
2. Franck Cochoy, *Une histoire du marketing*, 1999, *op. cit.*

feraient de ceux qui adoptent un mode de socialisation autour d'objets commerciaux des individus nécessairement « perdus » ou désocialisés. Ce que les deux auteurs cherchent à mettre en lumière, ce n'est rien de moins que l'émergence d'un nouveau mode de groupement culturel et social, centré sur la consommation d'une même marque. Une observation qui n'a pas échappé aux spécialistes en *branding management*, qui n'ont eu de cesse de créer le cadre de ces rassemblements pour leurs marques respectives – du *club* Nespresso au *groupe* Facebook, en passant par la *Family* d'IKEA. De fait, témoigne Benoît Heilbrunn, on observe depuis une vingtaine d'années « un basculement progressif de la notion de segmentation à celle de communautarisation des clients[1] », aussi bien dans les pratiques des agences de communication que dans le contenu des cours dispensés en école de commerce.

Dans les années 1960, des chercheurs sur la publicité écrivaient déjà qu'« acheter un slip, une brosse à dents ou une voiture, c'est se définir, s'insérer dans une configuration sociale ; comme c'est se définir et s'insérer que saluer son voisin de palier, avoir un domicile fixe, aller à l'église, jouer à la pétanque, collecter les timbres ou voter[2] ». Trente ans plus tard, ce qui apparaissait comme une forme émergente de sociabilité a considérablement gagné du terrain. Dominique Quessada, ancien publicitaire devenu philosophe, auteur d'une thèse de doctorat sur « l'achèvement de la philosophie dans le discours publicitaire[3] », a travaillé sur cette notion de lien social, intime et affectif exploité par les marques commerciales.

1. Interview avec l'auteur réalisée le 17 février 2023.
2. André Cadet, Bernard Cathelat, *La publicité*, 1968, *op. cit.*
3. Dominique Quessada, « L'esclave-maître : l'achèvement de la philosophie dans le discours publicitaire », thèse de doctorat en philosophie réalisée sous la direction de Bernard Bourgeois, soutenue en 2000 à l'université Paris 1 Panthéon-Sorbonne.

Dans *La société de consommation de soi*[1], il montre comment la publicité, en tant que discours des marques, s'est érigée en « mode d'organisation et de régulation du lien social », jusqu'à « rivaliser mondialement avec le discours politique comme seul discours apte à rendre compte du collectif », aboutissant à une société d'individus « reliés mais non liés ». À le lire, les marques seraient les principales responsables de l'atomisation : mais n'est-ce pas plutôt parce que la société était déjà travaillée par une grave crise du lien social que les marques ont pu devenir des alternatives séduisantes, allant, selon Quessada, jusqu'à quasi remplacer les liens traditionnels ? Comme le remarque Benoît Heilbrunn, la marque s'instaure comme instance de lien, jouant sur la métaphore religieuse du bon pasteur conduisant son troupeau vers le Bien :

> Ainsi, les marques entrent directement en rivalité avec la religion et la politique dans la mesure où elles ne cessent de se penser comme mode d'organisation et de régulation du lien social. De ce point de vue, elles orchestrent un véritable projet politique au sens où la politique est un art d'unification qui vise à créer l'un à partir de la multiplicité[2].

Dans l'élaboration de sa théorie sur la « mémoire collective », le sociologue Maurice Halbwachs faisait remarquer qu'« entre l'individu et la nation, il y a bien d'autres groupes, plus restreints que celle-ci, qui eux aussi ont leur mémoire et dont les transformations réagissent bien plus directement sur la vie et la pensée de leurs membres[3] ». Avant le politique à proprement par-

1. Dominique Quessada, *La société de consommation de soi* ; *politique de la publicité*, Paris, Verticales, 1999.
2. Benoît Heilbrunn, « La douce violence des marques », in *Médi(t)ations marchandes*, Lormont, Le Bord de l'Eau, 2018
3. Maurice Halbwachs, *La mémoire collective*, Paris, PUF, 1950.

ler, ce sont peut-être d'abord avec ces « groupes intermédiaires » entre l'individu et la Nation (partis, associations, familles) que les marques sont entrées en concurrence symbolique.

Des styles de vie au shopping : la consommation comme émancipation

La consommation de tel ou tel objet comme moyen de signer son appartenance à un groupe plutôt qu'à un autre : alors que le volet « exclusion » a beaucoup été exploré par la sociologie (notamment Pierre Bourdieu dans *La distinction*[1]), d'autres auteurs ont davantage insisté sur le volet « inclusion », envisageant même la consommation comme un facteur d'émancipation sociale. C'est le fondement des théories autour des *styles de vie*, que toute une sociologie moderne de la consommation s'est efforcée d'ériger en alternative à la notion de classe sociale[2] : plutôt que de définir les individus par leur position dans la chaîne de production, il s'agirait plutôt de les définir par leurs choix de consommation, ce qui donne à voir une tout autre classification de la population. Dès lors, la consommation peut être le moyen par lequel les individus s'extraient des déterminismes imposés par leur classe sociale : un « fils de » peut écouter du rap, se percer les oreilles et porter des Dr Martens, tout comme un ouvrier peut embrasser un style hipster. La construction de styles de vie par la consommation fait partie d'authentiques « stratégies identitaires » qui consistent à « permettre aux

1. Pierre Bourdieu, *La distinction ; critique sociale du jugement*, Paris, Minuit, 1979.
2. L'une des théories les plus fascinantes a été élaborée dans les années 1970 par Bernard Cathelat, directeur du Centre de la communication avancée (CCA) : les « socio-styles ». Pour une introduction complète, lire Bernard Cathelat, *Socio-styles système ; les styles de vie, théorie, méthodes, applications*, Paris, Éditions d'Organisation, 1990.

individus d'étendre le champ de leur soi et de mettre en récit des fragments de leur identité[1] » – identité qui n'est plus subie mais, magie de la consommation, choisie.

L'important à noter dans la notion de style de vie, c'est qu'elle permet de concilier deux aspirations anthropologiques contraires : celle d'être comme les autres (*ressembler à*, pour faire partie d'un groupe) et celle de s'en séparer (*se distinguer de*, pour affirmer son individualité). C'est très marquant dans la décoration d'intérieur : aménager son salon dans un « style Brooklyn », par exemple, c'est toujours à la fois en reprendre les principaux éléments matériels constitutifs qui signent l'appartenance à cette esthétique néo-industrielle (des ampoules à filaments, des simili-briquettes rouges), mais c'est aussi soigneusement montrer sa patte, sa griffe, que ce soit dans le choix des meubles ou des décorations, qui peuvent être en léger écart avec le style général de la pièce, ou dans l'exhibition de souvenirs personnels.

Au début du XXe siècle, le philosophe et sociologue allemand Georg Simmel proposait une interprétation puissante des styles de vie, qui obéissent selon lui à une logique de réassurance. Réassurance sociale, d'abord : rejoindre un style de vie déjà identifié et valorisé comme tel (l'Aventurier, le Punk, le Startupper), c'est « se soustraire à la responsabilité personnelle et aux possibles risques de choix individuels dont la valeur n'a pas été encore évaluée et approuvée par les autres membres de la société », ce qui « réduit les risques d'un manque d'acceptation ou d'admiration sociale[2] ». Réassurance intime, ensuite : face au stress induit par l'augmentation

1. Benoît Heilbrunn, *La consommation et ses sociologies*, Paris, Armand Colin, 2015 (3e édition).
2. Claudia Portioli, « La performance des objets chez Simmel », *Revue des sciences sociales*, vol. 59, 2018, p. 110-115.

spectaculaire de la stimulation nerveuse des grandes villes, Simmel notait que la présence de meubles du passé dans son foyer permettait de créer un espace d'apaisement et de tranquillité qui extrayait l'individu des exigences de la vie moderne, bref une sorte de *safe space* créant l'illusion d'un cocon protégé de la violence du monde.

Depuis les années 1970, en réaction à toute une pensée critique de la société de consommation (en premier chef, l'École de Francfort), la consommation a été présentée par certains auteurs comme un élément participant à la diffusion d'une sorte d'*ethos* démocratique, en venant concrètement, matériellement incarner les concepts d'égalité et de liberté[1].

Égalité, d'abord : en consommant la même chose, en commun, au même moment, la consommation poursuivrait l'idéal d'une égalité de condition. « Pour les consommateurs du XIXe et du XXe siècle », explique Virginia Postrel, chercheuse au Smith Institute for Political Economy and Philosophy de l'université Chapman (Californie), « l'égalité est allée de pair avec la production de masse, la distribution de masse et le marketing de masse : le même produit standardisé pour tout le monde[2] ». C'est

1. Survenant en pleine guerre froide, il ne faut pas négliger la part de stratégie d'influence : ce modèle d'une consommation émancipatrice a aussi largement été encouragé et promu par les États-Unis d'Amérique pour contrer le modèle communiste. Dans *La face cachée de l'art américain* (documentaire réalisé par François Lévy-Kuentz et diffusé sur France 3 le 7 février 2019), on découvre par exemple que le pop art, cette « peinture de la société de consommation », a très largement été financé par la CIA, via le MoMa, pour mener la guerre idéologique contre l'URSS. Plus largement, c'est tout l'abstractionnisme abstrait qui a été promu, à coups de colloques, expositions, congrès et magazines culturels, dans le but de proposer un contre-modèle attrayant au réalisme soviétique.

2. Virginia Postrel, « Comment le shopping est devenu un facteur d'égalité aux États-Unis », *The Wall Street Journal/l'Opinion*, 9 décembre 2022.

l'exemple type du Coca-Cola : à l'opposé du vin dans la société française, produit très différenciant socialement, le Coca-Cola constitue pour la société américaine le produit trans-classe par excellence, dans la mesure où il est consommé, apprécié et valorisé de façon identique par toutes les catégories sociales. C'est ce qu'avait très bien noté Andy Warhol en son temps :

> Ce qui est formidable dans ce pays, c'est que l'Amérique a inauguré une tradition où les plus riches consommateurs achètent en fait la même chose que les plus pauvres. On peut regarder la télé et voir Coca-Cola, et on sait que le président boit du Coca, que Liz Taylor boit du Coca et, imaginez un peu, soi-même on peut boire du Coca. Un Coca est toujours un Coca, et même avec beaucoup d'argent, on n'aura pas un meilleur Coca que celui que boit le clodo du coin. Tous les Coca sont pareils et tous les Coca sont bons. Liz Taylor le sait, le Président le sait, le clodo le sait, et vous le savez[1].

De manière plus subtile, Virginia Postrel parle de l'émergence de la démocratisation du luxe dans l'Amérique des Années folles comme une façon pour les classes les plus défavorisées non pas de s'offrir les mêmes produits que les classes bourgeoises, mais de « profiter de différentes variations du même plaisir ». « Alors que c'était historiquement les plus aisés qui pouvaient se déplacer dans leur propre véhicule », détaille-t-elle, « la Model T s'est révélée aussi efficace qu'une Rolls-Royce pour la promenade du dimanche ». De même, « grâce à des matériaux moins coûteux et l'essor du prêt-à-porter, les clients plus modestes ont pu s'acheter des vêtements élégants ».

---

1. Andy Warhol, *Ma philosophie de A à B et vice versa*, Paris, Flammarion, 2021 [1979].

Liberté, ensuite : cette fois, c'est le rôle du *shopping* comme pratique émancipatrice pour les catégories les plus discriminées qui est souligné – aussi bien pour les femmes, comme on l'a très tôt noté en France, que pour les Afro-Américains, comme l'ont souligné maints travaux sur l'histoire culturelle des États-Unis. Dès 1883 et son roman *Au bonheur des dames*, Émile Zola voit dans la création du magasin Le Bon Marché (fondé par Aristide Boucicaut en 1852) un véritable outil d'émancipation des femmes appartenant à la bourgeoisie parisienne : pour la première fois, elles disposent d'un espace public qui leur est dédié, alors que leur vie sociale se limitait jusqu'alors aux fêtes familiales et à quelques sorties au théâtre. Zola parle d'une « chapelle élevée au culte des grâces de la femme », de laquelle les hommes sont d'ailleurs poliment exclus, invités à les attendre dans des cafés aménagés en bordure. Désormais responsables de la gestion d'une partie du budget familial, les femmes obtiennent une première forme d'indépendance économique, ce qui leur permet de s'affirmer dans des relations autres que familiales. « Les jours d'exposition, les grands jours de vente », écrit Zola, « la femme règne en foule, elle est comme en pays conquis, volontaire, arrogante, régnant sur un peuple de commis qui ne sont plus que leurs choses ». Avec la multiplication des grands magasins (les Grands Magasins du Louvre ouvrent en 1855, les Printemps Haussmann et la Samaritaine en 1865, les Galeries Lafayette Haussmann en 1896), le métier de vendeuse prend son essor, offrant emplois de qualité et promotions sociales à des jeunes femmes issues de province. Plus récemment, dans *Féminicène*[1], Véra Nikolski propose une hypothèse « matérialiste » de l'émancipation des femmes : pour elle, impossible de dissocier l'évolution du statut social et politique des femmes de l'enrichissement général de

1. Véra Nikolski, *Féminicène*, Paris, Fayard, 2023.

la société et du progrès technique (et surtout, médical) engendré par le capitalisme. Une formule résume la pensée de cette docteure en science politique, qui se réclame du marxisme : « Le capitalisme a permis aux femmes d'être des opprimées comme les autres[1] ».

Aux États-Unis, lorsque Alexander Turney Stewart inaugure, en 1846, un magasin à plusieurs étages à Manhattan, il introduit deux nouvelles pratiques, révolutionnaires à l'époque : l'entrée libre, et le prix unique. Dès lors, tant qu'ils se tenaient correctement, les consommateurs étaient libres de venir déambuler dans les allées, avec la garantie de se voir proposer le même prix d'achat, quelle que soit leur couleur de peau. Analysant le rôle de la consommation dans la constitution des conditions socio-culturelles de l'éclosion du *civil rights movement*, l'historienne Traci Parker explique que « la consommation offrait aux Afro-Américains une satisfaction matérielle, physique et psychologique : en d'autres termes, elle leur a permis d'entrevoir ce qu'était la belle vie[2] ». De plus, même s'ils n'étaient pas toujours bien traités par les commerçants, « les consommateurs noirs ont appris que leurs dollars avaient de la valeur, de la puissance ». Autrement dit : la consommation, en ouvrant de nouveaux horizons aux minorités opprimées, a joué un rôle dans le roman national américain. Nous y reviendrons plus en détail dans le chapitre 3.

---

1. Formule utilisée dans *Signes des temps*, l'émission de Marc Weitzmann sur France Culture (« Féminisme et écologie : une histoire alternative », 21 mai 2023).
2. Traci Parker, *Department stores and the black freedom movement; workers, consumers and civil rights from the 1930s to the 1980*, Chapel Hill, The University of North Carolina Press, 2019 – cité dans Virginia Postrel, « Comment le shopping est devenu un facteur d'égalité aux États-Unis », 2022, art. cité.

La « cocotte-minute consommatoire » : la consommation comme frustration

Dès les années 1930, Halbwachs avait souligné, dans ses études sur le mode de vie des classes ouvrières, la fonction intégrative de la consommation : « Consommer, ce n'est pas seulement dépenser ni acquérir des biens matériels, c'est bel et bien prendre sa part de la vie sociale[1] ». C'est en s'appuyant sur ce constat que, dans l'après-guerre, la consommation a pu être mise au service d'un projet politique d'apaisement généralisé des tensions de la société. Après trente ans de croissance forte, on a pensé, à l'instar du sociologue américain Daniel Bell[2], que la société de consommation entraînerait assurément le dépérissement de la conflictualité sociale – le travailleur se trouvant « domestiqué » par les promesses d'une vie meilleure, garantie par la hausse régulière des salaires et l'accès au crédit. En encourageant une aspiration permanente au confort, la consommation marquerait même, selon l'anthropologue culturel Stefano Boni, la naissance d'une nouvelle catégorie d'individus : *Homo confort*, une forme d'humanité qui, du lave-linge à l'anti-moustique, « dispose de toutes sortes de moyens sophistiqués pour éviter de subir les contraintes et désagréments liés à la gestion laborieuse du monde organique[3] ». L'auteur examine les conséquences problématiques de cette exaltation du confort généré par la consommation : en nous privant de toute expérience considérée comme désagréable ou négative, le confort nous enferme dans un cocon protecteur

1. Cité dans Christian Baudelot, Roger Establet, *Maurice Halbwachs ; consommation et société*, Paris, PUF, 1994.

2. Daniel Bell, *The end of ideology, on the exhaustion of political ideas in the fifties*, Glencoe, Free Press, 1960.

3. Stefano Boni, *Homo confort ; le prix à payer d'une vie sans efforts ni contraintes*, Paris, L'Échappée, 2022.

qui nous coupe du monde extérieur. Pour lui, le confort nous plonge dans un état de bien-être léthargique qui engendre une forme de passivité politique, éteignant toute velléité de changements : « Le confort apparaît comme la source principale du consensus social et de la pacification politique qui ont suivi l'essor du système politique et économique actuel [...]. *Homo confort* a renoncé à la volonté de se réapproprier le pouvoir politique, et il a accepté son assujettissement en contrepartie d'une vie confortable », écrit Stefano Boni.

À l'inverse, quand ses promesses ne sont pas remplies, la consommation peut se muer en force centrifuge, agissant en mouvement disclocatoire. Dans *Le descenseur social*[1], essai consacré au sentiment de déclassement des milieux populaires, Philippe Guibert et Alain Mergier ont mis en évidence le rôle de la consommation pour tenir sa place dans la société. Ce qu'ils appellent le « panier du sujet » désigne l'ensemble des biens de consommation permettant d'assurer la capacité d'être reconnu comme un individu à part entière dans la société. « Le panier du sujet est ce qui permet de rester en phase avec le monde », écrivent-ils, en se basant sur une cinquantaine d'entretiens qualitatifs. La pression exercée par la société de consommation fait que le « minimum social » se situe au-delà du « minimum vital » : c'est ce qui explique que les classes les plus modestes, qui peuvent par ailleurs faire des arbitrages très lourds en termes de restrictions alimentaires ou de chauffage, sont si désireuses d'avoir accès au téléphone portable, devenu « la technologie majeure de l'autonomisation individuelle, condition sine qua non de l'existence du sujet », ou aux dernières baskets à la mode : « les chaussures Nike ont une fonction de connexion avec le mouvement du monde ».

1. Philippe Guibert, Alain Mergier, *Le descenseur social ; enquête sur les milieux populaires*, Plon/Fondation Jean-Jaurès, 2006.

Une quinzaine d'années après, ces analyses n'ont pas pris une ride, et se sont même confirmées par la suite.

Dans un texte daté de 2012 et rédigé en réaction aux émeutes urbaines de Londres, qui avaient vu des Anglais mettre à sac des magasins en utilisant des boîtes de conserve comme projectiles, Benoît Heilbrunn proposait une interprétation novatrice : celle de la « frustration consommatoire ». Dans une société des marques qui « impose une fiction par laquelle les individus peuvent, grâce à des actes de consommation, renforcer, modifier ou réparer une identité qui est conçue comme essentiellement incomplète, voire blessée », qu'en est-il des exclus de la consommation ? Après avoir été biberonnés à l'idée qu'il y avait des produits qu'ils « ne pouvaient pas ne pas avoir », le fait d'en être privé entraîne une vraie souffrance symbolique – d'où l'idée d'une « cocotte-minute consommatoire[1] », qui ne peut qu'exploser :

> Doit-on s'étonner qu'une génération d'individus désargentés, qui sont constamment sollicités par des marques leur proposant des signes leur permettant de réparer symboliquement des identités froissées ou abîmées, se rebelle pour revendiquer un droit à consommer ? Ainsi, la constante séduction marchande s'opérant sur des groupes sans pouvoir d'achat peut conduire à terme à une explosion sociale qui serait l'exutoire naturel d'une frustration consommatoire.

De façon prémonitoire, Benoît Heilbrunn concluait son texte en disant :

> Il y a fort à parier qu'une révolte consommatoire puisse exploser à court ou moyen terme, et que les émeutes urbaines

1. Benoît Heilbrunn, « La cocotte-minute consommatoire », *Sociétal*, n° 75, 1er trimestre 2012, p. 83-89.

anglaises ne soient que les tristes prémices d'une radicalité politique consumériste en marche.

De fait, six ans plus tard explose le mouvement des Gilets jaunes. Bien sûr, il n'est pas question de le réduire à une explication mono-causale ; mais il est frappant de constater que dans ses études sur le phénomène, Jérôme Fourquet soit parvenu aux mêmes conclusions : dans une société où l'accès à certains standards de consommation est un moyen d'intégration sociale incontournable, se tenir à l'écart du « *way of life* majoritaire » par l'incapacité de consommer les grandes marques statutaires est vécu comme une insupportable relégation – sociale, économique et politique. Un élément que le sondeur résume d'une formule, en paraphrasant la funeste saillie de Jacques Séguéla sur la Rolex : « Si à quarante ans tu ne peux pas payer des Nike et du Nutella à tes enfants, alors t'as raté ta vie[1] ». C'est en ce sens qu'il fallait selon lui comprendre les « émeutes Nutella » survenues en janvier 2018 dans plusieurs Intermarché aux quatre coins de l'Hexagone, suscitées par d'importantes promotions (1,41 euros le pot de 950 grammes, au lieu de 4,70 euros d'ordinaire, soit 70 % de réduction).

À l'automne 2021, une enquête de l'IFOP pour la Fondation Jean-Jaurès[2] montrait que pour 31 % des Français (et 55 % des interrogés se sentant Gilets jaunes), il leur arrivait « Très souvent » ou « Assez souvent » de limiter leurs achats, d'y renoncer ou de se rabattre sur un produit ou une marque moins chers, dans au moins quatre catégories de produits parmi les dix proposées (produits électroniques, divertissement/

1. Jérôme Fourquet interviewé par Elena Scappaticci, « Désormais, pouvoir acheter du neuf, c'est signifier qu'on n'est pas un "cassos" », *Usbek & Rica*, 26 novembre 2021.

2. « Le rapport des Français à la consommation », sondage IFOP pour L'Agence du Don en Nature et la Fondation Jean-Jaurès, octobre 2021.

sorties/loisirs, habillement, jeux/produits éducatifs, alimentation, etc.). Plus significatif encore : 30 % des Français (et 51 % des interrogés se sentant Gilets jaunes) éprouvaient régulièrement[1] des difficultés financières les empêchant de célébrer une fête (anniversaire, Noël, Nouvel An, fête religieuse...). Dans le même esprit, 37 % des Français disaient ne pas avoir les moyens d'offrir des cadeaux à leurs proches, et ce de façon régulière – avec, là encore, une forte surreprésentation chez les interrogés se sentant Gilets jaunes, pour lesquels la proportion s'élève à 59 %. Ces derniers, lorsqu'ils sont en situation de limiter leurs achats, d'y renoncer ou de se rabattre sur un produit ou une marque moins chers, éprouvent beaucoup plus massivement de la frustration, de l'injustice et de la colère que ceux qui ne se sentent pas Gilets jaunes et qui ne les soutiennent pas (voir Figure 9). Pour reprendre une formule du sociologue Denis Maillard : « Les Gilets jaunes ne veulent pas renverser la table, ils veulent être sûrs, au contraire, de pouvoir s'y asseoir[2] ».

1. Pour commenter cette étude, nous avons choisi l'adjectif « régulièrement » pour regrouper les catégories « Très souvent », « Assez souvent » et « De temps en temps ».
2. Denis Maillard, *Une colère française; métamorphose des relations sociales*, Paris, L'Observatoire, 2019.

Figure 9. « Parmi la liste des sentiments suivants (Résignation, Frustration, Injustice, Colère, Honte), lesquels éprouvez-vous quand vous êtes en situation de souvent limiter vos achats, y renoncer ou vous rabattre sur un produit ou une marque moins chers ? »

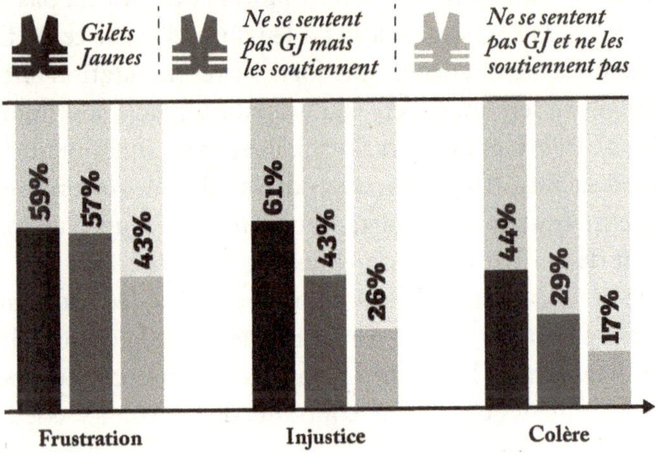

Source : IFOP pour L'Agence du Don en Nature, 2021.

Plus récemment, les émeutes urbaines provoquées par la mort tragique du jeune Nahel M., tué par un policier à Nanterre le 27 juin 2023, ont donné de nouvelles illustrations de la frustration consommatoire. Pour le comprendre, encore faut-il éviter deux écueils. Le premier est celui de l'œillère. Le 2 juillet 2023, dans l'émission *Questions politiques* (France Inter/Franceinfo), Olivier Véran, porte-parole du gouvernement, a affirmé : « Quand vous pillez un magasin Foot Locker, Lacoste ou une boutique Sephora, il n'y a pas de message politique. C'est du pillage. » Circulez, il n'y a rien à voir : depuis quand la consommation peut-elle revêtir une dimension politique ? Raté : c'est précisément cette dimension qu'il faut essayer de penser. Le second écueil est celui du cadrage idéologique : à entendre les responsables de la droite et de l'extrême droite, ces scènes ne peuvent que valider la thèse de la « décivilisation » avancée par Emmanuel Macron fin mai. Ne voit-on pas des hordes de barbares piller, brûler et saccager tout ce qui se trouve sur leur passage ? En réalité, c'est tout l'inverse de la décivilisation qui se produit sous nos yeux. Ces jeunes gens ne se situent pas en dehors de la civilisation : dans leur quête matérielle effrénée, ils représentent au contraire l'image la plus extrême de la société de consommation. Comme le notait à juste titre le psychanalyste Harold Hauzy dans *Le Figaro*, « la société ne souffre pas d'une décivilisation mais d'une hypercivilisation[1] ». En reprenant les analyses de Freud dans son ouvrage *Malaise dans la civilisation* (1930), il montre que ce n'est pas l'absence mais bien l'excès de civilisation qui engendre ses propres débordements : dans cette optique, le malaise proviendrait en réalité du coût élevé de la dynamique civilisationnelle. Faire coexister des individus nécessite que tout un chacun renonce à ses pulsions, ce qui s'effectue en introduisant dans l'esprit de chacun « cette entité de contrôle et de sanction qu'est le surmoi ». Ici, c'est le rôle du surmoi consommatoire qu'il nous faut interroger.

Ce qui a légitimement marqué les esprits, et que l'on retrouve de façon massive dans les médias audiovisuels, ce sont les violentes attaques contre les services publics et les élus. Sur les réseaux sociaux, toutefois, ce sont d'autres types d'images qui retiennent l'attention. Lorsqu'on tape « émeutes France » sur Snapchat et TikTok, ce sont d'abord des scènes de pillages de magasin qui nous sont proposées – plusieurs centaines de vidéos y sont consacrées. Une boutique Foot Locker à Sevran,

1. Harold Hauzy, « La société ne souffre pas d'une décivilisation mais d'une hypercivilisation », *Le Figaro*, 13 juin 2023.

un magasin Darty à Aubervilliers, une boutique Nike au Forum des Halles à Paris, mais aussi un magasin Zara à Strasbourg, un Apple Store à Bordeaux, un Sephora à Saint-Étienne, un Calzedonia à Lyon, un Carrefour à Grenoble, un Lidl et un McDonald's à Nantes, une boutique Orange à Montpellier… Partout, on retrouve les mêmes scènes : des vitres brisées, des cris de joie, des jeunes gens surexcités qui se précipitent dans les magasins pour en ressortir les bras remplis de colis, de fringues sur cintres ou même de trottinettes électriques. « Wow, des steaks Charal, wesh », s'exclame un adolescent visiblement ébahi dans une vidéo Snapchat, après s'être servi dans des étalages dévastés d'un Auchan. « Eh, les gars, j'ai fait les courses pour la daronne ! » raconte fièrement un autre, exhibant un sac rempli de produits de marques : galettes Saint-Michel, céréales Nesquik.

Ce qui apparaît nettement dans ces différents exemples, c'est que dans une société où la consommation est érigée non seulement comme un mode d'interaction interindividuel, mais aussi comme un horizon d'émancipation, la frustration consommatoire agit comme un puissant vecteur de colère politique. Dès lors que les marques sont conçues comme des « communautés nécessaires », le fait d'en être exclus engendre un profond sentiment de relégation politique.

Le communautarisme des marques : vers une société en playlist ?

Que se passe-t-il lorsque les horizons de consommation s'étendent à d'autres univers idéologiques et culturels ? Dans leur essai *La France sous nos yeux*[1], Jérôme Fourquet et Jean-Laurent Cassely procèdent à une véritable « archéologie des couches culturelles » pour rendre compte de la transformation

1. Jérôme Fourquet, Jean-Laurent Cassely, *La France sous nos yeux*, 2021, *op. cit.*

de la société française de ces trente dernières années. « Les modes de vie et les références culturelles qu'on observe dans la France d'après sont le fruit d'une sédimentation de différentes influences qui se sont déposées plus ou moins récemment », écrivent-ils, au gré de diverses traditions importées en France par « les grands vents de la globalisation ». Si la roche-mère, le catholicisme, n'affleure plus qu'épisodiquement, les auteurs distinguent, par ordre chronologique d'apparition : une « couche Yankee », voyant l'*american way of life* pénétrer en profondeur la société française (à coups de blockbusters, de McDonald's et de Coca-Cola, mais aussi de traditions comme Halloween, Black Friday ou… la danse country), une influence nipponne, symbolisée par le triptyque mangas–sushis–Nintendo, une « couche orientale » (halal, kebab, chicha), et peut-être désormais en cours de sédimentation une couche coréenne avec la K-pop et l'appropriation d'autres produits culturels coréens par les jeunes générations… bref, à l'épreuve de la mondialisation, c'est un vrai « millefeuille culturel français » qui se dessine.

Pour quels effets socio-politiques sur le sentiment national ? La question est rarement posée. Pour y répondre sérieusement, il faut opter pour une « lecture théologico-politique du monde marchand », comme nous y invite Benoît Heilbrunn. Ce dernier n'a eu de cesse d'extraire les marques de leur strict champ commercial ou économique, pour les penser comme des dispositifs culturels, c'est-à-dire des systèmes qui servent à fabriquer et à transmettre de la culture. Dans cette approche, les marques forgent des systèmes d'attitudes et de croyances : elles sont « des machines qui relèvent de la technique, de l'idéologie et de la culture ». C'est pourquoi les marques sont de véritables systèmes de *transmission* capables de modifier de façon significative une chaîne d'éléments structurels de l'environnement socio-économique des individus :

> L'économie des marques renvoie à un double ancrage religieux et politique qui reprend, en la rationalisant, l'idée d'une entité puissante et « bienveillante » à l'origine du pouvoir et qui donne du sens à nos existences. En puisant dans la matrice théologico-politique de la société occidentale, les marques sont devenues de puissants dispositifs idéologiques capables d'imposer un programme politique fondé sur l'adhésion à un système de croyances[1].

Dans cette approche théologico-politique, la consommation de telle ou telle marque n'est pas neutre : le consommateur n'accède pas seulement à un produit, à un service, mais il consomme aussi une certaine vision du monde et de la société qui peut, *de facto*, entrer en concurrence avec le récit national auquel il avait jusqu'alors été exposé. Quand un Français se rend chez IKEA, il ne fait pas qu'acheter une bibliothèque Billy ou un fauteuil Poäng ; il achète aussi, en passant, la conception du bonheur à la suédoise, « à savoir l'idée d'une société apaisée, sans verticalité, rétive à toute idée d'accumulation et de luxure, sans effet d'ostentation et dans laquelle le bonheur est un enchaînement de plaisirs simples déclinés sous forme de petits rituels quotidiens[2] ». Quand un Français utilise une trottinette électrique Lime, il ne fait pas qu'utiliser une forme de « mobilité douce » : il consomme une vision du monde californienne qui vante, en creux, « l'autosuffisance satisfaite de ne compter que sur soi », et qui contribue à forger une représentation de soi comme bénéficiant dorénavant, « et quasiment en droit, au cours de certaines séquences du quotidien, d'une forme, souvent grisante, d'indépendance absolue[3] ». Quand un Français

1. Benoît Heilbrunn interrogé par Stéphane Dufour, « La marque : entité spirituelle ou religieuse ? », *Communiquer*, vol. 34, 2022, p. 11-19.
2. *Ibid.*
3. Éric Sadin, *L'ère de l'individu tyran*, 2020, *op. cit.*

achète des produits MUJI, il consomme toute une philosophie orientale s'inspirant du feng shui qui vise à organiser de façon fluide et harmonieuse la circulation de l'énergie dans l'univers – et ce, au travers de produits au « design épuré et fonctionnel », obéissant à un « raisonnement conciliant », débarrassé de toute décoration ou tout emballage « superflus » et dotés de couleurs « basiques et sobres qui s'intègrent à tous les univers[1] ».

On pourrait multiplier les exemples, en étendant le spectre de la consommation aux séries, à la musique ou à l'alimentation. Dans chacun des cas, on retrouve une constante : là où autrefois le consommateur français n'était exposé dans son quotidien qu'à un nombre restreint de visions de la société, la « société des marques » a considérablement élargi nos zones de contacts culturels et idéologiques. Nous postulons que ce n'est pas sans effets sur nos représentations individuelles et collectives. S'il est difficile de mesurer précisément l'impact des idéologies des marques consommées, efforçons-nous à ce stade de proposer trois modèles, correspondant à trois modes d'articulation des différents récits et visions du monde.

Premier modèle, celui de la « conversion », qui fonctionne selon une logique d'appartenance religieuse. Ce modèle stipule une adhésion exclusive à un système de valeurs et à une vision du monde qui exclut, en théorie, toutes les autres. Le principe est celui d'une cohérence entre les idées et les actes : soit par un phénomène de « conversion par le Texte », qui verrait les idées (défendues par les marques) entraîner l'acte (la consommation) – c'est le fonctionnement même du modèle dit « sémiotique » de la marque, qui considère la marque comme une entité qui défend et porte une vision du monde au travers d'un récit et d'un système de signes, transformant la marque en véritable

1. Pour reprendre la description qu'en donne la section « À propos de Muji » du site *www.muji.eu/fr*.

machine de persuasion marchande[1]. Soit parce qu'à l'inverse, ce sont les idées qui rejoignent l'acte, selon un phénomène de « conversion par la Pratique ». Ce concept s'inspire des travaux de Jean-Léon Bourgeois et Robert Joule[2] : en s'intéressant aux cas d'ouvriers devenus contremaîtres, les deux sociologues ont montré qu'un changement de position hiérarchique entraînait une modification, ou plutôt une refonte de leur système de valeurs ; en devenant contremaîtres, ils en épousaient les idées, dans un système de justification a posteriori qui cherche à éviter toute injonction paradoxale, intenable sur le long terme. « La conduite précède l'idéologie, plutôt que d'en être la conséquence », concluaient-ils. Appliqué aux marques, ce schéma stipule que la consommation de marques (IKEA, Lime, MUJI) n'est pas motivée par une adhésion a priori de leur vision de la société – que souvent, le consommateur peut ne pas connaître par ailleurs ; c'est l'acte de la consommation qui, dans un second temps, et dans un phénomène de diffusion sur le temps long, entraîne le fait d'en embrasser progressivement les valeurs sous-jacentes. Dans les deux cas, on touche du doigt l'avantage compétitif des discours des marques sur le discours politique : tandis que les seconds restent dans le pur *acte sémantique*, les premiers comportent un *acte pragmatique*, au sens qu'ils engagent le consommateur à réaliser des actions sonnantes et trébuchantes, de manière répétée.

Deuxième modèle, celui de la « juxtaposition paradoxale », pour reprendre une formule de Benoît Heilbrunn. Cette fois-ci, le mode d'appartenance n'est pas religieux mais spirituel, fonctionnant selon une logique d'appartenance non exclusive. On s'oriente dans cette approche vers une pluralité

1. Sur ce sujet, voir Benoît Heilbrunn, *La marque*, Paris, PUF, 2022.
2. Jean-Léon Bourgeois, Robert Joule, *Soumission et idéologies ; psychologie de la rationalisation*, Paris, PUF, 1981.

de mini-systèmes de croyances portés par différents acteurs, des « visions portatives » qui peuvent changer d'un instant à l'autre et qui, surtout, peuvent cohabiter avec d'autres visions, sans répondre à l'impératif catégorique de la cohérence idéologique :

> Notre époque ne fonctionne plus selon le modèle de la rationalité classique qui obéissait, depuis Aristote, au principe de la non-contradiction, qui stipulait qu'une proposition (A) et son contraire (non-A) ne pouvaient être toutes les deux vraies. Le post-moderne se définit au contraire par la constitution d'un système psychique ouvert, liquide, non causal, qui promeut au nom de la créativité la capacité à faire exister des sphères disjointes dans une même journée chez une même personne. Dès lors que ce qui prévaut, c'est non pas le réel mais la subjectivation de la réalité, les rétroactions et les contradictions sont autorisées, voire encouragées. C'est tout le principe des juxtapositions paradoxales[1].

Ce modèle explique la raison pour laquelle il peut y avoir coexistence pacifique, au sein d'un même individu, de plusieurs contenus idéologiques, voyant le consommateur pouvoir adhérer simultanément à des visions sociale-démocrate, libertarienne et autoritaire encapsulées dans ses différents choix de consommation.

Dernier modèle, celui de la compétition au sein d'un « marché narratif[2] ». Dans cette optique, une marque est une entité culturelle à part entière qui évolue sur un marché qui n'est plus simplement un marché de produits ou de services

1. Benoît Heilbrunn, interview avec l'auteur le 17 février 2023.
2. Cette notion s'appuie sur la notion de *myth market* élaborée par l'anthropologue et professeur de marketing Douglas Holt, dans le cadre de la théorie du *cultural branding* détaillée dans le chapitre 3.

mais un marché de récits au sein duquel évoluent d'autres acteurs (films, musiques, livres, jeux vidéo, médias, sportifs, discours politique, etc.). Qui dit marché, dit compétition d'acteurs obéissant à la loi de l'offre et de la demande : le consommateur étant exposé à une pluralité de récits exposant des visions du monde concurrentes, il optera pour ceux qu'il juge les plus « performants » – c'est-à-dire, ceux qu'il estime les plus efficaces pour calmer ses angoisses ou assouvir ses besoins culturels, sociaux ou politiques du moment. Dès lors, le récit national traditionnel, enseigné par l'École et transmis par le discours politique, entre en *concurrence* avec les récits proposés par une pluralité d'autres acteurs, au premier rang desquels : les marques commerciales. Dans ce dernier modèle, il peut y voir tantôt des situations d'exclusivité (premier modèle), tantôt des situations de non-exclusivité (deuxième modèle) : l'analogie au marché permet de tout aussi bien envisager des cas où, dans une logique de remplacement, un récit se substitue à un autre[1] (situation de monopole), mais aussi des cas de coexistence de récits complémentaires sur un même marché narratif[2], obligeant les acteurs à opter pour des

1. Douglas Holt montre que le récit « *Just do it* » proposé par Nike marque un avant et un après dans la conception du sport : en rupture avec le modèle précédent, qui représentait le sport comme nécessairement collectif et starisé, Nike promeut une nouvelle idéologie sportive – le « *combative solo will power* », incarné par une nouvelle pratique sportive : le jogging.
2. La chanson *Flowers* de Miley Cyrus est devenue un hymne féministe qui promeut une indépendance vis-à-vis de la gent masculine (« *I can buy myself flowers* »). Ce récit n'empêche pas, par ailleurs, la consommation d'autres récits féministes, promus par la classe politique, les séries ou des marques engagées sur ce créneau – bien au contraire : on observe plutôt que les différents récits se complètent et se renforcent les uns les autres.

stratégies de positionnement narratif (situation d'oligopole ou de marché ouvert).

Le premier modèle s'apparenterait le plus à une forme de « communautarisme », c'est-à-dire à la constitution de communautés (de marques) autonomes et rivales. C'est potentiellement le modèle le plus séparatiste, *i.e.* le plus à même de se constituer en contre-société, mais c'est aussi le modèle le moins fréquent : toutes les marques ne sont pas capables, à l'image d'un Apple ou d'un Harley-Davidson, de forger des liens très puissants entre ses différents membres. Les deux modèles suivants constituent ce que l'on pourrait appeler une « société en playlist », comprendre : une société qui voit des individus sélectionner et agréger des éléments culturels de leurs choix, selon des critères purement subjectifs et sur le mode de la juxtaposition (comme lorsqu'on constitue soi-même sa playlist individuelle) ou de la compétition librement acceptée (comme lorsqu'on suit les suggestions de l'algorithme). De la même façon qu'une playlist Spotify peut juxtaposer côte à côte des genres musicaux totalement bigarrés et des artistes développant des univers artistiques très différents, sans que ce soit perçu comme une forme de contradiction, la « société en playlist » peut faire intervenir plusieurs groupes et plusieurs systèmes de valeurs sans qu'il y ait nécessairement friction culturelle. D'une étonnante plasticité, la « société en playlist » voit par ailleurs son contenu évoluer dans le temps, au gré des différents *moods* ou des expériences de vie traversées.

Comme l'avait très justement noté Edgar Morin à la fin des années 1960 à propos de ce qu'il appelait la « société consommationnaire », il y a coexistence de « forces d'intégration et de forces de désintégration[1] » : cette dialectique

1. Edgar Morin, « Préface », in André Cadet, Bernard Cathelat, *La publicité*, 1968, *op. cit.*

d'intégration-désintégration est certainement ce qui caractérise encore le mieux le capitalisme et la consommation aujourd'hui.

*

On l'a dit, en France, le roman national est en panne. La panne vient à la fois d'une défaillance des émetteurs, comme l'a montré le premier chapitre, mais aussi d'un changement de logiciel plus profond. Les transformations du capitalisme ont rendu plus difficile la possibilité même de se retrouver sur un récit national partagé ; elles ont aussi occasionné un changement profond dans les relations entre marques et politique.

En 1944, l'économiste hongrois Karl Polanyi publie *La grande transformation*[1], un ouvrage dans lequel il revient sur les modalités de construction de l'économie de marché, qu'il adosse à une recherche des causes de l'effondrement libéral et du succès fasciste dans les années 1930. Dans toutes les sociétés humaines traditionnelles, explique-t-il, l'économie est restée « encastrée » dans les institutions sociales, c'est-à-dire qu'elle n'était ni un domaine à part des activités humaines ni un type particulier de comportement. « Ni le travail, ni la disposition des objets, ni leur distribution n'étaient poursuivis pour des motifs économiques – c'est-à-dire pour l'amour du gain ou du payement, ou par peur de mourir de faim en tant qu'individu », écrit-il. Dans la société marchande qui émerge lors de ce qu'il appelle la « civilisation du XIXe siècle », c'est le contraire : il se produit un « désencastrement » général de l'économie, qui acquiert désormais une existence autonome. Le propre des

1. Karl Polanyi, *La grande transformation; aux origines politiques et économiques de notre temps*, Paris, Gallimard, 1983.

sociétés capitalistes est que le marché est institutionnalisé comme seul principe organisateur du fonctionnement social, et « la société est gérée en tant qu'auxiliaire du marché ». Ce que remarque Polanyi, c'est que le « désencastrement » de l'économie produit, en retour, un encastrement de la société dans le marché : « Au lieu que l'économie soit encastrée dans les relations sociales, ce sont les relations sociales qui sont encastrées dans le système économique ». Dès lors, la société est incapable de se penser en dehors des mécanismes du marché : c'est ce qu'il appelle la « société de marché ».

Dans le prolongement des thèses de Polanyi, nous posons qu'il est possible d'imaginer un raisonnement similaire avec les marques. Traditionnellement, les marques étaient encastrées dans le politique : elles n'avaient à son égard aucune existence politique autonome, la prééminence du politique était assurée. C'est l'époque du complexe militaro-industriel, pour ne prendre que cet exemple parlant, qui voyait les marques d'armement militaire se subordonner à la vision et aux directives de l'État-major. Dans le cadre du roman national, cela signifie que les marques n'avaient pas de sécrétion symbolique ou discursive propre : elles pouvaient, à la rigueur, appuyer par leur force de persuasion marchande les orientations décidées par le politique – on pense à Hollywood pendant la guerre froide.

Dans un deuxième temps, les marques se sont désencastrées du politique, acquérant une existence politique propre : pour rester dans l'exemple militaire, c'est le cas emblématique d'Elon Musk qui ose le bras de fer avec le Pentagone américain via son entreprise de satellites militaires Starlink, et qui va jusqu'à proposer son propre accord de paix russo-ukrainien (voté sur Twitter). Dans la deuxième partie qui va suivre, nous allons nous efforcer de montrer comment des marques ont commencé à sécréter des éléments de roman national indépendamment du champ politique : c'est l'entrée des marques dans le roman national. Longtemps, la capacité à « dire la France » a pris la forme d'un « combat politique entre la gauche et la droite pour imposer le récit de ce qu'est et doit être la France[1] » : en entrant sur scène, les marques bouleversent ce face-à-face. L'ultime étape risque d'être celle de *l'encastrement de la politique dans les marques*, c'est-à-dire le fait que le politique devienne à son tour incapable de produire un discours autonome de celui impulsé par les marques.

Pour prendre la mesure du phénomène, et voir dans quelle mesure il s'applique à la France, il faut d'abord prendre la direction du pays où les marques ont acquis un statut de locuteur de premier plan dans le roman national : les États-Unis d'Amérique.

1. Vincent Martigny, *Dire la France ; culture(s) et identités nationales, 1981-1995*, Paris, Les Presses de Sciences Po, 2016.

II

L'entrée des marques dans le roman national

« J'épouse la pensée de ceux qui me donnent envie de vivre comme eux, d'être comme eux; mais je n'épouse pas nécessairement la vie de ceux qui pensent comme moi. L'éternelle jeunesse des belles buveuses de Coca-Cola et la virilité du cowboy fumeur de Marlboro, sans même parler de la musique rock, déstabilisation fondamentale car sensorielle, ont peut-être plus fait pour renverser le communisme en Europe de l'Est que les samizdats de Soljenitsyne ou les manifestes de Havel. »

Régis Debray, *Cours de médiologie générale*, 1991

3
Made in United States
Du « national narrative » au roman national

Léa Salamé : « *Do you understand why you, Americans, are being hated by some people in the world ?* »
Jon Stewart : « *No ! We've given them nothing but really great shows, music, Drake, although he is Canadian, jeans… How much more can we give ?* »
The problem with Jon Stewart,
Apple TV+, 2022

Les historiens et spécialistes de la communication ont depuis longtemps montré que les États-Unis étaient passés maîtres dans l'utilisation des industries culturelles à des fins politiques[1]. Les exemples abondent pour montrer que les États-Unis ont su utiliser la littérature (le *Federal Writers' Project*), l'art abstrait (Andy Warhol), la bande dessinée (*Captain America*) ou le cinéma (le mythe du Far West) pour construire un *national narrative* (récit national) particulièrement favorable, aussi bien à destination de la population américaine que de celles du monde entier.

1. Lire par exemple David Colon, *Propagande ; la manipulation de masse dans le monde contemporain*, Paris, Belin, 2019.

En réponse à l'historien Paul Kennedy qui évoquait un inéluctable déclin de la puissance militaire et économique américaine[1], l'analyste américain des relations internationales, Joseph Nye, théorisait en 1990 le changement de nature de la puissance américaine, qui ne serait plus tant une force de coercition qu'une force d'attraction idéologique et culturelle. Ainsi définit-il la notion de *soft power* : « l'habileté à séduire et à attirer », ou encore « la capacité d'un pays à structurer une situation de telle manière que d'autres pays développent des préférences ou définissent leurs intérêts en harmonie avec les siens[2] ». D'où une nouvelle géographie du pouvoir des États-Unis, qui consacre plutôt les lieux de production culturelle (Hollywood, Madison Avenue) que les lieux de puissance militaire ou financière (Pentagone, Wall Street).

Dans ce contexte politico-culturel, on ne sera pas étonnés de voir que ce soit aux États-Unis que les marques ont, les premières, développé leur talent de conteuses nationales. Elles aussi ont été mises au service de la confection d'un puissant *soft power* américain. Tout l'objectif de ce chapitre est de revenir sur les origines américaines de la capacité des marques à produire un récit national (*national narrative*), et de montrer l'influence des États-Unis dans la confection du roman national français par les marques.

1. Paul Kennedy, *Naissance et déclin des grandes puissances*, Paris, Payot, 1988.
2. Joseph Nye, *Bound to lead ; the changing nature of american power*, New York, Basic Books, 1990.

Marques et récit national : une tradition américaine

Depuis une trentaine d'années, il ne se passe pas un seul moment historique vécu par les États-Unis sans qu'il y ait une réponse publicitaire de la part d'une ou de plusieurs marques américaines. À chaque fois, ces dernières mettent tout leur appareillage symbolique et narratif (comprendre : leur force de frappe publicitaire) au service d'un *national narrative* qui cherche d'une part à mettre des mots sur l'émotion ressentie par la population, et d'autre part à exalter la fierté et la foi dans l'Amérique. À chaque fois, le combo est le même : empathie et patriotisme.

En 2001, les attaques terroristes du World Trade Center frappent au cœur la nation américaine. En réaction, plusieurs dizaines de spots publicitaires envahissent les ondes pour témoigner non seulement de leur soutien aux victimes et de leur reconnaissance vis-à-vis des forces de secours, mais aussi pour réaffirmer le corpus de valeurs défendues par l'Amérique : la liberté, le capitalisme, la démocratie. De façon emblématique, la compagnie aérienne American Airlines, dont deux de ses avions ont été détournés par al-Qaida, a cherché à réaffirmer son rôle dans la promotion de l'idéal de vie américain : « Nous sommes plus qu'une compagnie aérienne : nous sommes un mode de vie [*way of life*] […]. Nous sommes ceux qui rendons possible la libre circulation des gens, des idées et des produits ». Dans un spot en noir et blanc intitulé « *9/11 Tribute®* », la marque de télécommunication mobile Verizon a, quant à elle, mis en scène de jeunes enfants qui, regards dirigés vers le ciel, admirent la statue de la Liberté.

Aux lendemains de la crise financière de 2008, qui a non seulement sévèrement touché l'économie américaine mais aussi la représentation de l'Amérique aux yeux du monde entier, la réponse publicitaire a consisté à faire la démonstration que le pays disposait des ressources pour effectuer son come-back. Pour ce faire, il fallait frapper les esprits d'autant plus fort que le secteur et le pays avaient été mis en difficulté : d'où l'attention toute particulière portée à l'automobile, et singulièrement aux constructeurs de la ville de Detroit, berceau de l'industrie automobile américaine, qui était passée du surnom de la « Motor City » (siège de General Motors, Ford et Chrysler) à la « Shrinking City » (la ville qui rétrécit) sous l'impact de la crise économique. En 2009, Chrysler est placée en dépôt de bilan : pour sauver l'entreprise, le gouvernement américain opère une intervention historique en prenant 8 % du capital – une sacrée entorse aux lois du marché « libre et non faussé ». En réponse, Chrysler réalise une campagne publicitaire audacieuse, intitulée « *Imported from Detroit®* » (« Importée de Detroit »). Alors que le public américain s'était de plus en plus tourné vers les marques étrangères (et singulièrement : allemandes) pour l'achat de leurs voitures de luxe, Chrysler cherche à vanter le savoir-faire industriel de Detroit en prenant pour porte-voix l'un de ses plus illustres ambassadeurs : Eminem. La voix off, très travaillée, ressuscite tout le passé industriel de Detroit, en clamant :

> Voilà qui nous sommes. Voilà notre histoire. Ce n'est probablement pas celle que vous avez lue dans les journaux, ou celle écrite par des gens qui ne sont même jamais venus ici, qui ne savent pas de quoi nous sommes capables [...]. Nous venons d'Amérique, et voilà ce que nous faisons.

La campagne a valeur métonymique (une partie pour le tout) : au-delà de Chrysler, c'est toute l'Amérique qui est racontée, dans une forme de patriotisme économique assumé. Dans un communiqué de presse, l'agence Wieden+Kennedy en charge de cette campagne explique avoir voulu « rappeler aux

Américains que nous étions bien plus forts en étant unis que divisés, et que le retour de Detroit signifiait que l'Amérique aussi était sur le chemin du retour ».

En 2020, alors que les populations du monde entier se confinaient pour faire face à la pandémie mondiale du Covid-19, les marques américaines ont été, là encore, au rendez-vous. Elles ont multiplié les spots publicitaires pour se mettre au diapason du choc collectif ressenti. Dans une volonté d'entrer en résonance empathique avec l'humeur du pays, d'abord : ainsi de Heineken (« *Stay apart, stay together®* ») ou de Jack Daniels (« *Dear all, cheers for making social distancing, social®* ») qui, en reconnaissant la difficulté de s'isoler les uns les autres, ont cherché à raconter cette période d'isolement social comme un effort national. Les marques américaines ont aussi cherché à montrer leur utilité au pays dans cette période difficile : de façon emblématique, Ford a réalisé une campagne intitulée « *Built to lend a hand®* » (« Construit pour donner un coup de main »). Pour présenter sa solution de crédit facilité pour les salariés mis au chômage par le covid, Ford a rappelé les engagements passés de la marque au service du pays (construction d'avions et de chars pendant la Seconde Guerre mondiale ; facilité de paiement pour les victimes d'événements climatiques extrêmes, etc.). En creux, c'est l'exceptionnelle capacité de résilience du peuple américain que la marque célébrait.

On pourrait multiplier les exemples : ils attestent que les États-Unis ont cultivé une tradition du discours de marque au service d'un récit national. Pour le comprendre, revenons aux racines de ce phénomène, et ce qui fait la spécificité des États-Unis : faire nation par la consommation.

Faire nation par la consommation

Plus qu'aucun autre pays, les États-Unis d'Amérique ont fait de la consommation l'un de leurs principaux ferments nationaux. Inutile de se perdre en conjectures sur la « civilisation matérielle » ou « le temple de la consommation »: ce serait prendre pour des causes ce qui n'est que des effets. Pour comprendre la place de la consommation dans la constitution du sentiment national américain, il faut revenir au processus de construction de la nation américaine, qui se révèle être fort distinct du modèle européen.

Première différence fondamentale: aux États-Unis, on ne retrouve pas la relation étroite entre nation, culture et politique que l'on a vu se constituer dans le cadre européen. En Europe, « pas de nation digne de ce nom sans collectes de littérature populaire », écrit la spécialiste d'histoire culturelle Anne-Marie Thiesse[1], qui explique que la création des identités nationales en Europe a débuté au XVIIIe siècle lorsqu'on s'est mis à collecter de vieux chants populaires qui étaient tombés dans l'oubli. L'objectif: fonder des « Antiquités alternatives », c'est-à-dire « fournir d'autres monuments culturels que les fondements gréco-latins de la culture européenne[2] », et ainsi prouver qu'il est possible de fonder les cultures européennes sur d'autres chefs-d'œuvre que la poésie épique de l'Antiquité, jusqu'alors considérée comme un genre indépassable. En pionnière, la nation écossaise a pu prendre conscience d'elle-même grâce à la publication des épopées ossianesques (*Chants d'Ossian*) entre 1760 et 1763, sous la houlette d'un certain James Macpherson qui s'est attelé à exhumer des épopées celtiques du IIIe siècle de notre ère, contées par un barde nommé Ossian (qualifié

1. Anne-Marie Thiesse, *La fabrique de l'écrivain national*, 2019, *op. cit.*
2. Anne-Marie Thiesse, *La création des identités nationales; Europe XVIIIe-XIXe siècle*, Paris, Seuil, 1999.

d'« Homère celtique »). Cette parution a provoqué un écho considérable en Europe : l'œuvre d'Ossian, introduite en France par Turgot et Diderot, a rapidement été suivie de traductions intégrales en allemand, en polonais, en suédois, en italien. Partout, on s'en inspire, et elle devient la référence commune de « lettrés européens soucieux de fournir à leur propre nation gloire et dignité[1] ». On retrouve à chaque fois le même procédé : en Allemagne, avec la parution des fragments du *Nibelungelied,* décrits comme l'« *Illiade* germanique » ; en Russie, avec la publication du *Chant de la troupe d'Igor* (le « Homère slave ») ; au Danemark, avec la parution des poèmes mythologiques de l'Edda, correspondant à d'anciens peuples du nord ; en Finlande, avec la publication de l'épopée du *Kalevala*[2], etc.

On ne trouve rien de tout cela aux États-Unis : c'est que le « Nouveau Monde » s'est construit sur un imaginaire de la *terra incognita* à conquérir et à civiliser. Dès lors que ce n'est pas l'identification des ancêtres qui est érigée en ferment de l'identité collective, et qu'il n'y a aucune « Antiquité » culturelle à dépasser pour affirmer la spécificité de la nation américaine[3], il faut trouver autre chose – et plus précisément, d'autres acteurs – pour forger la conscience partagée d'une appartenance commune. C'est un premier élément très important pour comprendre la différence de construction des identités nationales entre l'Europe et les États-Unis.

---

1. Anne-Marie Thiesse, *La création des identités nationales*, 1999, *op. cit.*
2. Le 28 février, jour de parution de la première édition du Kalevala (1840), deviendra fête nationale de la Finlande.
3. C'est d'ailleurs en ce sens qu'il faut comprendre la remarque d'Anne-Marie Thiesse : « Tout au long du XIXe siècle, des intellectuels européens ont ainsi refusé aux États-Unis, puissance économique montante, le statut de nation en leur attribuant un déficit littéraire : la Déclaration d'indépendance n'aurait pas été suivie d'une autonomie vis-à-vis de la littérature anglaise » (*La fabrique de l'écrivain national*, 2019, *op. cit.*).

Deuxième différence : la moindre centralité du politique dans le processus de construction de la nation américaine. « Chez la plupart des nations européennes », remarquait Tocqueville, « l'existence politique a commencé dans les régions supérieures de la société, et s'est communiquée peu à peu, et toujours d'une manière incomplète, aux diverses parties du corps social[1] ». En France, note d'une formule le politologue Stéphane Rozès[2], c'est l'État qui a fait la nation, et pas l'inverse. D'où l'importance vitale accordée au politique : c'est lui qui, tel un alchimiste transformant le plomb en or, a permis de passer de cet « agrégat inconstitué de peuples désunis » de l'Ancien Régime que décrivait Mirabeau, à des citoyens formant une seule et même nation. On retrouve cette même idée dans le processus de l'unification italienne : selon la formule restée célèbre de Massimo d'Azeglio, l'un des grands artisans de l'indépendance nationale italienne, « l'Italie est faite, il reste maintenant à faire les Italiens[3] ». « En Amérique, au contraire », poursuivait Tocqueville, « on peut dire que la commune a été organisée avant le comté, le comté avant l'État, l'État avant l'Union ». On l'a souvent dit : pour un habitant du Texas ou du Wisconsin, Washington est perçue de façon aussi lointaine que Bruxelles l'est pour un habitant du Cantal ou des Pouilles. La construction de la nation américaine s'est faite dans un mouvement ascendant, du bas vers le haut (*bottom-up*, dirait-on dans le jargon de la start-up), en passant de l'échelle micro à l'échelle macro, ce

1. Alexis de Tocqueville, *De la démocratie en Amérique*, tome 1, première partie, chapitre II.

2. Stéphane Rozès, *Chaos; essai sur les imaginaires des peuples*, Paris, Cerf, 2022.

3. Sur le rôle de la monarchie dans l'instauration d'un sentiment national en Italie, lire Catherine Brice, *Monarchie et identité nationale en Italie (1861-1900)*, Paris, EHESS, 2010.

qui constitue un terreau culturel bien plus favorable à l'idée qu'un facteur individuel puisse forger une quelconque appartenance collective.

Dernière divergence majeure : un rapport différent aux fractures historiques. Comme le souligne l'historien Ran Halévi, les États-Unis sont (avec Israël) la seule nation immédiatement démocratique, sans avoir de passé aristocratique à dépasser : « Leur récit national n'avait pas à accommoder deux traditions antagonistes – la France d'Ancien Régime et celle issue de la Révolution[1] ». Au XIXe siècle, les fractures américaines ne sont pas issues du passé, mais sont d'une actualité brûlante, issues d'un double problème politique : la Civil War et l'immigration. Comment réconcilier une nation déchirée par une guerre civile ? Comment « faire des Américains » les quatre millions d'immigrés qui arrivent à Rhode Island entre 1860 et 1880 ?

Dans les années 1970, l'historien américain Daniel J. Boorstin a mené un volumineux travail sur l'histoire de la nation américaine. Dans son dernier volume, intitulé *The Americans ; the democratic experience*[2] (« l'expérience démocratique »), il explore longuement le rôle de ce qu'il appelle les « communautés de consommation » (très proche de ce que nous avons appelé jusqu'à présent les « communautés de marque ») dans l'enracinement et la diffusion du sentiment national américain. Pour lui, ce sont précisément ces communautés de consommation qui ont contribué à résoudre les deux problèmes politiques auxquels l'Amérique était confrontée.

1. Ran Halévi, *Le chaos de la démocratie américaine*, Paris, Gallimard, 2022.

2. Daniel J. Boorstin, *The Americans; the democratic experience* (t. 3), New York, Random House, 1974.

D'une part, Boorstin parle de l'émergence d'une « démocratie du vêtement » (« *democracy of clothing* ») dans l'Amérique du XIXe siècle : il rapporte que les Européens de passage aux États-Unis étaient frappés de constater qu'il était de plus en plus difficile de déterminer la classe sociale d'un individu en considérant ce qu'il portait comme habits. « Plus que jamais auparavant, les hommes s'habillaient de la même manière[1] ». Selon lui, la révolution du prêt-à-porter est devenue un facteur d'inclusion majeur des immigrés dans la société américaine : « Le prêt-à-porter américanisa instantanément l'immigrant [...]. Rien n'aurait pu transformer aussi rapidement et sans effort un étranger en membre de la Nation[2] ».

D'autre part, Boorstin explique que ces « communautés de consommation » ont permis, par leur dimension apolitique, de réunir des Américains fracturés par la guerre civile, parvenant à réunir des gens profondément divisés politiquement :

> L'importance particulière des communautés de consommation américaines a facilité l'assimilation et l'« américanisation » de millions de personnes aux lendemains de la Civil War. Rejoindre les communautés de consommation est devenu le mode d'acculturation typiquement américain.

Bien sûr, les communautés de fumeurs de Lucky Strike, de conducteurs de Chevrolet ou de consommateurs des biscuits Uneeda sont des communautés factices, malléables, aussi rapides à se constituer qu'à se délier. L'historien précise bien que les liens qui unissent leurs membres sont beaucoup plus ténus que ceux qui reliaient les Américains autrefois, et

1. Citation originale : « *More than even before, men dressed alike* ».
2. Citation originale : « *Ready-made clothing instantly Americanized the immigrant [...]. Nothing else could so rapidly and painlessly transform the foreigner into one who belonged* ».

les croyances partagées peuvent paraître insignifiantes par rapport à celles partagées par la communauté fondatrice de l'identité américaine que constituait la colonie de la baie du Massachusetts, fondée par les *Pilgrim Fathers* (« Pères pèlerins ») en 1620. Toutefois, souligne-t-il, l'Américain moderne s'est trouvé lié à des centaines de milliers d'autres Américains dans ce qu'il mangeait, buvait, conduisait, lisait ou utilisait.

> Alors que les habitants de la Nouvelle-Angleterre du XVIIe siècle n'étaient membres que de quelques communautés vibrantes, les Américains du XXe siècle, eux, étaient membres d'innombrables communautés plus informelles [...]. Les communautés politiques et religieuses à l'ancienne ne sont plus que deux sortes de communautés parmi de nombreuses autres fraternités nouvelles. Jamais dans l'Histoire tant d'hommes n'avaient été unis par tant de choses.

Par ces communautés de consommation, les Américains se sont de plus en plus sentis liés aux autres, non par quelques liens de fer, exclusifs et durables, mais par d'innombrables fils qui, s'ils sont plus minces et plus fragiles, ont tissé ensemble la nation américaine.

Le « cultural branding », ou les marques pour résoudre les failles de la société

En 2004, Douglas Holt, docteur en anthropologie culturelle, est professeur de marketing à la Harvard Business School. Il publie *How brands become icons*, un ouvrage qui fonde une nouvelle approche culturelle des marques, qu'il intitule : le « *cultural branding* ». Pour lui, les marques qui comptent vraiment sont des marques qui ont réussi à devenir d'authentiques icônes culturelles – c'est-à-dire des « personnes (réelles ou fictionnelles) qui ont pour fonction d'être des références morales, politiques ou symboliques d'une société donnée[1] ». Autrement dit : Nike, Apple ou Volkswagen, tout autant que John Wayne, Andy Warhol, JFK, ou encore Michael Jordan ou Luke Skywalker, représentent autant de systèmes de valeurs ou d'idées dans lesquels peuvent se projeter une grande partie des gens. La nouveauté, c'est que Douglas Holt ne pense plus le phénomène à la seule échelle des individus, mais étend la réflexion à ce que cela signifie à l'échelle de la Nation tout entière.

Selon sa théorie du *cultural branding*, une marque devient une icône culturelle à partir du moment où elle « performe des mythes, c'est-à-dire des récits culturels qui parviennent à adresser les désirs et les angoisses de la société, en résolvant symboliquement ses contradictions profondes[2] ». Le modèle est le suivant (voir Figure 10) : pour se maintenir, toute société sécrète ce qu'il appelle une « idéologie dominante », *i.e.* un système de valeurs établi par la société qui définit ce qui est bien et juste, ce qui permet de forger un lien entre l'aspiration individuelle du citoyen et l'aspiration collective d'une nation (par exemple : la méritocratie ; le *self-made man*, etc.). Problème : il existe toujours un écart entre ce métarécit et la réalité vécue par les individus dans leur quotidien. Cette distance, que Holt appelle « contradiction culturelle », crée des désirs et des angoisses qui demandent à être résolus symboliquement : c'est le rôle des « mythes », que l'on retrouve aussi bien au cinéma, dans la musique ou dans les discours politiques que dans ceux tenus par les marques.

---

1. Douglas Holt, *How brands become icons; the principles of cultural branding*, Brighton, Harvard Business School Press, 2004.
2. *Ibid.*

Figure 10. Le modèle du « cultural branding ».

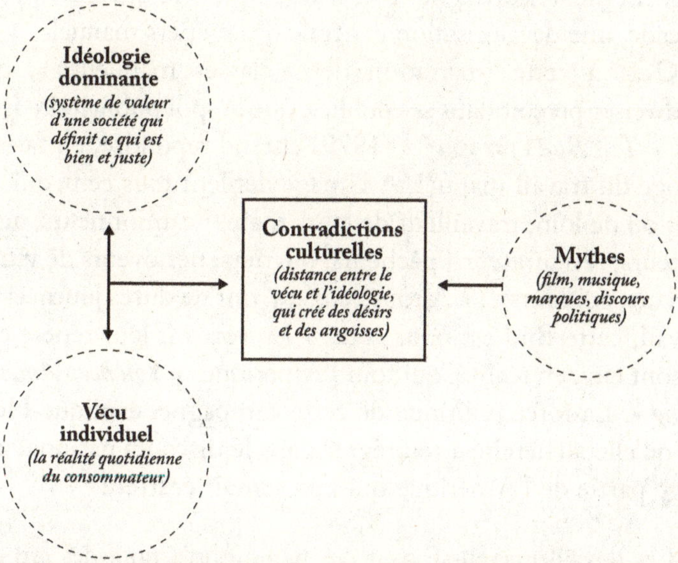

Source : Douglas Holt, *How brands become icons*, 2004, *op. cit.*

Si Budweiser est devenue dans les années 1980 la marque de bière la plus attractive, explique Douglas Holt, c'est qu'elle s'est attelée dans ses publicités à répondre à l'une des plus grandes contradictions culturelles de l'époque : le malaise ressenti par l'écrasante majorité de la classe moyenne, soudain invisibilisée des discours publics. À la tête de la Maison-Blanche, l'ancien acteur Ronald Reagan cherche à doter l'Amérique de nouveaux « *man-of-action heroes* » afin de restaurer l'autorité politique des États-Unis, abîmée par la guerre au Viêt-nam : les nouveaux modèles sont les cow-boys incarnés par John Wayne, ou le Rambo de Sylvester Stalone. Problème : alors que l'économie se tertiarise dans le monde du travail, les regards se tournent plutôt vers Wall Street ou des entreprises technologiques comme IBM ou Microsoft, et plus vers les grandes entreprises industrielles qui faisaient hier encore la fierté de l'Amérique – ce qui entraîne, en cascade, une dévalorisation générale des métiers manuels.

C'est à cette frustration des « classes manuelles », que Budweiser perçoit dans ses publics, que le spot publicitaire intitulé « *This Bud's for you®* » (1979) entend répondre, en faisant l'éloge du travail manuel. À l'image défilent tous ceux qui, de près ou de loin, travaillent de leurs mains : camionneurs, agriculteurs, restaurateurs, pêcheurs, ouvriers, nettoyeurs de vitres, livreurs, coiffeurs… « À tous ceux qui ont de dures journées de travail, cette Bud est pour vous. » La voix off leur répète que ce sont eux, en réalité, qui font l'Amérique : « *You keep America going* ». La force politique de cette campagne, explique Holt, est qu'elle a cherché à réintégrer dans le discours national une large partie de l'Amérique qui s'en sentait écartée :

> Les travailleurs, aussi, sont des hommes d'action, des artisans dont les talents et l'esprit sont cruciaux pour le retour de l'Amérique [*America's comeback*]. Budweiser rend hommage à ces hommes en peignant le portrait de leur industrie et de leur savoir-faire, révélant que ces emplois « en coulisses » [« *back stage* » *jobs*] jouent un rôle économique central[1].

Douglas Holt repère la même construction dans un ensemble très vaste de marques de grande consommation : Corona, Volkswagen, Nike, Harley-Davidson… Son concept de *cultural branding* est intéressant en ce qu'il illustre la façon dont les marques s'inscrivent dans un contexte culturel et politique donné. « La communication des marques ne se limite pas aux messages publicitaires », appuie Daniel Bô, fondateur de l'institut d'études QualiQuanti, qui parle d'un pouvoir de « réverbération culturelle », certaines marques offrant le

1. Douglas Holt, *How brands become icons*, 2004, *op. cit.*

miroir grossissant d'une culture ambiante[1]. Si on entend la culture au sens de phénomène social qui articule l'expérience de la vie quotidienne dans les sociétés contemporaines, alors l'un des phénomènes majeurs de ces trois dernières décennies est l'irruption de la culture commerciale au sein de la culture populaire. Un phénomène *made in United States*, et bien cerné par Douglas Holt.

Figure 11. L'irruption de la culture commerciale.

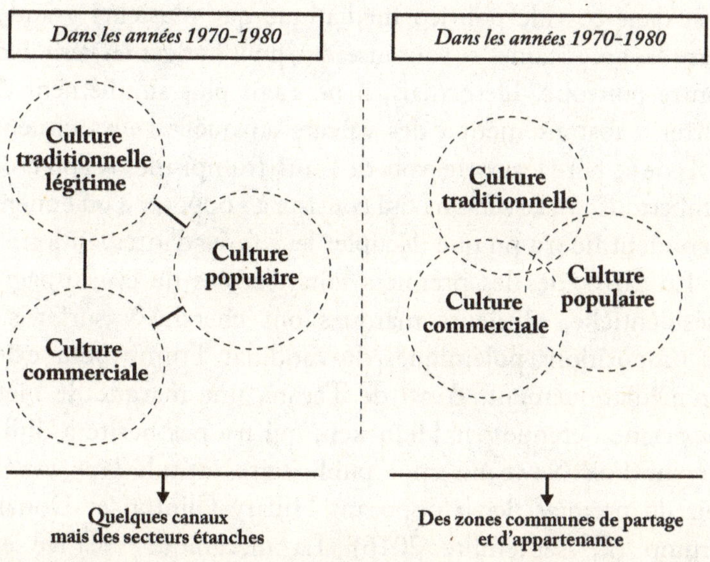

Source : Daniel Bô, *Brand culture*, 2013, *op. cit.*

1. Daniel Bô, *Brand culture ; la cohérence des marques en question*, Paris, Dunod, 2013.

Nike versus Trump : les marques américaines comme contre-pouvoirs

En 2016, l'élection de Donald Trump a constitué une nouvelle étape dans la politisation du discours des marques américaines. Elles ont su tirer à leur avantage l'effacement du parti démocrate qui, sonné par une défaite qu'il n'avait pas anticipée, a quasiment disparu des radars jusqu'aux *midterms* de novembre 2018. Dans un espace public américain historiquement binaire, il a soudainement manqué d'émetteurs puissants et crédibles pour défendre la vision progressiste de l'Amérique : c'est dans ce vide politico-médiatique que plusieurs grandes marques américaines se sont insérées, pour s'ériger en véritables contre-pouvoirs. Désormais, il ne s'agit plus simplement de porter « abstraitement » des valeurs auxquelles elles croient, mais de se faire les porte-voix de l'anti-trumpisme : si l'on croit Umberto Eco[1], ce schéma qui consiste à s'opposer à un ennemi bien identifié n'a pu que décupler leur force d'intervention.

En 2016, dès les premiers faits d'armes de la campagne présidentielle, plusieurs marques ont cherché à surfer sur les propositions polémiques du candidat Trump pour exister médiatiquement. Ainsi de Tecate, une marque de bière mexicaine détenue par Heineken, qui n'a pas hésité à diffuser sur Fox News un spot publicitaire intitulé *Beer wall* le soir du premier débat opposant Hillary Clinton et Donald Trump (27 septembre 2016). La mécanique créative est simple : elle consiste à détourner la proposition du candidat républicain de construire un « *great wall* » à la frontière

1. « Avoir un ennemi est important pour se définir une identité, mais aussi pour se confronter à un obstacle, mesurer son système de valeurs et montrer sa bravoure. Par conséquent, au cas où il n'y aurait pas d'ennemi, il faut le construire » (Umberto Eco, *Construire l'ennemi et autres écrits occasionnels*, Paris, Grasset, 2014).

américano-mexicaine, en montrant un mur ridiculement petit autour duquel Américains et Mexicains peuvent librement consommer leur bière. Le spot s'appuie sur les valeurs de convivialité véhiculées par le partage d'une bière pour « promouvoir l'unité sur la séparation », comme l'explique le film. Notons que jusqu'alors, Tecate n'était pas vraiment connue pour ses prises de position politiques ; autrement dit : la campagne fleure bon l'opportunisme commercial. Opportunisme gagnant, malgré tout : trente et un millions de vues, 87 % d'agrément positif pour la campagne et un taux d'engagement à la marque 134 % supérieur à la normale le soir de sa diffusion. Morale de l'histoire : se payer Trump, ça fonctionne. En quelque sorte, Tecate a servi de jurisprudence dans le petit monde de la publicité américaine : par la suite, le projet de mur trumpiste est devenu un véritable gimmick publicitaire. Un nombre important de campagnes l'ont érigé en contre-symbole, au travers de traitements iconographiques très différents, s'adaptant à l'esthétique des marques décidant de prendre la parole sur le sujet. C'est le cas emblématique de la marque de vêtements Diesel : dans un registre très *lifestyle*, elle a détourné un vieux slogan contre la guerre du Viêt-nam pour promouvoir le vivre-ensemble (« *Make love, not walls®* »). Le tout dans un traitement cohérent avec l'univers visuel Diesel : une explosion de couleurs bariolées, des jeunes gens débordant de joie de vivre, un zeste d'esprit rebelle – une affiche est allée jusqu'à mettre en scène un homme bloquant symboliquement la progression d'un char, dans une claire allusion à l'image du mythique « homme de Tian'anmen » (1989). Là où le slogan d'Hillary Clinton « *Love Trumps Hate* » (« L'amour vainc la haine »), reproduit sur des affiches pendant ses meetings, sonnait comme un élément de langage un peu froid, la campagne de Diesel est venue a posteriori lui donner une chaleur iconographique autrement plus puissante.

Ce qu'il est intéressant de remarquer, c'est à quel point le mode d'intervention des marques américaines dans le débat public a évolué au gré de leur vision politique de ce que représentait et signifiait Donald Trump. Dans un premier temps, elles se sont appuyées sur la thèse – alors dominante au sein du parti démocrate – de « l'accident électoral ». Dès lors que l'on considère l'élection de Donald Trump comme une anomalie historique (au fond, plusieurs États américains n'ont-ils pas basculé à seulement quelques dizaines de milliers de voix près ? Hillary Clinton n'a-t-elle pas remporté le vote populaire ?), l'ex-magnat de l'immobilier constitue une cible contre laquelle tous les coups sont permis. Chaque faux pas, chaque sortie polémique ou presque est alors susceptible de faire l'objet d'un détournement, dans une sorte de guérilla marketing systématiquement dirigée contre le président élu. D'une certaine façon, s'en prendre à Donald Trump et à sa pratique du pouvoir a été à la fois le moyen d'expier une faute commise, mais aussi de se distinguer soigneusement, aux yeux du monde entier, de cette Amérique à laquelle les grandes marques américaines ne s'identifiaient pas (« *Not in my name* » – « Pas en mon nom » –, a-t-on dit dans un autre contexte).

La parution, en janvier 2017, d'un décret refusant l'entrée sur le sol américain de tous les réfugiés et ressortissants de sept pays (Irak, Iran, Libye, Somalie, Soudan, Syrie, Yémen) a offert l'occasion à plusieurs grands patrons américains, essentiellement issus d'entreprises de la Tech, de prendre la parole pour dénoncer vigoureusement un *muslim ban* (« interdiction des musulmans »). Après avoir rappelé que ses arrière-grands-parents venaient d'Allemagne, d'Autriche et de Pologne, et que les parents de son épouse étaient des réfugiés en provenance de Chine et du Viêt-nam, Mark Zuckerberg affirme dans un post Facebook que « les États-Unis sont une nation d'immigrants, et nous devrions en être fiers ». Il dit s'inquiéter des conséquences pratiques que cette loi pourrait entraîner pour son entreprise, en créant « des barrières pour attirer les meilleurs talents aux États-Unis ». Sur la même ligne, Tim Cook, P.-D.G. d'Apple, déclare dans une note interne qu'« Apple n'existerait pas sans l'immigration ». Brian Chesky, cofondateur de Airbnb, annonce que sa plate-forme offrira gracieusement dix mille logements à des réfugiés qui se verraient refuser l'accès aux États-Unis.

C'est également dans cet état d'esprit anti-Trump qu'il faut comprendre l'étonnante campagne #AlternativeFacts de la marque de produits d'hygiène et de cosmétique Dove. Fin janvier 2017, lors de l'intronisation de Donald Trump, la conseillère à la Maison-Blanche, Kellyanne Conway, avait utilisé l'expression « *alternative facts* » (« faits alternatifs ») lors d'une interview sur NBC pour tenter de justifier l'affirmation selon laquelle la cérémonie d'investiture du quarante-cinquième président des États-Unis était « la plus grande en termes d'audience », alors que les photos de l'événement montraient de façon évidente le contraire. L'expression est restée célèbre, marquant l'entrée dans ce qu'on a ensuite appelé l'ère de la post-vérité, ce « régime d'indifférence à la vérité » décrit par la philosophe Myriam Revault d'Allonnes[1]. Tout juste une dizaine de jours plus tard, Dove a réagi dans une campagne publiée sur une double page dans plusieurs journaux: sur la première page, elle empruntait l'expression #AlternativeFacts pour mieux la railler, en présentant des déodorants capables d'augmenter le QI de quarante points, de booster le signal Wi-Fi ou encore d'appeler l'ascenseur sans même avoir à appuyer sur le bouton… Sur une deuxième page, la marque bouclait la campagne en réaffirmant sa foi dans les « faits

1. Myriam Revault d'Allonnes, *La faiblesse du vrai ; ce que la post-vérité fait à notre monde commun*, Paris, Seuil, 2018.

réels » : « Le nouveau déodorant Dove prend soin de votre peau comme jamais auparavant #RealFacts ». Dans le contexte, la prise de position est éminemment politique, et surtout explicitement tournée contre le rapport dysfonctionnel de Donald Trump à la réalité.

Après la thèse de « l'accident », les marques américaines ont réalisé à quel point l'élection de Donald Trump correspondait à une victoire culturelle d'une certaine vision de l'Amérique, qui dépassait le seul Donald Trump. C'est pourquoi, dans un second temps, la réponse des marques américaines s'est déplacée sur le terrain idéologique, passant de Trump au trumpisme.

Premier sujet majeur de fracture idéologique, le rapport à l'immigration. Dans un registre émotionnel, l'entreprise américaine de fourniture de matériaux de construction 84 Lumber a diffusé à la mi-temps du Super Bowl (février 2017) un spot publicitaire qui a suscité beaucoup de réactions dans la classe politique américaine. Le film narre le parcours chaotique et éprouvant de deux Mexicaines, une mère et sa fille, qui décident de prendre la route pour s'installer illégalement aux États-Unis. Tout au long du récit, au gré des obstacles rencontrés – la fatigue, la soif, le mauvais temps et les mauvaises rencontres – on voit l'enfant amasser des bouts de ficelle, de carton, de plastique… Lorsqu'à la fin du film, les deux protagonistes parviennent, exsangues, à entrer sur le territoire américain, la petite fille tire sa mère par la manche pour lui montrer ce qu'elle a précieusement confectionné de ses mains : un drapeau des États-Unis d'Amérique. Un message sans équivoque s'affiche alors : « La volonté de réussir est toujours la bienvenue chez nous. » On ne saurait raconter de façon plus puissante la vocation d'un pays construit par l'immigration. Dans une interview, Rob Schapiro, le directeur artistique de 84 Lumber, justifiait en ces termes le spot publicitaire :

« Il s'agit d'une conversation qui se déroule dans tous les foyers américains, et 84 Lumber a vocation à faire partie de cette conversation[1] ». Preuve que les marques entendaient bien prendre leur part dans la bataille idéologique et culturelle qui se déroulait alors : l'immigration fait-elle, ou non, partie intégrante de l'identité américaine ? Au même moment, la marque de bières Budweiser a cherché à peser de tout son poids dans la réponse, en diffusant lors du même Super Bowl une campagne intitulée « *Born the hard way®* », racontant l'histoire vraie de son fondateur. On découvre qu'Adolphus Busch n'est autre qu'un immigré allemand venu réaliser son rêve à la fin du XIXe siècle : s'installer aux États-Unis d'Amérique pour devenir brasseur.

Outre l'immigration, c'est au sujet du rôle des États-Unis dans la lutte contre le réchauffement climatique que l'opposition gouvernement versus marques éclate au grand jour. En réponse à l'annonce du retrait des États-Unis de l'accord de Paris en juin 2017, on connaissait la réaction d'Emmanuel Macron, alors tout juste élu président de la République : « *Make our planet great again* ». Une autre déclaration, passée inaperçue de notre côté de l'Atlantique, a beaucoup fait parler aux États-Unis. Dans une vidéo rapidement devenue virale, l'ancien gouverneur de Californie, Arnold Schwarzenegger, déclarait : « Ce ne sont pas les États-Unis qui sont sortis de l'accord de Paris, c'est Donald Trump qui l'a quitté. Les entreprises, les villes, les États et les populations restent mobilisés ». Les États-Unis ne se résument pas à Washington, semble-t-il dire, comme une façon d'appeler le monde à garder espoir en l'Amérique : Trump ayant renoncé au leadership

---

1. Lara O'Reilly, « The 84 Lumber Super Bowl ad's creative director explains the thinking behind the Mexican immigration-themed spot », *Business Insider*, 6 février 2017.

environnemental, d'autres acteurs comme la Californie ou les grandes marques américaines sont prêts à prendre le relais de l'État fédéral pour défendre l'écologie. Le contre-pouvoir n'est plus seulement narratif, ou symbolique – comme lorsque, sur le même thème, la marque de crème glacée Ben & Jerry's lance une glace anti-Trump appelée *Pecan Resist*, pour promouvoir un programme politique défendant une société plus tolérante, plus inclusive et plus respectueuse de l'environnement. Avec la déclaration de Schwarzenegger, le contre-pouvoir devient très concret.

Dans leur bataille idéologique contre le trumpisme, les marques américaines ont durci leur stratégie publicitaire, en assumant créer du clivage politique. C'est le cas, très commenté, de Nike : en septembre 2018, pour les trente ans de son mythique slogan « *Just do it®* », la marque au *swoosh* a choisi pour égérie Colin Kaepernick, ce footballeur américain devenu célèbre pour avoir posé un genou à terre lors de l'hymne américain pour protester contre les violences policières envers les Afro-Américains. Un geste qui, à l'époque, a profondément divisé l'Amérique, les uns voyant en lui un digne porte-voix du mouvement Black Lives Matter, les autres – et Trump le premier – lui reprochant de manquer à ses devoirs de patriote américain. Pour Nike, le clivage commercial est réel : « Nike a pris la décision stratégique de s'aliéner certains clients afin de renforcer leur base de consommateurs les plus militants », commente le sondeur John Gerzema, CEO de The Harris Poll. « C'était un coup calculé pour devenir une marque plus polarisante, et cela semble avoir fonctionné[1]. » Les études montrent en effet que si 21 % des personnes interrogées déclaraient vouloir cesser d'acheter Nike, 29 % des 18-29 ans étaient prêts à

1. Carmin Chappell, « Nike's Kaepernick ad drove away some customers but galvanized others », *CNBC*, 12 septembre 2018.

acheter davantage de produits Nike dans le futur. Les résultats immédiats de la campagne sont impressionnants : quatre-vingt millions de vues, un gain de cent soixante-dix mille abonnés Instagram, +31 % de ventes en ligne dans le monde et un record pour le titre Nike sur le marché boursier (83,49 dollars). Cette campagne est rapidement devenue une référence dans le monde publicitaire, qui a pris conscience que le clivage politique pouvait être stratégiquement, commercialement et financièrement porteur.

Une marque, qui, jusqu'alors, ne s'était pas du tout construite en marque progressiste, est devenue l'emblème du revirement idéologico-publicitaire : Gillette. En janvier 2019, pour les trente ans de son slogan « *The best a man can get®* », la marque de rasoirs, connue pour ses spots publicitaires véhiculant une image très stéréotypée de la masculinité, a procédé à un renversement radical de son discours et à une réactualisation totale de sa vision de « la perfection au masculin », bien plus en phase avec l'ère #MeToo. Sur les réseaux sociaux, beaucoup se sont insurgés de voir Gillette reprendre à son compte la rhétorique de la « masculinité toxique », digne selon eux de la pire « propagande féministe » : les appels au boycott se sont multipliés (#BoycottGillette). Si la campagne de Gillette a suscité tant de commentaires, c'est qu'elle touchait à un point extrêmement sensible de la société américaine : la construction de l'identité masculine. Gillette ne s'en prenait pas directement à Donald Trump, mais dans les faits sa campagne remettait en cause un des constituants essentiels du trumpisme : le « mythe de la virilité », à savoir la définition hégémonique et absolue de ce que doit être un homme. « Être un homme », écrit la philosophe Olivia Gazalé, « c'est obéir à un faisceau d'injonctions, comportementales et morales, et faire sans cesse la démonstration de leur parfaite intériorisation, si bien que la virilité constitue une sorte de performance imposée, un idéal hautement contraignant[1] ». C'est précisément cette construction culturelle du mythe de la virilité que Gillette a cherché à ébranler, en entrant de plain-pied dans le débat #MeToo et en défendant une certaine vision de l'homme contraire à celle partagée par l'électorat trumpiste. Cette irruption de Gillette dans le débat idéologique a eu un effet spectaculaire sur la proportion de gens partageant très fortement les valeurs de la marque : ils sont passés de 19 % avant le visionnage de la campagne à 42 % après visionnage[2].

Figure 12. La proportion d'Américains déclarant partager les valeurs de Gillette avant et après visionnage de la campagne « The best men can be® ».

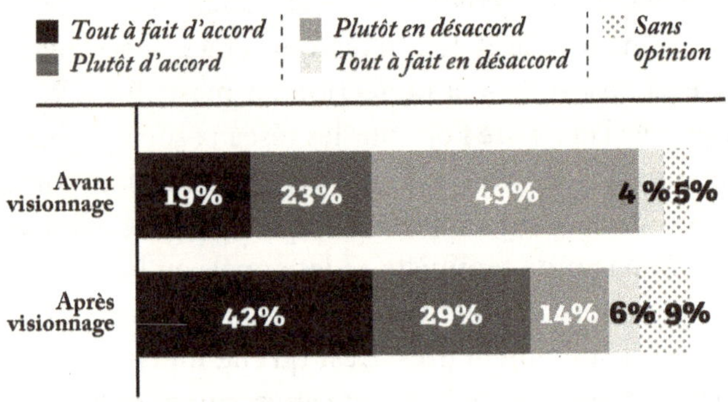

Source : Morning Consult, 2019.

Dès lors, et à l'aune de la place prise par les marques américaines dans le débat public, on aurait pu s'attendre à ce que les marques progressistes jouent un rôle politique de premier plan lors de l'élection américaine de 2020. On aurait

1. Olivia Gazalé, *Le mythe de la virilité*, Paris, Robert Laffont, 2017.
2. Sondage Morning Consult, janvier 2019.

légitimement pu parier sur un fort engagement de leur part, à la fois politique et idéologique. De façon très surprenante, il s'est passé exactement l'inverse : les grandes marques américaines, si actives tout au long des « années Trump », se sont très largement effacées du débat national. À de rares exceptions près, elles se sont contentées du service minimum, à savoir : appeler de façon très neutre à la mobilisation électorale. Nike est l'exemple archétypal du passage d'une marque politique assumant la radicalité à une marque citoyenne préférant la neutralité : abandonnant l'audace partisane de sa campagne pro-Kaepernick, Nike a exécuté une campagne qui est très prudemment restée à distance d'un quelconque clivage politique, se contentant de célébrer la capacité de tout un chacun à prendre part au vote (« *You can't stop our voice* »). Cet exemple rejoint une tendance générale : lors des élections présidentielles de 2020, les marques américaines ont d'abord cherché à faire augmenter le taux de participation au scrutin et à réduire les barrières au vote. C'est le cas de Snapchat qui, suivant la méthode du *nudge*[1], a confectionné des filtres Snapchat cherchant à inciter les *millenials* à se rendre dans les urnes (la plate-forme revendique près d'un million de votes supplémentaires[2]), mais aussi de l'application de rencontres OkCupid, qui a cherché à « rendre le votant sexy » auprès de la communauté de célibataires en lançant le #VILF (« *Voter I'd like to fuck* »), ou encore d'Airbnb, qui a lancé son propre « *civic action center* » permettant de s'inscrire au scrutin en deux clics et de trouver très rapidement le bureau de vote le plus proche de son lieu de domicile.

---

1. Issu des sciences comportementales, le *nudge* est un outil qui cherche à susciter un changement de comportement sans le contraindre.
2. Afdhel Aziz, « Election update : how Snapchat has helped registrer over 1 million young people to vote », *Forbes*, 7 octobre 2020.

Si la position anti-trumpiste était devenue *mainstream* en 2016, aucune marque dite « progressiste » n'a ouvertement pris parti contre Donald Trump en 2020. Comment l'expliquer ? Faut-il le comprendre comme un reflux de la politisation des marques ? En réalité, il est possible de le voir comme le reflet d'une évolution de leur vision politique de Donald Trump et du trumpisme : après l'accident électoral et la lutte idéologique, les marques américaines sont entrées dans un troisième moment, celui de la prise de conscience des risques de fracture de la société américaine, et de leur responsabilité dans le processus. Elles ont en effet commencé à mesurer l'effet de leur politisation anti-Trump, et des dégâts collatéraux de leur stratégie marketing basée sur l'*identity politics,* positionnant leur marque en fonction de valeurs partagées par un noyau dur de consommateurs militants. Cette stratégie s'est révélée être payante commercialement, mais risquée politiquement. Côté pile, les acheteurs sont soudés par un fort sentiment d'appartenance, et se révèlent être plus dépensiers, plus loyaux et plus prosélytes vis-à-vis des autres tribus de consommateurs, qu'ils chercheront systématiquement à convaincre du bien-fondé de leur combat. Côté face, des pans entiers de consommateurs sont déclarés indésirables de ce nouveau socle commun : en devenant soudainement et radicalement progressiste, Gillette exclut aussi puissamment qu'elle ne rassemble, pour ne prendre que cet exemple. Il ne faut pas sous-estimer le sentiment de trahison, de rancœur et de colère que peut provoquer le fait d'être exclu du jour au lendemain d'une marque que plusieurs centaines de milliers de gens pouvaient consommer quotidiennement, parfois depuis de nombreuses années. Autrement dit : plusieurs marques américaines ont réalisé qu'en embrassant une rhétorique, un vocabulaire et des modes d'action promouvant l'Amérique en laquelle elles croyaient, elles contribuaient à cliver de plus en plus la société américaine, accentuant davantage encore les fractures politiques.

À l'orée du scrutin, un reportage du journal *Le Monde* dans les « États désunis d'Amérique » montrait que « jamais depuis la guerre de Sécession les Américains n'ont été autant divisés, non seulement sur Donald Trump mais aussi sur leur conception de la nation, ses valeurs comme ses mythes fondateurs, avec des visions opposées du passé comme du futur[1] ». En appui de sa démonstration, l'article multipliait les sondages alarmants. En 2018, 31 % des Américains estimaient qu'une guerre civile était possible dans les cinq ans. En 2017, une enquête révélait que plus de 20 % des habitants du Vermont pensaient que leur État devait envisager de « quitter pacifiquement les États-Unis et de devenir une République indépendante, comme il l'a fait de 1777 à 1791 ». Dans ce contexte explosif, pour les marques la tentation est forte d'endosser les habits du rassembleur, quitte à ce que le message paraisse factice et creux (campagne Gap « *Stand united®* »). D'où leurs messages se contentant du plus petit dénominateur commun d'une société surfragmentée : l'appel au vote.

L'exemple américain est intéressant, en ce qu'il nous montre le cas d'un pays où, la consommation faisant partie des ferments nationaux, les marques ont joué un rôle prédominant dans la confection et la diffusion d'un (contre) *national narrative*. À présent, intéressons-nous au cas français : si le roman national répond à une longue tradition, de quelles façons les marques s'en sont-elles emparées ? Comme on va le voir, le discours des marques américaines a joué un rôle prépondérant sur la façon de raconter la France.

1. Valentine Faure, « Voyage dans les États désunis d'Amérique, hantés par la guerre civile », *Le Monde*, 30 octobre 2020.

Raconter la France : l'influence du discours des marques américaines

Depuis quand les marques parlent-elles de la France ? Posée de cette façon, la question ne peut qu'entraîner une première réponse insatisfaisante : « depuis toujours ». Le pays, c'est-à-dire son patrimoine matériel et immatériel, ses us et coutumes, ses paysages, tout cela imprègne depuis longtemps une bonne partie du discours des marques, du logo de La vache qui rit, qui rappelle la tradition agricole française, au packaging des fromages Président, où se dessine en arrière-fond un village français constitué d'un clocher et d'un vert pâturage. Les marques ont depuis longtemps utilisé les symboles nationaux pour faire des coups marketing et publicitaires. En juillet 1925, la tour Eiffel est recouverte de deux cent cinquante mille lampes électriques de six couleurs différentes qui scintillent de mille feux pour former un mot : « Citroën ». En 1988, ce même constructeur automobile est allé jusqu'à faire intervenir le porte-avions *Clemenceau* et un sous-marin de la Marine nationale – symboles, par excellence, de la Nation dans ce qu'elle a de plus régalien – dans une campagne publicitaire mythique signée Jacques Séguéla. On pourrait multiplier les exemples, dans la mode, les loisirs ou l'électroménager : à toute époque et dans tous les secteurs, le discours des marques est imbibé de références (réelles, symboliques ou imaginaires) à la France. Mais à chaque fois, la France est située à l'arrière-plan du discours publicitaire, cantonnée à n'être qu'une sorte de réminiscence, une référence subliminale énoncée « afin de générer de la valeur symbolique, du prestige, de la nostalgie et de la connivence[1] ».

1. Gilles Bindi, « Patriotisme, mythes et exemplarité : le triptyque communicationnel des marques bleu-blanc-rouge ; trivialité, pratique et rhétorique des références à la France dans la médiation marchande »,

Précisons donc notre question : depuis quand les marques produisent-elles un discours qui a explicitement pour objet la France ? Immédiatement, le champ se rétrécit : les exemples se font plus rares. À cette question, la réponse prend un peu plus de temps ; il faut distinguer plusieurs moments, qui se chevauchent les uns les autres mais qui correspondent à des arrangements conceptuels différents liant ensemble les marques et le récit national. On peut schématiquement distinguer trois grandes périodes : à chacune d'elles, un fait méconnu saute aux yeux : l'influence des États-Unis sur le roman national français porté par les marques commerciales.

La narration des marques à l'épreuve de la mondialisation

Première période, celle de la mondialisation des marques françaises. Comme le souligne Benoît Heilbrunn, « la notion de roman national émerge dans les années 1990, c'est-à-dire précisément à un moment où, dans un contexte de mondialisation économique, les marques se posent la question de leur ancrage, productif et culturel[1] ». À l'époque, ce sont les cours de « marketing international » qui ont le vent en poupe auprès des étudiants d'école de commerce. Cette discipline posait alors une question fondamentale : pour conquérir de nouveaux marchés à l'international, les marques doivent-elles s'appuyer sur une approche locale, en portant un univers symbolique très ancré dans la culture française, ou doivent-elles au contraire embrasser une approche globale, avec des signes témoignant d'une identité transnationale et transculturelle ? Pour faire court, c'est ce qui distingue Chanel et L'Oréal, Auchan et Carrefour,

---

mémoire de Master 2 réalisé au CELSA sous la direction d'Emmanuelle Fantin, soutenu le 10 juin 2021.

1. Entretien avec l'auteur, le 17 février 2023.

Peugeot et Renault (ère Carlos Ghosn). À ce moment, la question économique pourrait être résumée de la façon suivante : la « marque France », et tout ce qu'elle véhicule d'un point de vue immatériel, est-elle un frein ou un levier de valeur économique pour les marques françaises ? Un concept émerge alors dans la littérature marketing : l'effet du pays d'origine (*country-of-origin effect*, COE), que son créateur Saeed Samiee, professeur de marketing et de business international à l'université de Tulsa (Oklahoma, États-Unis), définit comme « toute influence positive ou négative qu'un pays de fabrication peut avoir sur le processus de choix du consommateur[1] ». Cette théorie est conceptuellement bâtie sur la théorie des avantages comparatifs de Ricardo : au XIXe siècle, l'économiste britannique montrait que dans une économie de libre-échange, un pays a intérêt à se spécialiser dans la production d'un produit dans lequel il détient le meilleur avantage par rapport aux autres pays[2]. Le marketing va appliquer cette idée non plus seulement en termes de production, mais de narration. Ainsi voit-on se raffermir dans la publicité les spécialisations géographiques pour l'automobile (forcément allemandes, « *Das Auto*® ») ou les chaussures (le *made in Italy* étant gage de qualité et d'élégance).

« Quand on regarde ce qui s'est passé en trente ans », explique Benoît Heilbrunn, « on s'aperçoit que la notion d'identité culturelle a été largement appropriée par les marques, qui ont réussi leur opération de souveraineté culturelle en

1. Saeed Samiee, « Customer evaluation of products in a global market », *Journal of International Business Studies*, vol. 25, n° 3, 1994, p. 579-604.

2. « C'est ce principe qui veut qu'on fasse du vin en France et au Portugal, qu'on cultive du blé en Pologne et aux États-Unis, et qu'on fasse de la quincaillerie et d'autres articles en Angleterre » (David Ricardo, *Principes de l'économie politique et de l'impôt*, London, John Murray, 1817).

devenant des véritables outils de *soft power* ». En France, c'est particulièrement le cas de la gastronomie, du vin ou de la haute couture. Une illustration parmi d'autres, mais qui montre que la notion de *soft power* transcende les secteurs économiques : lorsqu'en 2016 l'École supérieure de commerce de Dijon opère une refonte de sa stratégie de marque, elle se rebaptise « Burgundy School of Business », espérant ainsi attirer des étudiants internationaux sur une appellation viticole (« Burgundy ») connue dans le monde entier… sous son appellation anglophone.

Ce dernier exemple illustre bien la nouvelle question culturelle que pose la mondialisation aux marques françaises. Dans *Comprendre le malheur français*[1], Marcel Gauchet cherche à traquer l'origine du pessimisme national : pour lui, « le mouvement dépressif part de l'extérieur et va vers l'intérieur ». En appui de sa démonstration, il développe un propos sur l'effet culturel de la mondialisation. Historiquement, explique-t-il, la France s'est toujours tournée vers l'extérieur, en raison de sa tendance universaliste. « Elle a eu une expérience coloniale mondiale, une tradition de projection dans le monde. Par rapport à beaucoup de pays européens, les Français sont particulièrement obsédés par l'extérieur. » Or, tout ce qui a fait la fierté du modèle français semble « aujourd'hui condamné par le rouleau compresseur de la mondialisation qui le rend obsolète, marginal, provincial. La profonde inquiétude des Français porte sur leur singularité appelée à se dissoudre ». Traduit en termes de discours de marques, cela donne la blessure narcissique de voir des marques nationales renoncer à leurs racines françaises pour épouser un *style-à-l'américaine*. Dans les années 1990-2000, celles de la « mondialisation heureuse[2] », adopter

1. Marcel Gauchet, *Comprendre le malheur français*, Paris, Stock, 2016.
2. Alain Minc, *La mondialisation heureuse*, Paris, Plon, 1997.

un discours de marque « global » (comprendre : anglophone) devient synonyme de modernité. À l'assaut de nouveaux marchés à l'international, les fleurons français lissent leur communication de toute aspérité nationale, jusqu'à faire oublier leur origine. C'est le cas emblématique d'Orangina : qui se rappelle aujourd'hui qu'il s'agit d'une boisson créée en 1936 à la Foire de Marseille par un certain Léon Breton ? Autrefois vendue comme « boisson gazéifiée à la pulpe d'orange », célébrée par des publicités totalement décalées signées Jean-Paul Goude et Alain Chabat, la marque a peu à peu collé aux conventions visuelles du marché, dictées par Coca-Cola. D'autres marques, tout en conservant leur tradition iconographique, ont opté pour une narration très américanisée. C'est le cas de Michelin : entreprise fondée par les frères André et Édouard Michelin à Clermont-Ferrand en 1889, voilà depuis plus de deux cents ans qu'elle compte pour mascotte le mythique Bibendum. À mesure que l'entreprise cherche à pénétrer les marchés nord-américains et asiatiques, le bonhomme Michelin ne disparaît pas, mais effectue une mue narrative significative, en passant du compagnon de route souriant et protecteur en quasi super-héros digne d'un Marvel. « Une marque mondiale doit s'exprimer mondialement », dira devant la presse Claire Dorland-Clauzel, directrice de la communication et des marques du groupe, lors du lancement de leur première campagne de publicité mondiale. « Les consommateurs dans le monde ont des attentes similaires, et notamment en matière de qualité de pneumatique[1]. » Plus besoin, donc, de camper Michelin en étendard de l'exception culturelle française. Cette anglophonisation croissante des marques françaises touche aussi le marché français. En 2009, en une nuit, les trois cents

1. « Michelin - la 1re campagne de publicité mondiale », *Challenges*, 9 octobre 2009.

magasins Atac (Auchan) se rebaptisent Simply Market, avec pour slogan « *Be happy, be simply®* » – alors même qu'ils sont prioritairement destinés à des consommateurs… français.

Mais il y a un second effet, plus important encore : la mondialisation provoque un « choc identitaire », qui reconfigure en profondeur la façon dont les nations se pensent et se présentent à elles-mêmes. « La mondialisation entraîne une redéfinition de l'identité de toutes les sociétés qui s'ouvrent sur le monde : elle impose une relativisation générale des identités historiques, un changement complet de leurs modes de définition », explique Gauchet, pour qui désormais aucune société impliquée dans ce processus ne peut plus définir son identité historique comme elle l'avait fait jusqu'alors :

> En gros, les nations se définissaient autrefois de l'intérieur, sur la base de leur histoire, de leurs conflits, de leurs vicissitudes, etc., tandis que la mondialisation leur impose l'extraversion de leur identité historique. C'est par rapport à l'extérieur qu'il faut mesurer la singularité qui vous fait ce que vous êtes.

On comprend que cette relativisation est encore plus vivement ressentie pour un pays comme la France, qui s'est historiquement construit « sur un mode universaliste ou sur un mode dominateur ». En bon disciple de la pensée de Gauchet, dont il s'est au préalable explicitement référé, Denis Maillard poursuit la réflexion en l'appliquant aux objets de consommation[1]. À l'ère de la mondialisation, analyse-t-il, il s'agit désormais pour les marques françaises d'« offrir une image de soi qui tienne compte de l'extérieur tout en étant acceptable aussi par la culture française traditionnelle ». Ce qui pose la question,

1. Denis Maillard, Jean-Laurent Cassely, « L'identité culinaire, un avantage comparatif dans la mondialisation ? », *L'Aurore*, 31 octobre 2019.

éminemment politique, de savoir quels traits culturels, identifiés par l'extérieur, les marques françaises désirent mettre à l'honneur à l'intérieur de leurs frontières :

> S'agit-il du béret et de la baguette comme le propose une marque comme Big Fernand ? Privilégie-t-on le savoir-vivre et le luxe comme le proposent les marques de cosmétiques ? Ou, pourquoi pas, veut-on se présenter au monde à partir d'un certain rapport entre les sexes, de la laïcité ou encore de la Sécurité sociale ?

Voilà, pour Denis Maillard, la nouvelle équation de l'identité nationale imposée par la mondialisation : une identité « *fake* par rapport aux siècles qui lui ont permis de se façonner » dans la mesure où « elle n'est qu'une réinterprétation à partir de l'idée qu'on se fait d'eux et de l'image que le monde entier en a ». Paradoxalement, l'une des dimensions contemporaines de la souveraineté tient à la manière dont on est racontés par les autres :

> Chaque pays met en *open source* les traits de sa culture qui vont être sélectionnés, réinterprétés, et énoncés par les autres, ce qui lui donne en retour une force dans la compétition mondiale. C'est l'extérieur (le monde) qui autorise l'intérieur (la culture). *In fine*, cela donne une marque-pays qui échappe en partie au principal intéressé, mais avec laquelle il est possible de jouer[1].

1. Denis Maillard, interview avec l'auteur le 5 mars 2023.

« *Né aux États-Unis, made in France®* »

Reste que cette relation entre l'extérieur et l'intérieur est plus complexe encore à appréhender. Il n'y a pas que des marques françaises qui adaptent leur discours pour s'adresser au monde, dans un mouvement allant de l'intérieur vers l'extérieur. Il faut aussi considérer le rôle des marques étrangères qui, à leur tour, ont adapté leur discours pour s'adresser à la France et aux Français, dans un mouvement allant cette fois-ci de l'extérieur vers l'intérieur. Pendant cette période dite de « mondialisation », Benoît Lozé, directeur de la stratégie de l'agence Havas Paris, souligne un paradoxe :

> Pendant longtemps, ce sont plutôt des marques étrangères qui ont produit un discours positif sur la France. C'est très révélateur de notre rapport au patriotisme et au récit national : au fond, on a du mal à dire qu'on est fier de soi mais on adore quand les autres nous trouvent formidables[1].

Tout se passe comme si on voulait que les autres soient patriotes pour nous. De fait, contre toute attente, ce ne sont pas des marques d'entreprises de service public (EDF, SNCF ou La Poste) qui, historiquement, ont été les premières à vanter le modèle français, mais une marque américaine, une icône décriée de l'*american way of life*, symbole à elle seule du capitalisme mondial triomphant : McDonald's. « McDonald's s'est d'abord installé en important un modèle américain, à l'époque, exotique », rappelle Nawfal Trabelsi, P.-D.G. de McDonald's France de 2015 à 2022. « Puis, chahutés sur cette origine, au début des années 2000, nous avons

1. Interview avec l'auteur, le 4 janvier 2023.

fait le choix de nous intégrer en enrichissant notre offre au contact de la société française[1]. »

De fait, les quinze années suivant l'ouverture de la première franchise McDonald's à Strasbourg en 1979, la marque à la double arche a appliqué le modèle qui a fait son succès sur les quatre continents – et que le sociologue George Ritzer a résumé sous l'expression de « McDonaldisation[2] », qui désigne l'extension des valeurs clés du modèle McDonald's (efficacité, quantification, prévisibilité, contrôle) à l'ensemble des secteurs économiques. En France, une première signature de marque apparaît dans une campagne TV de 1986, signée par l'agence BDPP : « Ça se passe comme ça chez McDonald's ». Une façon de faire la pédagogie d'un modèle doté de ses propres codes culturels : « Voilà qu'on mange avec les mains dans le pays de la gastronomie[3] », recontextualise Xavier Royaux, *chief marketing officer* de McDonald's France.

En 1995 survient une première inflexion : alors que Jacques Chirac, marqué par le résultat étriqué du référendum de Maastricht trois ans auparavant, mène campagne sur la « fracture sociale », les restaurants McDonald's implantés sur le territoire national commencent à utiliser des fromages français comme le chèvre, le cantal et le bleu. Mais ce n'est que quelques années plus tard qu'un radical changement de stratégie est opéré, en réaction à un événement à retentissement mondial : le démontage du McDonald's de Millau, en août 1999. En tête de file, un certain José Bové, alors porte-parole du syndicat des

1. Jacques-Olivier Martin, Mathilde Visseyrias, « Nawfal Trabelso : "McDonald's fait fonctionner à plein l'ascenseur social" », *Le Figaro*, 12 février 2016.
2. George Ritzer, *The McDonaldization of society*, Thousand Oaks, Pine Forge Press, 1993.
3. Thomas Pontiroli, « Le best-of publicitaire de McDo », *Stratégies*, 22 novembre 2017.

producteurs de lait de brebis, qui entendait protester contre les sanctions commerciales américaines envers plusieurs produits français, dont le Roquefort – des rétorsions douanières faisant elles-mêmes suite à l'interdiction par l'Union européenne d'importer des bœufs aux hormones américains. À entendre l'argumentaire développé par José Bové, jonché sur un trépied au milieu du restaurant vandalisé, et à lire le message tagué sur le mur du restaurant (« Roquefort d'abord, McDo go home »), on comprend que la révolte est tout aussi bien politique que culturelle : « Si on s'attaque aujourd'hui à McDo, c'est que McDo est le symbole des multinationales qui veulent nous faire bouffer de la merde et qui veulent faire crever les paysans[1] ». C'est dire s'il y avait feu au lac pour l'entreprise américaine : qui pouvait dire jusqu'où pouvait aller la contestation anti-McDo ? Il en allait de l'acceptabilité même de son implantation sur le territoire français, qui comptait alors près de sept cents établissements (elle en compte plus de mille cinq cents aujourd'hui).

Sur le fond, la réponse de McDonald's est stratégiquement audacieuse : dorénavant, la marque américaine entend poursuivre un authentique processus « d'intégration à la société française », pour reprendre l'expression qu'ils employaient alors. À l'encontre du modèle très uniformisé imposé par le siège, la branche française va innover dans ses produits et ses services : introduction de la salade dans les hamburgers ; mise en place d'un service à table, en capitalisant sur la préférence culturelle française pour les repas plus longs, d'abord en venant prendre les commandes de cafés ou de desserts, puis à partir de 2010 en proposant au client la possibilité de se faire servir à table son repas sur plateau ; aménagement de l'intérieur des restaurants pour y entretenir une atmosphère plus chaleureuse (prenant

1. « 1999 : José Bové démonte le McDonald's de Millau », Soir 3/FR3 Toulouse, le 12 août 1999 (Archive INA).

à rebours la stratégie du « *Eat quickly and leave* », propre au fast-food) ; travail sur l'architecture extérieure des restaurants, pour inscrire le bâtiment dans l'environnement local, imitant le style de la vieille brasserie alsacienne ou du chalet de montagne ; ouverture des espaces McCafé (2007), pour remplir les restaurants pendant les heures creuses – en venant coller à cette forme de sociabilité bien française née au XVIIIe siècle, cette « société des cafés » dont parle Habermas, et qui aurait créé cet « art de la conversation » si structurant dans l'émergence de l'espace public[1]. Le tout en se fournissant auprès du groupe Holder, qui a pour client les boulangeries Paul et les magasins Ladurée, deux chaînes de magasins très français. L'immense succès commercial en a fait un cas d'école… de commerce, la prestigieuse Wharton School (Philadelphie) y consacrant une étude de cas très fouillée[2]. « Dans la galaxie McDo, McDonald's France est un exemple réussi de transformation du modèle, en venant s'adapter non plus seulement à une sociologie mais à un état d'esprit, une manière de vivre, une culture », commente Benoît Lozé. « Aujourd'hui, McDonald's est quasiment devenue une marque française ! » C'était en tout cas l'objectif stratégique poursuivi, en réaction à une opposition culturelle et politique très forte.

Une campagne publicitaire, lancée en décembre 1999 par l'agence Euro RSCG Corporate, est venue incarner cette nouvelle posture : « Né aux États-Unis, *made in France®* ». La campagne, déployée en pleine page dans *Le Monde*, *Libération* et *Le Figaro*, est très audacieuse : d'un ton moqueur, elle verse dans

1. Jürgen Habermas, *L'espace public ; archéologie de la publicité comme dimension constitutive de la société bourgeoise*, Paris, Payot, 1988.
2. Lucy Fancourt, Bredesen Lewis, Nicholas Majka, « Born in the USA, made in France: how McDonald's succeeds in the land of Michelin stars », *Knowledge at Wharton*, 3 janvier 2012.

une rhétorique anti-américaine, qui a fait jaser jusqu'à la côte est des États-Unis – le *New York Times* y est allé de son article, en s'offusquant de la stratégie de « désaméricanisation » employée par leur marque nationale[1]. Les affiches, en noir et blanc ou couleur sépia, à l'exception du mythique logo McDonald's rouge et or, mettent en scène des Américains gras et négligés, en salopette ou vêtus de chapeaux de cow-boy – bref, des représentations qui correspondent à l'image que se font les consommateurs français des *Yankees*. Ces derniers se plaignent de la nourriture proposée dans les restaurants McDonald's France. Sur l'une des affiches, un cow-boy grisonnant se tient devant un bout de drapeau américain, et marmonne : « Ce que je n'aime pas avec les McDonald's français, c'est qu'ils n'achètent pas de bœuf américain ». Et la marque, de répondre : « C'est vrai John [il s'appelle John], notre viande n'arrive pas par avion-cargo des États-Unis. La totalité de la viande utilisée chez McDonald's France provient d'élevages français ». Même procédé sur les deux affiches représentées en Figure 13 : « Les produits de McDonald's France viennent de la ferme ? Et ils les mangent ? » s'esclaffe un homme que l'on devine habiter au fin fond du Texas. « Des salades dans un McDonald's, j'en vois mal l'intérêt », explique, perplexe, un obèse en tenue de camouflage. À chaque fois, la réponse de McDonald's France à ces interpellations est conçue comme la preuve que la marque a non seulement compris ce qu'était l'essence du modèle français, mais qu'elle s'en faisait désormais la première ambassadrice. « Travailler avec une exploitation à taille humaine assure mieux la provenance et la qualité d'un produit », explique une affiche. « La restauration n'est pas qu'une question d'intérêt, cher monsieur. C'est aussi une histoire de goût, de choix et de santé », raconte une autre.

1. John Tagliabue, « The unamericanization of McDonald's for french consumers », *New York Times*, 11 décembre 1999.

Figure 13. La campagne publicitaire McDonald's « Né aux États-Unis, made in France® ».

Depuis les années 2000, McDonald's n'a eu de cesse de poursuivre ce travail d'acculturation à la société française. « Ce sont eux qui, avant tout le monde, ont intégré dans leur discours de marque le partenariat avec les filières agricoles, l'importance des territoires, le dialogue avec les élus locaux, l'engagement pour l'emploi des jeunes. Ils ont su cocher toutes les cases des fondamentaux conscients ou inconscients d'une certaine identité française », détaille Benoît Lozé. Dans son discours, la marque est descendue encore d'un cran spatialement, pour parler non plus seulement de la France, mais de son terroir et de ses différentes traditions culinaires : à intervalles réguliers, McDonald's promeut des éditions limitées de burgers *gourmets*, composés par exemple de fourme d'Ambert pour le

« Blue cheese & bacon », et de viande de différentes régions françaises pour « Le Petit Charolais », « Le Normand », « Le Montbéliard » ou « Le Limousin ». Comme le soulignent deux chercheurs dans un article de recherche consacré aux stratégies de métissage dans la communication[1], « McDonald's entendait même révéler aux jeunes consommateurs français les produits de leurs territoires à travers le hamburger [...]. L'enseigne, par la voix de ses dirigeants français, ne projetait rien de moins que d'initier un public novice aux produits et aux saveurs de son pays ». Et de citer un livre coécrit par Denis Hennequin et Jean-Pierre Petit, respectivement P.-D.G. de McDonald's France de 1996 à 2005 et de 2005 à 2015 :

> Faire entrer le fromage chez McDo, c'était le faire connaître à une clientèle jeune qui n'a pas encore le goût formé à ses différentes variétés, et dont la culture, en la matière, se limite au gruyère râpé[2].

Résultat : la greffe a pris. C'est en tout cas ce que montre une note publiée à la Fondation Jean-Jaurès intitulée « Génération McDo », dans laquelle Jérôme Fourquet montre que McDonald's est devenue une référence partagée et commune, en particulier pour les 18-35 ans – la première génération qui a grandi dans une France marquée par l'empreinte de McDonald's. Seuls 14 % de cette classe d'âge ne consomment jamais ou quasiment jamais McDo : peu de marques en France peuvent se targuer d'un tel taux de pénétration. « En quelques

1. Chadi El Nar, Stéphane Dufour, « Le métissage à l'œuvre dans la communication des multinationales », *Communication*, vol. 38, n° 1, 2021.
2. Denis Hennequin, Jean-Pierre Petit, Philippe Labbé, *McDo se met à table*, Paris, Plon, 2002, cité dans Chadi El Nar, Stéphane Dufour, « Le métissage à l'œuvre dans la communication des multinationales », 2021, art. cité.

décennies seulement, le restaurant McDo a acquis droit de cité sur tout le territoire et il fait désormais partie du décor quotidien de millions de Français […]. McDonald's s'avère être une marque fédératrice, ce qui est rare dans une société et une jeunesse archipélisées[1] », note le sondeur. Comme l'attestent les taux de consommateurs réguliers (Figure 14), la marque est en effet étonnamment peu clivée, que ce soit socialement, géographiquement ou politiquement : *grosso modo*, un Français sur deux se rend au moins une fois par mois dans un restaurant McDonald's.

Figure 14. Proportion de consommateurs réguliers (au moins une fois par mois) de McDonald's.

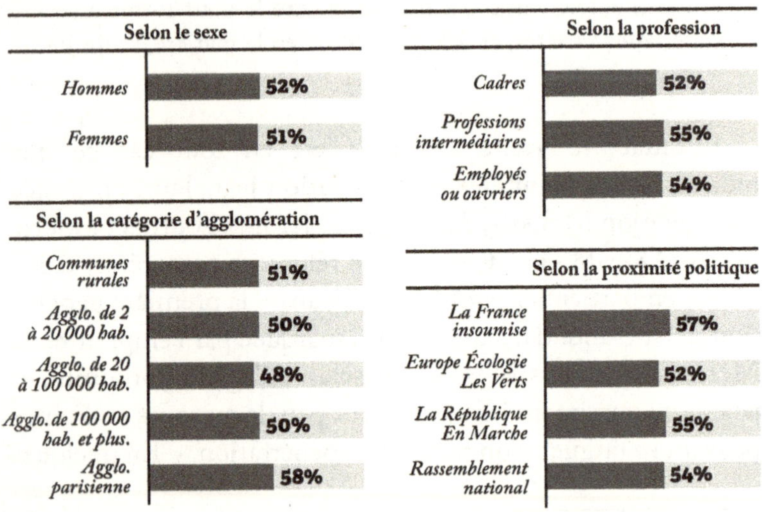

Source : Jérôme Fourquet, « Génération McDo », 2022, art. cité.

1. Jérôme Fourquet, « Génération McDo », 2022, art. cité.

La Coupe du monde, épopée (inter)nationale

Quand on pense aux marques étrangères qui ont vanté le modèle français, on songe immédiatement à un autre exemple : Toyota. Fin 1997, le constructeur automobile japonais choisit d'installer son usine de petites cylindrées pour le marché européen près de la ville de Valenciennes, alors frappée de plein fouet par la désindustrialisation. « On a eu la double peine, fermeture des houillères et de la sidérurgie, pas loin du plus grand désastre européen, avec une séquence à 40 000 licenciements », rappelle, Jean-Louis Borloo, maire emblématique de Valenciennes de 1989 à 2002[1]. Mais comment s'imposer dans le pays inventeur de l'automobile, sur les terres de De Dion-Bouton, de Peugeot, de Renault et de Citroën ? En devenant plus royaliste que le roi. Ou, en l'occurrence, en se faisant le promoteur d'un sentiment national alors encore un peu honteux, en n'hésitant pas à verser dans une rhétorique patriotique que peu d'institutions nationales osaient alors épouser. C'est ainsi que pour promouvoir la Toyota Yaris, « la voiture la plus produite en France », un clip publicitaire reconstitue la Marseillaise à partir de bruits enregistrés dans l'usine. Voilà donc l'hymne national français chanté par une marque japonaise.

Lors de la Coupe du Monde 2006 organisée en Allemagne, Toyota devient « la voiture officielle de l'Équipe de France », et diffuse une campagne publicitaire très grand public intitulée « Allez les Bleus ». Cette dernière met en scène un automobiliste à bord d'une Toyota Corolla qui rencontre des autostoppeurs sur la route – un étudiant britannique, un couple de Suisses et un Manolo espagnol. Tous sont vêtus en habit de

1. « La mue de Valenciennes 20 ans après l'annonce de l'implantation de Toyota », *Le Point*, 8 décembre 2017.

supporter de leur équipe nationale. La condition pour monter à bord : chanter à tue-tête « Allez les Bleus ». La métaphore est saisissante, car elle procède d'une mise en abyme de la propre histoire de Toyota : c'est en exaltant la fierté d'être Français que le constructeur japonais a su se faire accepter sur le sol national. Le concept publicitaire se double d'une stratégie média très maline : le 27 juin 2006, à la mi-temps du huitième de final France-Espagne, Toyota diffuse une version longue de sa publicité, mais en ayant cette fois-ci un seul personnage – ce pauvre espagnol qui pleure d'humiliation de devoir prêter allégeance à la France pour espérer poursuivre sa route en voiture. Clin d'œil appuyé à toute la presse espagnole qui, sûre de son équipe nationale, appelait, goguenarde, à mettre Zinédine Zidane à la retraite… Ce soir-là, l'équipe de France n'est pas la seule vainqueure (3-1) : Toyota marque des points dans l'imaginaire national. En post-test, la publicité est un carton : elle récolte 86 % de score de reconnaissance et 81 % de score d'agrément[1], contre respectivement en moyenne 61 % et 70 % pour des publicités d'automobiles étrangères[2]. Seize ans plus tard, en 2022, l'usine Toyota de Valenciennes est devenue la première usine automobile de France. Avec plus de deux cent cinquante-cinq mille véhicules produits, elle devance pour la première fois le site historique de Peugeot (Stellantis) à Sochaux. Tout un symbole.

Ce dernier exemple n'est pas un cas isolé : depuis l'épopée victorieuse de 1998, les Coupes du monde de football ont constitué des moments d'expression publicitaire privilégiés

1. Le score de reconnaissance désigne le pourcentage d'interviewés qui déclarent avoir déjà vu le film. Le score d'agrément désigne le pourcentage d'interviewés déclarant aimer le film.
2. Hélène Delpont, « Toyota : “Allez les bleus !” », Ipsos, 25 septembre 2006.

pour des marques désirant parler du pays. Le football, on le sait, est vécu comme une passion nationale ; il constitue surtout l'un des rares moments où l'expression du sentiment national est libérée de son interprétation partisane. De la même façon qu'une Coupe du monde permet aux citoyens de ressortir les drapeaux tricolores et de chanter à tue-tête la Marseillaise sans être regardés de travers, elle permet aux marques de s'autoriser des discours sur le récit national, sans qu'elles soient accusées de nationalisme. « La Coupe du monde est une sorte d'épopée napoléonienne en miniature qui revient tous les quatre ans », explique Benoît Lozé. « On est en plein dans le récit national, avec ses chefs, ses héros, ses traîtres, ses martyrs, ses faits d'armes, ses batailles, ses victoires, ses défaites… » De même qu'elle agit pour les gens comme la possibilité d'extérioriser une forme de nationalisme soft, un patriotisme sans guerre, le publicitaire note que la Coupe du monde est pour les marques l'occasion d'exalter ou de rendre hommage à des identités nationales de manière acceptable, car cantonnée à la sphère sportive. « Les marques comblent alors un besoin collectif de fierté auquel ne savent plus répondre les institutions traditionnelles », conclut-il.

Là encore, c'est une marque américaine qui sort du lot : Nike. Après quarante ans de bons et loyaux services d'Adidas, elle devient en 2011 l'équipementier de l'équipe de France pour un contrat astronomique de 320 millions d'euros sur huit ans, contrat renouvelé depuis. La marque américaine produit alors plusieurs publicités marquantes pour raconter l'équipe de France et, à travers elle, la France elle-même. La toute première, intitulée « Vive le football libre® », est diffusée le 10 février 2011, à la mi-temps du match amical France-Brésil joué au Stade de France. En voix off, on entend le rappeur Oxmo Puccino slamer quelques vers d'un des plus grands textes de la littérature française : *Cyrano de Bergerac*.

Élégant comme Céladon,
Agile comme Scaramouche,
Je vous préviens, cher Myrmidon,
Qu'à la fin de l'envoi, je touche!
[...]
– Tac! je pare la pointe dont
Vous espériez me faire don; –
J'ouvre la ligne, – je la bouche...
Tiens bien ta broche, Laridon!
À la fin de l'envoi, je touche.
[...]
Prince, demande à Dieu pardon!
Je quarte du pied, j'escarmouche,
Je coupe je feinte...
Hé! là, donc!
À la fin de l'envoi, je touche[1].

Pour Olivier Camensuli, le concepteur-rédacteur de cette campagne, « ce film est l'esprit français dans ce qu'il a de plus typique, incarné par Cyrano de Bergerac, cette pièce où il déclame ses vers avec une certaine forme d'arrogance et de noblesse, et en même temps une liberté et une habilité incroyable. C'est un parallèle entre cette tirade du duel où Cyrano affronte un prince qui a osé le défier et le football français dans tout ce qu'il a de plus noble[2] ». « Avec cette campagne, Nike touche quelque chose de très juste dans le récit national », complète Benoît Lozé, qui y voit un subtil équilibre entre passé et présent: « D'un côté, il y a la valorisation d'une constante historique: la France, pays des lettres et des poètes; et de l'autre côté, il y a aussi une adaptation à la réalité de la France d'aujourd'hui : Oxmo Puccino comme emblème de

1. Edmond Rostand, *Cyrano de Bergerac,* Acte I, scène IV.
2. Bruno Fraioli, « Cyrano, nouvel avant-centre de Nike », *Stratégies,* 20 janvier 2011.

la diversité et de l'intégration[1] ». D'ailleurs, cela se voit aussi dans la nouvelle tunique des Bleus, dévoilée par la même occasion : le maillot extérieur n'est autre qu'une marinière bleue et blanche réinterprétée de façon moderne. Nous sommes alors un peu moins de deux ans avant la une du *Parisien* voyant Arnaud Montebourg poser en marinière pour promouvoir le *made in France*. Voilà donc une marque américaine qui trouve les ajustements nécessaires entre la tradition et la nouveauté pour exprimer ce qui constituerait notre esprit français.

Dans ce même clip publicitaire, on voit se succéder des jeunes filmés à La Courneuve, des espoirs nationaux à Clairefontaine, mais aussi plusieurs internationaux (Abou Diaby, Yann M'Vila et Florent Malouda). L'image finale exceptée, l'action ne se passe pas un grand soir de match : on est plutôt à l'entraînement, en chasuble. Sur un terrain boueux, on sue, on souffle, on enchaîne des tacles, des jongles, des feintes, des passes, des tirs au but. On sent l'effort, mais la technique aussi ; on sent le labeur, mais le génie aussi. Loin du football-champagne ou du football-samba que ce même équipementier avait pu dépeindre pour le Brésil de la Coupe du monde 1998, Nike cherche à donner la définition du football à la française, lui-même un condensé de notre esprit national – ce que Gabriel Gaultier, directeur de création de cette campagne, appelle la « République du football » :

> On s'adresse à tous, de celui qui ne vibre qu'une fois tous les quatre ans, pour la Coupe du monde, au vieil entraîneur qui, écharpe autour du cou, se lève le dimanche matin. Nike a la volonté d'être au milieu du peuple du football, pas au-dessus[2].

1. Interview avec l'auteur, le 4 janvier 2023.
2. Bruno Fraioli, « Cyrano, nouvel avant-centre de Nike », 2011, art. cité.

Cette dimension est encore plus accentuée par une initiative menée en parallèle de cette campagne publicitaire : au même moment, Nike a développé un partenariat avec le groupe de cinéma MK2, qui a diffusé dans ses salles un court-métrage signé Kim Chapiron. Intitulé *Enfants de la patrie*, il montre un animateur sportif, incarné à l'écran par François Levantal, qui apprend à un groupe d'une dizaine d'enfants à être de bons supporters. La scène se déroule dans un stade de banlieue, entouré de barres d'immeubles, plongé sous la neige : les gosses sont emmitouflés, ils ont froid. Ils sautent en murmurant « Qui ne saute pas n'est pas Français, hé ! Qui ne saute pas n'est pas Français, hé ! » « Messieurs », interrompt l'animateur sportif, « je vous rappelle que la première valeur fondamentale du supporter est… Enzo ? — L'ENGAGEMEEENT ! » Une main sur le cœur, il invite tout le groupe à réciter la Marseillaise. « Cheikne, à toi. » Un petit garçon, métis, s'exécute. Mais il ne chante pas dans le rythme ; à côté de lui, quelques camarades en rigolent. Passé le premier couplet, on sent qu'il ne connaît pas la suite, alors il improvise : « Nous sommes là pour combatir (*sic*) la Franceeeeee ! » Tout le groupe reprend avec force : « Formez, vos bataillons. Marchons, marchons… » « Très bien, Cheikne », encourage l'animateur dans la scène finale. Le message que Nike transmet entre les lignes est très politique : l'intégration, fût-ce par le sport, est toujours possible.

En 1998, l'équipe de France décroche sa première étoile, et le pays entier célèbre la France *Black-Blanc-Beur*, en lieu et place du triptyque cocardier Bleu-Blanc-Rouge. Le soir du 12 juillet 1998, à l'issue de la victoire 3 à 0 contre le Brésil, Adidas avait eu cette idée marketing géniale de projeter la figure de Zinédine Zidane sur l'Arc de Triomphe, autrefois réservé aux héros militaires, le tout accompagné d'un slogan, scintillant dans la nuit : « ZIDANE PRÉSIDENT ». Vingt ans plus tard, lorsque l'équipe de France décroche sa deuxième étoile, la foule est de retour sur les Champs-Élysées. Mais cette fois-ci, ce n'est pas un mais vingt-trois visages (toute l'équipe) qui sont affichés sur l'Arc de Triomphe. Nouveauté de la célébration, organisée cette fois-ci par Nike : on associe à chaque visage (affiché sur le pilier de droite) un prénom et un lieu de naissance (affiché sur le pilier de gauche). Ainsi voit-on défiler toute la soirée : Antoine, Mâcon (pour Griezmann) ; Olivier, Chambéry (pour Giroud) ; Kylian, Bondy (pour Mbappé) ; Raphaël, Lille (pour Varane), Paul, Lagny-sur-Larne (pour Pogba), etc. En haut de l'Arc de Triomphe, en lieu et place du « ZIDANE PRÉSIDENT » vingt ans auparavant, une phrase revient à intervalles réguliers : « C'EST EN FRANCE QU'ON L'A GAGNÉE ».

Dès le lendemain, le 16 juillet, Nike sort une campagne publicitaire. Loin de tout triomphalisme, en saturant d'images de buts et de joie de supporters, ou d'une campagne qui se limiterait à dire « merci » (comme celle d'Adidas aux lendemains de la victoire de 1998), Nike trace son sillon. Intitulé « C'est en France qu'on l'a gagnée® » (« *We won it in France®* », dans sa version anglophone), le film s'ouvre sur un terrain d'*urban soccer*, et fait défiler des terrains situés entre des barres d'immeubles, puis des stades de Ligue 1, le tout sur une voix off :

> Cette deuxième étoile, on ne l'a pas gagnée en Russie ; on l'a gagnée en France.
> On l'a gagnée à Paname, où avoir une place sur le terrain est déjà une victoire.
> On l'a gagnée dans le stade brûlant de Marseille face à des adversaires en feux.
> C'est sur les pelouses de Lille, entre les barres d'immeubles de Ménival, à l'ombre des tours de Bondy, et sur les bitumes de la Madeleine qu'on est devenus champions. »

Si cette campagne frappe les esprits, c'est qu'elle parvient à réaliser l'alliance harmonieuse entre la valorisation de la diversité et l'attachement au *Somewhere,* pour reprendre la distinction *Anywhere* versus *Somewhere* établie par l'essayiste britannique David Goodhart[1]. Autrement dit, cette campagne parvient à assumer la dimension multi-ethnique inscrite dans notre façon même d'être Français (« plus qu'une race, une Nation », écrivait Renan), tout en revendiquant un héritage départemental, notre « France des sous-préfectures[2] » (Mâcon, Lagny-sur-Marne). On peut y voir une réponse directe à la polémique lancée par l'humoriste sud-africain Trevor Noah qui, sur le plateau de son émission satirique *The Daily Show*, à la télévision américaine, avait déclaré : « C'est l'Afrique qui a gagné la Coupe du monde ! » Noah en faisait un élément positif, dans une volonté d'exhiber fièrement « l'identité africaine » d'une partie des joueurs de l'équipe de France. Mais ce faisant, il reprenait mot à mot le discours d'un Jean-Marie Le Pen… et faisait montre, surtout, d'une conception communautariste de la Nation. L'ambassadeur de France aux États-Unis de l'époque, Gérard Araud, lui a répondu dans une lettre ouverte, expliquant que chaque joueur, d'origine africaine ou non, a « été à l'école en France, appris à jouer au football en France, ce sont des citoyens français. […] La France est un pays cosmopolite, mais chaque citoyen fait partie de l'identité française et ensemble ils appartiennent à la nation française ». Bref, c'est

1. Dans *Les deux clans ; la nouvelle fracture mondiale* (Paris, les Arènes, 2019), David Goodhart propose une « explication générale de la révolte populiste » en l'articulant autour d'un nouveau clivage : les Partout (*Anywhere*), qui ont une « identité portative », et les Quelque-Part (*Somewhere*), qui ont une « identité fixe ».
2. Pour reprendre une expression utilisée par Thibault Lhonneur et Axel Bruneau, « La gauche et les sous-préfectures : la révolte inattendue ? », Fondation Jean-Jaurès, 8 février 2023.

toute cette conception républicaine de la Nation qui se joue dans le spot Nike. Ce n'est pas le moindre des paradoxes de constater que c'est une marque globale, accompagnée par une agence américaine et basée à Amsterdam, qui a réussi le tour de force de produire un récit national qui colle au plus près de ce qui fait la spécificité du modèle français.

Quatre ans plus tard, la France s'est hissée en finale de la Coupe du monde au Qatar, mais s'est inclinée contre l'Argentine. Cette fois-ci, à en croire les publicités parues dans l'édition du journal *L'Équipe* le lendemain de la finale, les marques ont joué le rôle de porte-voix de la déception nationale. « Le jour de gloire est reporté », annonce Intermarché, qui donne rendez-vous à l'Euro 2024 pour renouer avec de nouvelles célébrations sportives. « Bleu Blanc Blues », écrit sobrement KFC. La palme du chauvinisme revanchard (ou du « seum ») revient à Boursorama Banque, qui titre : « Paiements et retraits gratuits à l'étranger. Sauf en Argentine. »

Le « made in France » et le retour du « Somewhere »

Après les années-mondialisation, et en dehors des moments Coupe du monde, la crise financière de 2008 a ouvert une nouvelle période pour le récit national des marques françaises, marquée par un changement d'échelle : on passe du global au local, avec une nette aspiration au *made in France* qui, progressivement, a dépassé la seule dimension spatiale ou productive pour reconfigurer en profondeur la façon de se raconter et, partant, de parler de la France.

À l'origine, le *made in France* porte avant tout une dimension spatiale : il s'agit de faire de la (re)localisation de l'activité de production en France un point de différenciation de l'entreprise sur son marché. Comme l'a très bien montré une étude menée par Jean-Laurent Cassely pour L'ObSoCo[1], ce sont des petites marques alternatives qui, les premières, ont compris le bien-fondé (et la plus-value) de se constituer en « marques du *made in France* » – dans un esprit de contestation vis-à-vis de ces grandes marques qui, elles, délocalisaient à tout va. Cassely prend pour exemple Le Slip Français, 1083 (jeans), M. Moustache (chaussures) ou Bleu Blanc Ruche (miel). À chaque fois, l'origine géographique se double d'un projet plus citoyen : pour Bleu Blanc Ruche, la marque de miel lancée par l'ancien ministre socialiste Arnaud Montebourg, chantre de la démondialisation, il s'agit de « repeupler la France en ruches » pour contrer le miel chinois de mauvaise qualité qui envahit nos étalages. Pour la marque de jeans 1083, il s'agit de « relocaliser la filière du jeans en France[2] » pour prouver qu'un autre modèle économique est possible : pour reprendre les mots de son fondateur, Thomas Huriez, « le jeans est l'étalon de notre capacité à transformer le monde : si on y arrive sur le jeans, on doit y arriver avec tout autre produit ».

Le tour de force de Jean-Laurent Cassely est d'avoir montré que le retour au *made in France* se doublait également d'une dimension temporelle, au moins aussi importante. Dans son ouvrage *No fake*[3], consacré à la quête obsessionnelle d'authenticité caractéristique de notre monde contemporain, il montre qu'au tournant des années 2010 se cristallise une crise de l'authenticité, qui passe par la relégation symbolique des acteurs incarnant ce qu'il appelle les « Trente Génériques » (1980-2010), qui correspond à l'apogée du consumérisme

1. Jean-Laurent Cassely, « Les petites marques alternatives ; les clés de leur succès pour inspirer votre stratégie », L'ObSoCo, septembre 2020.
2. On apprend au passage que le jeans, produit emblématique de l'américanisation des modes de vie, a des origines… nîmoises !
3. Jean-Laurent Cassely, *No fake ; contre-histoire de notre quête d'authenticité*, Paris, Arkhê, 2019.

de masse. L'auteur note que « les marques qui incarnaient le totalitarisme publicitaire et marchand des années 1990-2000 comme Nike, McDonald's, Coca-Cola, Disney, Gap, Levi's ou Starbucks, sont toujours présentes mais ont été brusquement ringardisées ». Ici, l'influence des marques américaines joue à plein, mais plutôt comme un contre-modèle : c'est par rapport à elles qu'on se définit, en opposition.

En réaction, le consommateur saturé d'inauthenticité s'est mis à rechercher son exact contraire, un monde de « l'Hyper-vrai » empli d'authenticité. La culture hipster serait le signe d'une « névrose obsessionnelle du vrai », puisant dans le passé des références et des objets de consommation auxquels se rattacher et construire son identité souffrante. Sous la forme d'une question laissée en suspens, Cassely va jusqu'à suggérer que le hipster est une autre forme d'expression du malaise identitaire :

> Est-il possible que le « hipsterisme » soit un nouveau genre d'identité malheureuse des populations jeunes, urbaines et branchées, masquant sous le détachement ironique devenu comme une seconde peau, le malaise identitaire, la nostalgie culturelle, le refuge dans le passé, bref… tout ce qui a été reproché aux courants conservateurs et réactionnaires qui ont pris l'ascendant culturel sur la société française depuis plusieurs décennies ?

L'obsession de l'authenticité, croisée à ce retour du *made in France*, a donné lieu à l'émergence d'une nouvelle forme de discours national que Cassely nomme : l'Hyper France. L'expression, inspirée de Baudrillard, désigne cette propension à « jouer avec les signes de la francité et à composer un univers à partir des calques qui composent l'expérience du folklore français », en puisant sa source d'inspiration dans un passé auquel il s'agirait de redonner vie :

> L'Hyper France est un territoire symbolique, un langage visuel situé quelque part entre la réalité historique du pays et sa réécriture par l'imaginaire touristique et les codes des réseaux sociaux. De la même manière que Walt Disney a puisé la source de son inspiration dans certains traits de la culture européenne dont il était originaire, pour ensuite en proposer sa propre vision féerique et fantaisiste, l'Hyper France est la version disneylandisée du quotidien français traditionnel. Elle n'est pas une simple copie mais plutôt une amélioration de l'existant après un détour par la fiction et l'imaginaire.

Cette tendance serait particulièrement visible dans les néo-restaurants de la scène parisienne qui, à l'instar du Bouillon Pigalle, de La Fontaine de Belleville ou de Chez Aline, donnent au client l'illusion de replonger dans un passé mythifié mais revisité avec les exigences de la modernité (« l'Hyper France, c'est le troquet dans son jus à la Jean Gabin plus le wifi, moins le gluten », pour reprendre l'expression de Cassely). En appui de sa démonstration, Cassely prend l'exemple du restaurant Aux Bons Crus (Les Routiers), dont la promesse est de proposer un bistrot authentique des années 1960, avec ses objets de décoration chinés, ses murs avec effet de boiseries nobles (« une technique peu onéreuse en vogue dans les années 1950 et 1960 »), ses recettes d'époque (tête de veau, rognons à la dijonnaise, chou farci), etc. Ce faisant, Aux Bons Crus s'érige en « pure player du faux », par le biais d'une « vaste commercialisation de notre passé, ou plus exactement de son image » :

> Tout comme le jean neuf vendu troué ou le meuble patiné à l'achat vendu chez Maisons du monde, le pure player du faux est un établissement qui a fait l'objet d'un vieillissement accéléré : il est livré usagé. On y consomme la seule denrée

rare que le pouvoir d'achat ne pouvait jusqu'à présent offrir : de l'histoire, du temps sédimenté et concentré[1].

Pour résumer, et dans la continuité des réflexions formulées par Marcel Gauchet : « l'Hyper France est un lieu français authentique selon les canons de l'esthétique mondialisée par Instagram et AirBnB[2] ». On retrouve, une fois encore, l'influence des marques étrangères sur notre représentation nationale.

Le retour au local comporte une dernière dimension : une revalorisation culturelle de la France et de ce qui la constitue (patrimoine, terroir). Si, au tournant des années 2010, le fondateur de la marque de vêtements Le Léon pouvait encore regretter d'avoir « toujours du mal à imposer qu'un truc en français soit cool », le *french bashing* s'est progressivement estompé. Le déclencheur s'est opéré dans le petit monde du *streetwear* parisien : une kyrielle de petites marques s'est peu à peu positionnée sur le créneau de la « francité cool ». Un article du journal *Les Échos* parlait alors d'une « tentation patriotique », citant Balzac Paris et sa ligne Littéraire (avec son t-shirt « Les Fleurs du mal » ou « Simone et Jean-Paul »), Commune de Paris-1871, qui « n'hésite pas à endosser le nom d'un épisode insurrectionnel sanglant de notre histoire » ou encore République Franchouillarde, qui « estampille tous ses tee-shirts d'un petit drapeau[3] ». Ce n'est pas par hasard que ce mouvement de revalorisation des « signes France » vienne de la mode : comme l'avait bien montré Roland Barthes, la mode

1. Jean-Laurent Cassely, *No fake*, 2019, *op. cit.*
2. Denis Maillard, Jean-Laurent Cassely, « L'identité culinaire, un avantage comparatif dans la mondialisation ? », 2019, art. cité.
3. Toutes les citations de ce paragraphe sont tirées de Laurene Draycard, « La tentation patriotique », *Les Échos*, 3 avril 2015.

s'est depuis longtemps constituée en système de signification dont l'influence s'étend à la sphère culturelle elle-même, jusqu'à constituer « un élément incontestable de la culture de masse, tout comme les romans populaires, les comics, le cinéma[1] ».

Continuons d'avancer dans le temps. En 2015, les attentats de *Charlie Hebdo*, et l'immense élan de solidarité qu'ils ont entraîné dans le pays, ont marqué un important tournant national dans le discours de marque. La Nation ayant été « attaquée en son cœur » (François Hollande), le réflexe du citoyen a consisté à en exhiber avec force tous ses symboles. Les « marches républicaines », organisées sur tout le territoire national le 11 janvier 2015, ont réuni plus de quatre millions de personnes qui, pour l'occasion, se sont mises à chanter gravement la Marseillaise et à brandir le drapeau national. Dans les librairies, le *Traité sur la tolérance* de Voltaire est redevenu un succès littéraire (Folio parle de cent vingt mille livres vendus en quelques jours, un record), et les émissions de télévision consacrées à la liberté de la presse ont connu un carton d'audience. « En 2015, le patriotisme est devenu si ce n'est consensuel, en tout cas acceptable pour les marques », témoigne Benoît Lozé. « Elles se sont senties encouragées à prendre la défense du modèle français et à montrer de nouveau leur attachement à des valeurs qu'elles avaient jusqu'alors un peu tendance à cacher[2] ».

Dans *La revanche de la province*[3], Jérôme Batout montre que les Gilets jaunes et l'épidémie de Covid-19 ont accéléré un mouvement profond de réévaluation de ce que le parisien appelle, souvent péjorativement, « la province » – l'expression désignant tous les territoires qui se situent en dehors de Paris. Depuis les années 1980, Paris avait « trahi la province et joué la

1. Roland Barthes, *Système de la mode*, Paris, Seuil, 1967.
2. Interview avec l'auteur, le 4 janvier 2023.
3. Jérôme Batout, *La revanche de la province*, Paris, Gallimard, 2022.

mondialisation contre elle », explique Batout, faisant le pari du luxe, du tourisme et du tertiaire contre l'industrie et le monde agricole, piliers fondamentaux du pays depuis plusieurs siècles. Dans les années 2020, la double crise sociale puis sanitaire a brutalement fait prendre conscience que la valeur de la province avait été oubliée. Dans une tribune au média *Philonomist*, Jérôme Batout parle d'une « leçon chèrement acquise » :

> La revanche de la province fait prendre conscience qu'un pays, une nation, un État ne sont pas constitués que de définitions juridiques, ou de lois. Il existe un socle éthique, caché et d'autant plus agissant, dans la constitution d'un pays[1].

On retrouve parfaitement cette dimension rédemptrice, dans le sens religieux d'une faute à racheter, dans la production de discours publicitaire de la grande distribution. Dans les années 2019-2021, la référence géographique – le « local », le « terroir » – et, plus largement, l'inscription d'une marque dans un territoire sont devenues une figure imposée du discours publicitaire. Dans la grande distribution, le changement d'échelle est patent : dans l'argumentaire de vente, on passe des promotions aux lieux de production et aux producteurs. « Nos pommes sont d'ici », « Nos bœufs sont d'ici », clame Système U (campagne « Ça vient d'où® », 2019). Même l'enseigne de hard discount Lidl s'y plie, en faisant une campagne centrée sur les agriculteurs, avec leurs visages en gros plan sur des affiches, accompagnés de slogans comme « Fier de son terroir® » ou « Authentiques comme leur viande® » (« Les portraits vérités », 2019). Aux lendemains du premier confinement, Ricard rappelle son origine marseillaise, avec sa campagne « Born à Marseille® » (2020). Une campagne qui « met en lumière les

1. Jérôme Batout, « La revanche de la province, une aventure éthique », *Philonomist*, 12 septembre 2022.

nouvelles aspirations des consommateurs : plus locales et plus authentiques », précise le communiqué de l'agence Romance, qui dit avoir voulu réaliser une « ode aux origines du légendaire pastis, qui célèbre son histoire, ses attaches, ses rituels », et ce, en valorisant « la cité phocéenne, porteuse d'une aura culturelle et créative incontournable [qui] permet de donner une nouvelle dimension à la Marque et de l'inscrire dans son époque ». Tout est dit : c'est désormais par le local qu'une marque entend séduire.

Même une marque aussi globalisée qu'Airbnb, qu'on a souvent critiquée pour son esthétique uniformisante, s'est mise à adapter son discours de marque à ce que Jérôme Batout appelle, dans un clin d'œil, le « *provincial way of life* », et qui serait selon lui devenu le nouvel idéal français[1]. « Et si vous partiez à la redécouverte de votre pays ? » invite Airbnb dans une campagne intitulée « La première nuit est pour nous® », proposant des coupons de réduction de 150 euros sur une sélection de destinations françaises. Leur choix n'a pas été laissé au hasard : il s'agit de treize villages de l'Hexagone qui fleurent bon le terroir, « un par région, témoignant de la diversité

1. « Le retournement d'idéal de vie qui s'est produit au cours du dernier siècle, en France et dans le reste du monde, est inédit. En 1920, le modèle de la vie parisienne, gravé dans le marbre littéraire par Marcel Proust et savamment construit depuis quatre siècles dans la capitale française, devient l'épicentre mondial des Années folles, que la province et les autres capitales mondiales s'évertuent à singer maladroitement. En 2020, les contrefacteurs sont désormais parisiens : ils aspirent à une mise au vert, à un ralentissement du mode de vie, à un peu d'ennui pour échapper à la suractivité des rues de la capitale [...]. Dans un monde où le problème n'est plus l'ennui mais la sur-occupation, la sur-sollicitation du travail, des images ou des propositions culturelles, le rythme de vie provincial fait la différence. Il ralentit, apaise : la lenteur de la province, longtemps honteuse, est aujourd'hui le nouvel idéal » (Jérôme Batout, *La revanche de la province*, 2022, *op. cit.*).

du territoire », précise le communiqué de presse. Plogoff (Bretagne), Clairvaux-les-Lacs (Bourgogne-Franche-Comté), Civray-de-Touraine (Centre-Val de Loire), Alba-la-Romaine (Auvergne-Rhône-Alpes) … ce n'est même plus la France des sous-préfectures, mais la diagonale du vide, à l'exact opposé des destinations touristiques sur lesquelles la marque a bâti son succès. « Chers amis, il est venu de prendre le temps », clame le petit clip publicitaire accompagnant la campagne, qui déroule tout l'univers provincial (ou, encore une fois, l'image que s'en fait Airbnb) : la pétanque, les baignades dans la rivière, le Diabolo menthe en terrasse, une maison aux volets bleus… « Redécouvrez votre maison, la France, en séjournant dans la mienne… la mienne… non, la mienne ! » s'exclament plusieurs hôtes Airbnb, tous très franchouillards – mention spéciale pour Marc et Laurence, couple de retraités qui accueillent les visiteurs dans leur « casetta » du village de Fozzano, en Corse. On est loin, très loin, du premier slogan de la plate-forme californienne : « *Belong anywhere* ® ». Avec cette campagne, Airbnb clame au contraire son amour pour le *Somewhere*.

4
Dans la fabrique du roman national des marques

> « Un traité sur la chute de la féodalité, sur la position extérieure et intérieure de la France au XVIIe siècle, sur la question des alliances avec les armes étrangères, sur la justice aux mains des parlements ou des commissions secrètes et sur les accusations de sorcellerie, n'eût pas été lu peut-être ; le roman le fut. »
>
> ALFRED DE VIGNY,
> « Réflexions sur la vérité dans l'art », préface à la quatrième édition de *Cinq Mars,* 1829

> « On ne saurait prêter à tous les spécialistes ces analyses, mais, en termes commerciaux et techniques, le publicitaire fait objectivement œuvre culturelle… comme Monsieur Jourdain faisait de la prose. »
>
> ANDRÉ CADET, BERNARD CATHELAT,
> *La publicité,* 1968

Écosse, juillet 1814. Un roman, intitulé *Waverley*, est publié de façon anonyme : le genre romanesque, encore jeune, est alors mal considéré – il traîne une connotation féminine, donc péjorative : tout d'imagination, il est jugé frivole. L'intrigue a pour cadre l'ultime révolte jacobite de 1745 : un jeune noble anglais nommé Waverley se retrouve, par étourderie et par amour, dans les rangs des rebelles écossais. La paix revenue, il est finalement gracié par le pouvoir hanovrien et finit par épouser sa muse écossaise. Dès la publication, le succès est immédiat, et l'identité de son auteur est bientôt révélée : Walter Scott sera pendant des décennies l'auteur le plus lu dans toute l'Europe et les Amériques[1]. Au travers de la parution d'un nombre considérable de romans (*Ivanhoé* en 1819, *La jolie fille de Perth* en 1828), Scott invente un nouveau genre, le roman historique, qui fonctionne selon une recette alors nouvelle pour l'époque : « l'insertion d'une leçon d'histoire, expliquant la causalité évènementielle, dans une intrigue romanesque bien menée, soigneusement construire et jouant des effets de tension et de résolution[2] ».

Dans toute l'Europe, les romans de Scott sont accueillis comme une révélation et un modèle : repris sous d'autres formes artistiques (peintures, gravures, pièces de théâtre), ils inspirent tous les grands romanciers du XIXe siècle – à commencer par deux de nos monuments nationaux : Alexandre Dumas et Victor Hugo. Le premier signe la préface de la traduction française d'*Ivanhoé*, et raconte que c'est la lecture de Walter Scott qui lui a soufflé sa vocation de romancier historique. Le second se voit commander par Charles Gosselin, l'éditeur des traductions françaises de l'Écossais, « un roman à la mode de Walter Scott » – qui donnera, quelques années plus tard, *Notre-Dame de Paris* (1831)… Dont le tour de force, précise Anne-Marie Thiesse, est d'avoir fait de la cathédrale gothique la véritable protagoniste de son récit, dans un moment où le monument était en danger :

1. Murray Pittock, *The reception of Sir Walter Scott in Europe*, London, Bloomsbury Publishing, 2006.
2. Anne-Marie Thiesse, *La création des identités nationales*, 1999, *op. cit.*

> L'héroïne éponyme, glorieuse dans le roman, est au temps de sa publication victime de dégradations et du désintérêt pour l'architecture médiévale. Elle a même été menacée de démolition. Mais la représentation romanesque prouve sa capacité à infléchir la réalité. Les lecteurs du roman ne peuvent sauver Esmeralda mais ils peuvent œuvrer à la sauvegarde de la cathédrale[1].

Ce n'est donc pas un hasard si l'on parle aujourd'hui de « roman national » : au XIXe siècle, c'est le roman qui a été considéré comme le modèle narratif le plus adapté pour porter un récit national ; c'est le roman qui a été jugé le plus efficace pour stimuler l'imagination, susciter des émotions, et créer des références et des aspirations partagées.

Qu'en est-il aujourd'hui ? Dans un moment où les marques produisent, à leur tour, des discours et des imaginaires nationaux, nous assistons à l'émergence d'un nouveau type de récit national, porté non plus par le roman mais par la publicité. Nous parlerons, par parallélisme de construction avec le « roman national », de « publicité nationale ». À quels codes esthétiques, à quelles règles de construction narrative ce genre obéit-il ? Pour y répondre, il nous faut entrer dans la fabrique du roman national des marques. Pour commencer, nous proposons d'étudier en miroir le roman populaire et la publicité : non pas pour les comparer esthétiquement ou formellement, mais pour identifier des fonctions narratives équivalentes. Elles nous permettront d'identifier les ressorts sur lesquelles s'appuient les publicités nationales.

1. *Ibid.*

Du roman national à la publicité nationale

Dans *La griffe du temps*[1], Judith Lyon-Caen, historienne de la littérature, interroge la place de la littérature dans l'expérience vécue. Spécialiste de la littérature du XIXe siècle, elle s'intéresse plus précisément à l'emprise du roman sur le réel, son impact sur la vie des individus et la vie sociale de l'époque. La chercheuse fait part de trouvailles étonnantes : elle note par exemple que les travaux d'histoire portant sur la bourgeoisie parisienne du XIXe siècle convoquent non seulement des sources notariales, mais également plusieurs exemples tirés de romans de Balzac. Plus encore que la problématique – classique – de la littérature prise comme source historique, Judith Lyon-Caen interroge l'effet du roman balzacien sur les pratiques des historiens travaillant sur le XIXe siècle : « Est-il possible de lire un inventaire après décès sans que notre imagination, peuplée de souvenirs de lecture, ne forge à notre insu des personnages balzaciens ? » De même pour la prostitution, que la chercheuse appelle à penser comme une « réalité d'écriture, une réalité de l'écriture littéraire » :

> Peut-on envisager la prostitution au XIXe siècle comme objet d'une enquête historique, sans convoquer d'abord, ne serait-ce que pour les écarter, les figures tragiques de Fantine, de Gervaise, de Nana ou les sublimes courtisanes balzaciennes ?

Dernier exemple mobilisé : dans les registres de la police des mœurs à la fin du Second Empire, les données collectées sur les courtisanes « ressemblent davantage à des "échos" de la petite presse littéraire qu'à des fiches de police [...]. La source de l'historien – le rapport de police – se trouve ici tissée de littérature, littérarisée dans son principe même ».

1. Judith Lyon-Caen, *La griffe du temps ; ce que l'histoire peut dire de la littérature*, Paris, Gallimard, 2019.

Ce que montre Judith Lyon-Caen, c'est qu'au XIXe siècle, la littérature acquiert une telle pénétration dans le monde social que l'on en retrouve des traces jusque dans les sources policières, judiciaires ou notariales. La littérature n'est donc pas qu'un « miroir de la société », comme le veut l'expression convenue : son rôle, plus moteur, se joue à un niveau plus profond. En devenant une dimension importante de l'expérience vécue des individus, la littérature vient en réalité configurer le monde social lui-même, en l'infusant : c'est ce qu'elle appelle la « littérarisation du social ».

> L'impact de la littérature traverse toutes ces écritures, non parce qu'il s'agirait de mettre la société en roman, mais parce que l'écriture littéraire, telle qu'elle se pratique dans le roman et ses avatars à partir de 1830, est un puissant outil cognitif et descriptif, un outil de saisie et de déchiffrement du monde, tantôt de désinquiètement, tantôt de critique.

Notre hypothèse, c'est que les marques jouent au XXIe siècle le rôle des romans populaires du XIXe siècle. Rassurons vite le lecteur : il ne s'agit pas de comparer des publicités sur la voiture ou le burger à des chefs-d'œuvre littéraires – une campagne Citroën ne sera jamais la nouvelle Madame Bovary, ni les publicités Burger King la nouvelle « madeleine » de Proust. Il s'agit plutôt de voir que la publicité joue aujourd'hui le même rôle que les best-sellers littéraires qui, s'ils sont depuis totalement passés dans l'oubli, déployaient un regard acéré sur l'ordre des choses matérielles et sociales – comme *Ces dames aux chapeaux verts* de Germaine Acremant (1921), la saga *Les Thibault* de Roger Martin du Gard, publiée entre 1922 et 1940, ou *Les allumettes suédoises* de Robert Sabatier (1969). La comparaison s'étend aussi à ces romans-feuilletons publiés dans les journaux et qui ont fait le bonheur des classes populaires à partir de la moitié du XIXe siècle: *Les mystères de Paris* d'Eugène Sue (1842-1843), *La porteuse de pain* de Xavier de Montépin (1884-1885) ou encore *Les deux orphelines* d'Adolphe d'Ennery (1892-1894) – tout ce qu'Anne-Marie Thiesse regroupe dans ce qu'elle appelle les « faubourgs de la littérature[1] ». Dans les deux cas, le lecteur ou le spectateur n'y attachent qu'une « attention oblique », sans jamais s'y investir totalement, mais tous y trouvent, à leur manière, de « puissants outils cognitifs et descriptifs » à même d'ordonner leur univers symbolique et social. Efforçons-nous à présent de voir de quelle façon la publicité fonctionne en miroir des romans populaires.

Publicité et roman, trois fonctions en miroir

Première fonction commune: celle de fonder des imaginaires du quotidien, au plus proche de la sensibilité et du vécu des individus. L'une des révolutions de la modernité qu'a portées le roman, c'est l'affirmation de ce qu'on pourrait appeler « la vie ordinaire »: à l'opposé du récit des « gens importants » (rois, princes et ducs), protagonistes des « grands moments de l'Histoire » (batailles, alliances, complots), à partir du XIXe siècle le roman a changé de focale, en s'intéressant à de parfaits inconnus et en se penchant sur les dimensions plus humbles de leur vie, occasionnant par là un choc aussi bien esthétique que politique. Lors de la parution de *Madame Bovary* en 1857, le critique Armand de Pontmartin écrit toute l'horreur que lui inspire le récit de la « trivialité des petites

1. Anne-Marie Thiesse, *Le roman du quotidien ; lecteurs et lectures populaires à la Belle Époque*, Paris, Seuil, 2000.

gens » et de « l'embarras des choses mesquines[1] ». Il regrette le temps où la fiction prenait pour objet « les sentiments délicats des hommes et des femmes de qualité ». Ce qu'il pressent, et ce qu'il regrette, c'est que ce roman ouvre un nouveau « régime du visible » qui signe l'irruption de la littérature dans la démocratie. « Pontmartin ne dit pas que le roman de Flaubert est mal conçu ou mal écrit », note Jacques Rancière[2]. « Il dit qu'il est semblable à son temps qui est celui de la démocratie, animé par l'énergie de cette force historique brutale et traînant comme elle, dans son cours, toutes sortes de détritus. »

Parler avec dignité des petites choses du quotidien, des petites et grandes joies, des petites et grandes peines de la vie ordinaire : au fond, le discours des marques n'a fait que radicaliser cette logique. En parlant des gens, de leurs modes de vie, de leurs rêves, tantôt fous, tantôt médiocres, de leurs angoisses, de leurs fantasmes, de leurs petits tracas du quotidien. Lacoste parle de l'amour et de ses déchirures sur un air d'Édith Piaf (« *Crocodile inside* », 2019), et Gleeden vante les vertus de l'adultère sur le quai des métros (« Être fidèle à deux hommes, c'est être deux fois plus fidèle® »). Nexity parle des galères des déménagements, Leboncoin des départs en vacances, et La compagnie des déboucheurs lance sur YouTube ses « Tutos de Mamie » pour apprendre à déboucher son siphon. C'est simple : il n'y a pas une thématique ou une problématique de notre époque qui n'a pas fait l'objet d'un discours de marque. Au fond, les marques sont devenues une sorte d'atlas universel des hommes et des femmes du monde contemporain.

1. Armand de Pontmartin, « Le roman bourgeois et le roman démocrate. MM. Edmond About et Gustave Flaubert », *Le Correspondant*, 25 juin 1857.
2. Jacques Rancière, *Les bords de la fiction*, 2017, *op. cit.*

La vie ordinaire passe aussi par toutes ces choses qui peuplent le quotidien, et le discours des marques s'est depuis longtemps donné pour mission de les représenter. Roland Barthes, le critique littéraire, est le premier à saisir le rôle culturel des marchandises promues par la publicité. Dans ses *Mythologies*, il consacre des pages magnifiques aux « Saponides et détergents » et, surtout, à l'automobile, cette « Citroën Déesse » qui, selon lui, est l'équivalent des grandes cathédrales d'autrefois, à savoir « une grande création d'époque, conçue passionnément par des artistes inconnus, consommée dans son image, sinon dans son usage, par un peuple entier qui s'approprie en elle un objet parfaitement magique ». Le sémiologue et publicitaire Georges Péninou consacre quant à lui la publicité comme une authentique « poésie des objets ». « Il s'agit là, culturellement, d'une transformation importante », précise-t-il. « Il y eut des siècles où l'univers des choses ne signifiait pas, où un certain ordre de choses matérielles, instrumentales, ne donnait ni prise, ni prétexte à dotation de sens[1] ». Dans une campagne de 2015 intitulée « *Everyday heroes*® » (« Héros de tous les jours »), IKEA a poussé la logique jusqu'à rendre hommage à tous ces objets du quotidien qui nous rendent service, docilement, patiemment, malgré notre ingratitude : ce tapis de douche que l'on piétine, ce cintre que l'on maltraite, cette brosse de toilette que l'on ne remercie jamais pour ses états de service…

Fonction morale, ensuite. Au XIXe siècle, on accusait le roman d'exercer une influence néfaste sur les bonnes mœurs. Dans un article de la *Revue des Deux Mondes* publié en 1856, Eugène Poitou s'en prenait aux romanciers en écrivant :

1. Georges Péninou, *Intelligence de la publicité ; étude sémiotique*, Paris, Robert Laffont, 1972.

> Au spectacle de nos convulsions sociales, on a fini par comprendre qu'il y a un lien étroit entre le monde moral et le monde des lettres, qu'une littérature peut exercer sur la société, suivant les tendances qu'elle affecte et les idées dont elle s'inspire, une influence ou salutaire ou funeste, et que ce n'est pas impunément qu'une génération tout entière s'abreuve à des sources empoisonnées[1].

De même, au sujet des romans-feuilletons, la droite conservatrice y a vu un redoutable instrument de subversion sociale : déplorant le caractère pernicieux du roman populaire, elle n'a eu de cesse de le rendre responsable du mauvais esprit des masses : « Qui calculera la puissance et la responsabilité d'un Ponson du Terrail, d'un Sue, d'un Dubut de Laforest, d'un Ohnet, d'un Pierre Sales, d'un Zévaco ou d'un Sazie ? » s'alarme l'un. « Le roman-feuilleton apprend aux foules à mal juger de l'homme d'Église, et n'est-ce pas leur façon d'en juger ? [...] Le roman-feuilleton représente une femme et un homme pervertis jusqu'au crime, et n'est-ce pas justement la vision populaire ? Le roman-feuilleton met en scène des ouvriers et des ouvrières admirables, et n'est-ce pas ce que voit la foule, ce qu'elle aime à voir, et ce qu'elle se délecte à croire ? » juge un autre. « Avec ses personnages conçus et mis sur pied selon une tendance sociale, il peut créer cette chose effrayante qu'est la mentalité populaire », conclut un dernier[2].

C'est aujourd'hui la publicité qui, comme institution sociale, est accusée d'influencer (négativement) les normes, les croyances et les mythes de la société, en implantant des images

1. Eugène Poitou, « M. De Balzac, ses œuvres et son influence sur la littérature contemporaine », *Revue des Deux Mondes*, tome 6, 15 décembre 1856, p. 713-767.

2. Exemples cités dans Anne-Marie Thiesse, *Le roman du quotidien*, 2000, *op. cit.*

stéréotypées (par exemple, en véhiculant une image dégradée de la femme) et en fondant des imaginaires de consommation inadéquats au vu de nos objectifs climatiques (par exemple, en vantant les mérites de produits de la civilisation thermo-industrielle). Notre point est le suivant : si la critique a changé de cible, c'est qu'elle a suivi le déplacement du référentiel moral de l'époque.

Dans un ouvrage intitulé *Le bien dans les choses*[1], le philosophe Emanuele Coccia appelle à considérer la publicité dans une perspective morale, et va jusqu'à l'ériger en nouveau discours moral public de nos sociétés contemporaines. Observez les murs de nos villes, nous intime-t-il : historiquement, ils constituent la « chose politique par excellence » car ils forment notre meilleur « espace de projection imaginaire partagé ». Dans l'Antiquité, c'est par les murs qu'une Cité définissait ses modèles de perfection et que l'on venait y puiser les conduites à tenir. Or, qu'apprend-on en lisant nos murs ? Voilà longtemps que les références à la sphère politique (l'État, les héros de la Cité), à la sphère religieuse (les dieux et semi-dieux) et à la sphère funéraire (culte des morts) ont été effacées. Aujourd'hui, « nos villes elles ont été envahies par les images des objets les plus divers, les plus quotidiens : shampooings, téléphones, parfums, disques, mais aussi soutiens-gorge, écharpes, chocolats – tout ce que, banalement, nous appelons marchandises ». Bref, se découvre « une civilisation littéralement obsédée par les choses, au point de leur consacrer la totalité des discours publics et du symbolisme architectonique qui structure ses centres habités ». Ce remplacement scripturaire n'est pas anodin : il est le signe, selon Coccia, que c'est « dans notre rapport aux marchandises que nos cités modernes essaient aujourd'hui de formuler et de résoudre des problèmes d'ordre éthique ».

1. Emanuele Coccia, *Le bien dans les choses*, Paris, Payot, 2013.

> Si la publicité est la forme primordiale de notre langage moral, c'est qu'elle a su anticiper les formes, les registres, les schémas de notre vie morale contemporaine : elle a reconnu le primat de l'iconique sur le verbal [...] ; elle a compris qu'il n'y a pas de message moral sans récit ni mythe. En somme, plus que tout autre discours et que toute autre théorie, la publicité a saisi la sensibilité morale de l'homme contemporain.

Dernière caractéristique fonctionnelle du roman que l'on retrouve également dans les marques : celle d'être une force de sélection, de coordination et de diffusion d'un certain *Zeitgeist*, pour reprendre un terme de philosophie allemande qui désigne « l'esprit du temps[1] ». Dans son analyse des ferments de la Révolution française, Tocqueville consacre plusieurs pages sur le rôle des écrivains : au XVIIIe siècle, « la vie politique fut violemment refoulée dans la littérature », écrit-il. « Dans l'Ancien Régime et la Révolution, les écrivains, prenant en main la direction de l'opinion, se trouvèrent un moment tenir la place que les chefs de parti occupent d'ordinaire dans les pays libres ». Pour Tocqueville, la singularité et la force de la Révolution française tient à ce que, au préalable, l'éducation du peuple a été « entièrement faite par des gens de lettres » :

1. « Le Zeitgeist constitue un système d'idées, d'images et de valeurs qui, déterminant une certaine ambiance intellectuelle, culturelle, fonde les pratiques, les comportements individuels et collectifs, et inspire les créations, jusqu'à celles qui sont considérées comme les plus personnelles. Il est atmosphère, air du temps, influençant styles et modes de vie individuels, et scandant la respiration sociale » (Philippe Robert-Demontrond, « Le Zeitgeist des décroissants : continuités historiques et diversité idéologique d'un mouvement d'anticonsommation », *Perspectives Culturelles de la Consommation*, n° 1, 2011, p. 109-140).

> Les écrivains ne fournirent pas seulement leurs idées au peuple qui l'a fit ; ils lui donnèrent leur tempérament et leur humeur. Sous leur longue discipline, en absence de tous autres conducteurs, au milieu de l'ignorance profonde où l'on vivait de la pratique, toute la nation, en les lisant, finit par contracter les instincts, le tour d'esprit, les goûts et jusqu'aux travers naturels à ceux qui écrivent ; de telle sorte que, quand elle eut enfin à agir, elle transporta dans la politique toutes les habitudes de la littérature [...]. La langue de la politique elle-même prit alors quelque chose de celle que parlaient les auteurs ; elle se remplit d'expressions générales, de termes abstraits, de mots ambitieux, de tournures littéraires.

Sur un autre registre, on retrouve chez Gustave Lanson, historien de la littérature et critique littéraire français, peu ou prou la même intuition sur le rôle de la littérature. Lors d'une conférence donnée le 29 janvier 1904 à l'École des hautes études sociales, publiée par la suite dans la *Revue de métaphysique et de morale*[1], il est invité par Durkheim à réfléchir aux « rapports de l'histoire littéraire avec la sociologie ». Pour lui, le roman est une formidable « force coordinatrice » qui « crée de la pensée collective » :

> Un livre à succès opère une sélection dans la multitude des idées, besoins et sentiments des lecteurs, dans toute cette activité interne qui confusément aspire à se réaliser. Il détermine à un moment donné une direction commune de toutes les attentions individuelles vers un même but, une convergence simultanée de toutes les énergies individuelles sur le même point. La puissance de l'écrivain opère comme des cristallisations successives de l'opinion publique.

1. Gustave Lanson, « L'histoire littéraire et la sociologie », *Revue de métaphysique et de morale*, 12-4, 1904, p. 621-664.

En appui de sa démonstration, Gustave Lanson cite Voltaire, capable par ses écrits de donner à la société du XVIIIe siècle tout entière ses grands mots d'ordre – tolérance et humanité.

> En écrivant le *Traité de la Tolérance*, Voltaire relègue momentanément à l'arrière-plan toutes les autres préoccupations de l'opinion publique qu'il avait lui-même contribué à exciter, et ne laisse pour un temps dans les esprits qu'une seule idée, une seule passion, un seul ressort d'action : l'affaire Calas, le supplice d'un innocent, la nécessité de la justice.

De même pour Dickens au XIXe siècle, dont ses divers romans « mobilisent la sensibilité publique et en dirigent l'effort tantôt vers la réforme des écoles, tantôt vers la réforme des prisons ». « C'est par là », conclut Lanson, « que la littérature (en y comprenant la presse) est, surtout dans une démocratie libre, un organe important. Elle fait que tous, ou beaucoup, à un moment donné, poussent le même cri, font le même geste[1] ».

N'est-ce pas très exactement ce que l'on appellerait aujourd'hui dans les agences de communication des « campagnes d'influence » ? L'exemple archétypal est donné au début du XXe siècle par Edward Bernays, neveu de Freud et considéré comme l'inventeur des techniques de communication et d'influence modernes. Dans *Propaganda*[2], Bernays mobilise les acquis de la psychologie et de la psychanalyse pour dessiner les contours d'une « nouvelle propagande » à même de « fabriquer du consentement » et de « cristalliser

1. Gustave Lanson, « L'histoire littéraire et la sociologie », *Revue de métaphysique et de morale*, vol. 12, n° 4, juillet 1904, p. 621-664.
2. Edward L. Bernays, *Propaganda; comment manipuler l'opinion en démocratie*, Paris, La Découverte, 2007 [1928].

les opinions publiques » grâce au perfectionnement de méthodes dites de « prosélytisme actif ». En 1929, Bernays est contacté par George Washington Hill, président de l'American Tobacco Co., qui se plaint que la moitié du marché lui échappe : les femmes. Bernays imagine une stratégie pour s'adresser à elles, qui se résume à une équation : « Fumer = Liberté ». Il imagine une campagne qui ferait de la cigarette, alors symboliquement réservée à la gent masculine, un objet d'émancipation et de lutte féministe. À l'occasion d'un défilé organisé tous les ans au printemps à New York, des journalistes sont prévenus que des suffragettes allaient faire un coup d'éclat. Bernays recrute un groupe de jeunes femmes et leur ordonne, au signal donné, de sortir leurs cigarettes et de les allumer face aux photographes, en criant : « Ce ne sont pas des cigarettes, ce sont des torches de la Liberté ! » La formule fait le tour des journaux, le geste devient le symbole d'une émancipation progressiste. On n'a pas meilleure définition d'un discours de marque qui ferait que toutes et tous, à un instant donné, « poussent le même cri, font le même geste », pour reprendre l'expression de Lanson.

Fonder des imaginaires du quotidien, s'ériger en référent moral et peser sur l'esprit du temps : par analyse comparée, on retrouve dans les marques les trois fonctions de *création sociale* de la littérature, et plus précisément du roman populaire.

L'émergence d'un nouveau genre : la publicité nationale

Poursuivons plus avant le parallèle. À quoi juge-t-on la valeur de la littérature ? Au XVIIIe siècle, un nouveau critère d'appréciation apparaît, en prenant à revers ceux qui prévalaient jusqu'alors. Le théologien luthérien Herder est profondément marqué de voir que la noblesse prussienne ne s'exprimait en allemand qu'avec leurs domestiques et leurs chevaux. Pour y remédier, il propose une inversion de la légitimité culturelle, qu'il théorise dans ses *Fragments sur la nouvelle littérature allemande* (1766) :

> La valeur d'une littérature, c'est son imprégnation par l'esprit national. L'écrivain doit s'immerger dans son peuple, s'en faire l'élève. La vraie culture n'est pas le privilège de quelques privilégiés que leur naissance et leur formation vouent aux raffinements : elle vient du peuple et doit lui revenir[1].

Alors que Shakespeare, moqué par Voltaire ou Frédéric II de Prusse, était jusqu'alors déconsidéré en tant que vulgaire auteur pour le (bas) peuple, Herder en fait, dans un retournement de stigmate, un grand écrivain – parce qu'écrivain du peuple, précisément :

> Si Shakespeare a été un grand dramaturge, c'est que l'Angleterre et le peuple anglais étaient le véritable objet de son théâtre, et que même ses César et Timon pensaient et ressentaient en Britanniques[2].

Ces dernières années, on a vu surgir un nouveau type de discours publicitaire. Il n'est pas allé jusqu'à faire évoluer les critères d'appréciation de ce qu'est une « bonne publicité », mais on retrouve ce même impératif identifié par Herder : s'imprégner de « l'esprit national », « s'immerger dans son peuple ». Qu'on puisse le faire en l'insérant dans un récit en apparence innocent, le fait n'est pas nouveau : prenez les frères Grimm. Le grand public en a retenu les contes populaires pour enfants

1. Cité dans Anne-Marie Thiesse, *La fabrique de l'écrivain national*, 2019, *op. cit.*
2. Cité dans Anne-Marie Thiesse, *La création des identités nationales*, 1999, *op. cit.*

(*Le Petit Chaperon Rouge*, *Cendrillon*, *Blanche Neige*, *Hansel et Gretel*, etc.), largement repris par Walt Disney. Ce que l'on a oublié, c'est qu'ils étaient porteurs d'un projet patriotique : fournir à la nation allemande la connaissance de son patrimoine folklorique, considéré comme nécessaire à la conscience de son unité. *Les contes de l'enfance et du foyer*, publiés en 1812, l'année de la retraite de Russie, ne sont que la partie émergée de leur activité. Jacob Grimm a fondé une association d'érudits qui avait pour objet de collecter sur tout le territoire allemand les chants, légendes, coutumes, superstitions et autres expressions linguistiques.

Notons un indice supplémentaire de ce changement d'échelle, d'une sorte de bascule d'une dimension individuelle à une dimension plus nationale : la multiplication de campagnes qui ont fait bouger la conception de leur *insight* publicitaire, qui ne cible plus tant les besoins ou les travers quotidiens du consommateur (apatride) que les caractéristiques culturelles du peuple (français). En 2014, TF1 signe une campagne intitulée « Partageons des ondes positives », qui vise à aller à l'encontre des clichés couramment répandus sur les Français. La voix off est alors systématiquement contredite par des images qui en prennent le contre-pied : des affirmations telles que « Les Français sont feignants », « Les Français ne croient plus en rien » ou « Les Français sont des perdants » se voient respectivement opposées des images d'agriculteurs au travail, d'une maternité remplie de nouveau-nés et d'une célébration de l'équipe de France de football. Dans un registre plus humoristique, Burger King a joué sur les traits de caractère habituellement associés aux Français : pour promouvoir l'origine de ses produits (« Des ingrédients bien français », 2022), la marque a eu l'idée de les faire s'exprimer « à-la-façon-des-Français ». Ainsi voit-on deux nuggets de poulet se plaindre de leur descente sur le présentoir d'un restaurant : « Qu'est-ce que je te disais, il est éclaté ce toboggan [...]. Non mais remboursez-nous, là ! » Un steak sur le grill fait remarquer à son voisin qu'il a une marque de bronzage : « L'année prochaine, je te le dis, on part en Bretagne ». Deux frites baignant dans leur huile de cuisson discutent de façon un peu animée, et sont interrompues par une troisième (« Chuuuut ») : « Oh bah ça va, on parle pas fort ! »

Dans le précédent chapitre, nous avons cité un certain nombre de campagnes de marques étrangères qui ont fait de la France la protagoniste de leur discours. Dans les lignes qui suivent, nous allons explorer trois cas de publicités nationales produites par des marques françaises : la Française des jeux, Renault et la SNCF. Chacune dans leur registre, elles ont décidé de faire de la France l'objet explicite de leur discours publicitaire. Au-delà de certaines convergences esthétiques, toutes trois développent un récit national singulier, qui illustre des visions différentes du pays.

Trois publicités nationales à la loupe

Pourquoi ces trois exemples-là, et pas d'autres ? Ils ne sont pas particulièrement représentatifs de l'activité économique française : à eux trois, ils sont loin de couvrir tous les champs du quotidien – voire, deux campagnes se recoupent sur la thématique du transport (Renault et la SNCF). La seule raison valable, c'est qu'à date, ils constituent pour nous les trois meilleurs exemples français de publicité nationale. En France, le phénomène de « roman national des marques » est encore balbutiant : ces trois campagnes en sont aujourd'hui les principales représentantes.

La Française des jeux, « Et voir la France gagner® »

Les couleurs sont chatoyantes, les lumières dignes des plus beaux couchers de soleil. La mer est calme, l'horizon lointain, et le café-presse Le Neptune ouvre ses volets : visuellement, on se croirait presque dans un film des frères Dardenne. Des couples sourient, des jeunes exultent dans leur décapotable, des sportifs accomplissent leur rêve de médaille, et une grand-mère enlace tendrement son petit-fils. Sur une musique harmonieuse, d'abord douce, presque susurrante, composée de trois accords de guitare, puis plus entraînante, gagnant progressivement en rythme à l'aide de percussions de xylophone, une voix off, à mi-chemin du chanté et du parlé, dans ce style si caractéristique du slam, clame le texte suivant :

> On peut gagner un mètre, gagner un siècle, gagner l'éternité, gagner en maître.
> On peut gagner sa croûte, gagner ici, gagner entre amis, gagner au foot.
> On peut gagner son pari, gagner des millions.
> Gagner à Paris, gagner à Gabian.
> Gagner par l'émotion, gagner à l'occasion, sans obsession.
> On peut gagner en maillot, gagner en slip.
> Gagner sans perdre les siens, gagner sans perdre son chemin.
> Gagner d'une main, gagner… chauvin.
> On peut gagner en confiance, gagner sa place.
> Gagner au grattage, gagner au tirage.
> Gagner une seconde chance, et gagner le large.

On repère la figure de style au premier coup d'œil : l'anaphore, celle du verbe « gagner », répété pas moins de vingt-six fois en moins d'une minute. Rien d'anormal pour une marque dont le modèle économique repose sur la vente de jeux de tirage (Loto, EuroMillions, Joker+), de jeux de grattage (réunis sous la marque-produit Illiko) et de paris sportifs (Parions Sport). Simplement, ici, la nouveauté vient que la marque mêle un discours prosaïque sur le gain financier (« Gagner des millions », « gagner au grattage, gagner au tirage ») à une pluralité d'autres formes de gains : le discours évoque aussi bien des victoires sportives (« gagner au foot », « gagner en maillot, gagner en slip ») que des petites victoires personnelles (« gagner en confiance, gagner sa place »). C'est une autre figure de style qui est ici mobilisée, bien moins connue : le zeugme. Ici, en l'occurrence, il s'agit d'un zeugme sémantique, qui consiste à associer deux termes unis par une même construction syntaxique, mais dont le sens est dissemblable[1] : « gagner au grattage » et « gagner chauvin ». Le spot publicitaire se termine sur l'image d'une mer superbe et infinie, avec un ciel dégagé. Sur la ligne d'horizon, plusieurs messages apparaissent successivement, dans l'ordre : « 1 millionnaire tous les 2 jours », « 30 000 commerçants partout en France », « Partenaire du sport depuis 40 ans », « Une Fondation engagée pour l'insertion », « 500 monuments restaurés ». Puis, en dernière image, le logo FDJ s'affiche, et avec lui le slogan de la campagne qui, dans un ultime mouvement, s'incline légèrement vers la droite, dans l'espoir d'un *devenir italique* (au sens typographique du mot) : « Et voir la France gagner® ».

À l'issue de ce spot, le spectateur est assailli de désirs contradictoires : faut-il acheter une grille de loto ou crier « Vive la France » ? Souhaite-t-on devenir millionnaire ou faire gagner son pays ? On pourrait parler de mélange des

1. Les dictionnaires citent souvent Apollinaire (« Sous le pont Mirabeau coule la Seine et nos amours », *Alcools*), nous lui préférons les paroles de Zazie : « Il faudrait faire l'amour et la poussière » (*Homme Sweet Homme*).

genres, tant le discours sur l'argent semble noyé sous une pluralité d'autres discours, dans un assemblage qui fait penser à ce que les psychanalystes appellent, en inversant l'expression commune, *la forêt qui cache l'arbre*. La campagne d'affichage va dans le sens de cette première intuition, dans la mesure où elle mixe des aspirations individuelles (« Faire gagner vos rêves – 1 millionnaire tous les 2 jours »), sociales (« Faire gagner l'égalité des chances – Une Fondation engagée pour l'insertion ») et citoyennes (« Faire gagner le patrimoine – 500 monuments restaurés avec nos jeux du patrimoine »).

Toute la complexité vient de ce que cette ambiguïté est intrinsèquement liée à la Française des jeux elle-même. Pour le comprendre, il faut revenir à ses racines historiques : la Loterie nationale, créée en 1934 pour venir en aide aux « gueules cassées » de la Première Guerre mondiale. L'idée était alors d'inventer un nouveau mécanisme de solidarité, en articulant gain individuel et gain collectif, dans la mesure où une partie des recettes était alors attribuée aux laissés pour compte de la Grande Guerre. C'est ce qu'une précédente campagne publicitaire de la Française des jeux s'est efforcée de rappeler au grand public (« Origines », 2019) : historiquement, la marque ne fait pas que faire gagner les Français, elle fait aussi gagner la France. Une histoire d'entreprise intimement liée à la grande Histoire nationale : c'est aussi cela, le roman national des marques.

En embrassant publicitairement un discours plus national, la Française des jeux opère un mouvement narratif qui est significatif, car elle s'éloigne de tout ce qu'elle a bâti ces trente dernières années. Nous sommes en effet en présence d'une marque disposant d'un patrimoine publicitaire très riche, historiquement construit autour d'un rêve : devenir millionnaire. Dès 1991, l'agence McCann-Erickson invente une signature restée mythique : « 100 % des gagnants ont tenté leur chance® ». En 2002, le cultissime « Au revoir président » montrait un salarié débarquer en slip dans une réunion du conseil d'administration, hilare de pouvoir annoncer son départ. « Vous aussi, quand vous aurez gagné, envoyez-nous vos films », concluait le film. Dans une autre saga improbable (« Françoise », 2002), un homme lambda apparaît face caméra en disant : « Bonjour, vous ne me connaissez pas, j'ai acheté cet espace télévisé avec mon argent, mon propre argent ». Après s'être excusé du désagrément, il explique vouloir s'adresser à sa femme, Françoise, qui l'a quitté pour Jean-Claude, son meilleur ami. « Tu disais toujours qu'il avait mieux réussi que moi », dit-il le cœur brisé… avant de lui annoncer que trois jours après la rupture, il a gagné au loto. À chaque fois, le régime narratif a le même horizon : l'individu, monsieur Tout-le-monde. La Française des jeux a construit tout son capital de marque sur l'idée qu'elle avait le pouvoir de faire changer de vie tout un chacun, du jour au lendemain. Le slogan qui résume le mieux cette dimension fantasmagorique aux yeux des Français reste celui inventé par l'agence DDB : « À qui le tour ?® »

Revenons à la campagne qui nous intéresse. Ce n'est pas tout à fait un hasard si le mot « France » n'apparaît que dans la toute dernière image du clip publicitaire, et qu'il est nécessaire de visualiser l'intégralité des affiches de la campagne d'affichage pour saisir le sens de la signature « Et voir la France gagner® ». Il faut comprendre l'ensemble de ces actions comme autant de fils épars qui œuvrent à un même projet : la France. « Cette nouvelle campagne a pour vocation de faire résonner nos valeurs, et de réaffirmer notre rôle dans la société d'aujourd'hui et de demain », souligne Nathalie Le Garlantezec, directrice marque et communication institutionnelle du groupe FDJ. En soulignant sa contribution, la marque se présente comme étant celle capable de faire gagner la France. Dès lors, ce n'est plus tant une campagne de preuves qu'un véritable programme politique qui est suggéré. Vis-à-vis de la France elle-même, le discours de la Française des jeux n'est pas tant descriptif que prescriptif. Comment faire gagner la France? La réponse de la FDJ constitue une sorte de laboratoire politique qui transcende les clivages traditionnels, en combinant: Millionnaires x Insertion x Patrimoine x Sport x Local. Allons en butée du récit FDJ : puisque la marque parle de gains, n'est-elle pas en train de proposer un nouveau récit de justification des inégalités ? Dans *Capital et idéologie*, Thomas Piketty écrit:

> Chaque société humaine doit justifier ses inégalités: il faut leur trouver des raisons, faute de quoi c'est l'ensemble de l'édifice politique et social qui menace de s'effondrer. Chaque époque produit ainsi un ensemble de discours et d'idéologies contradictoires visant à légitimer l'inégalité telle qu'elle existe ou devrait exister, et à décrire les règles économiques, sociales, et politiques permettant de structurer l'ensemble[1].

L'économiste développe les différents récits dominants qui, dans nos sociétés contemporaines, visent à justifier les régimes inégalitaires en place, dont le récit qu'il qualifie de « propriétariste, entrepreneurial et méritocratique » qui consiste, en creux, à « stigmatiser les perdants pour leur manque de mérite, de vertu et de diligence ». Le récit proposé par la FDJ justifie l'inégalité en des termes différents : l'égalité des chances existe, c'est celle de l'égalité statistique devant la probabilité de gagner au loto. Le système politique, économique et social a beau être inégalitaire, chacun dispose des mêmes chances de s'en sortir en devenant millionnaire. Ce faisant, la mise en scène télévisuelle consistant à montrer la figure d'un huissier à chaque tirage est fondamentale, car elle est la garantie que les règles du

1. Thomas Piketty, *Capital et idéologie,* Paris, Seuil, 2019.

jeu sont bien respectées : pas de passe-droit dans l'univers du loto. Comme le notait Piketty, « ces justifications contiennent toujours leur part de vérité et d'exagération, d'imagination et de bassesse, d'idéalisme et d'égoïsme » : en l'occurrence, ici, le récit de la FDJ s'appuie sur les défaillances de la méritocratie républicaine. C'est la conclusion à laquelle est arrivée Anne-Sophie Moreau, rédactrice en chef de *Philonomist*. Dans un article très critique publié aux lendemains d'une autre campagne de la FDJ, qui visait à promouvoir la privatisation du capital détenu par l'État français, elle s'interrogeait : « Et si la loterie était perçue comme l'un des (nombreux) moyens de pallier les inégalités – et surtout les insuffisances de la méritocratie républicaine ? » L'idée, exprimée en creux, est que ce type de récit publicitaire travaille les consciences et les imaginaires politiques dans une orientation libérale, et « qu'en s'imaginant pouvoir devenir riche un jour, le peuple renonce à vouloir introduire des règles qui dépouilleront les plus favorisé[1] ».

Toujours est-il qu'en se plaçant sur le terrain des imaginaires nationaux, il n'est pas anodin de voir une marque populaire assumer une forme de patriotisme soft, en embrassant un récit national avec des accents résolument optimistes. Dans un pays rongé par les récits déclinistes, rares sont les locuteurs qui osent dire haut et fort : « Et voir la France gagner® ».

Renault, le récit du « made of France »

Un immeuble d'habitation, la nuit, en zone périurbaine. Plusieurs dizaines de fenêtres luisent dans l'obscurité, elles apparaissent à l'écran comme des petits carrés jaunes. Très vite, la façade est éclairée par une grande image, qui recouvre toute

1. Anne-Sophie Moreau, « Des "gueules cassées" à la loterie républicaine », *Philonomist*, 28 novembre 2019.

la surface du bâtiment : en surimpression, un DJ, casquette sur la tête, installe un vinyle. Ce n'est autre que Cut Killer, de son vrai nom Anouar Hajoui, un DJ français d'origine marocaine. Depuis une quinzaine d'années, il anime une émission de radio sur Skyrock, *Cut Killer Show*. Auparavant, il s'était fait remarquer dans *La haine* (1995), le film de Mathieu Kassovitz sur les banlieues françaises : une scène culte le montrait en train de mixer *Assassin de la police* sur un air d'Édith Piaf (« Non, je ne regrette rien »).

Cut Killer, donc, installe un vinyle qui se met à tourner. Une voix, comme venue du fond des âges, perce le silence : « Ceux qui disent que la France n'est plus vraiment ce qu'elle était… » On reconnaît Mireille Mathieu, et l'entame de son morceau *Vive la France* (1978). À l'époque, elle avait eu l'honneur d'être désignée « Marianne officielle », succédant à Brigitte Bardot et Michèle Morgan. Des notes de piano résonnent, elles accompagneront tout le reste du clip : une version remixée d'une chanson de Michel Polnareff, *Love me, Please love me* (1966).

Une fois ce *setting* passé – il n'a duré en réalité que huit petites secondes – le film peut véritablement démarrer. Selon une logique du kaléidoscope, obéissant à une rhétorique de l'accumulation, le spot publicitaire va multiplier les références culturelles et artistiques françaises, avec toujours le même procédé visuel : celui de la surimpression d'images d'archives sur du mobilier urbain contemporain. Défilent sous nos yeux, successivement : Jane Birkin, qui susurre un « Je t'aime » en souriant devant la tour Eiffel (on la reverra un peu plus tard, même image, même texte, mais cette fois-ci incrustée dans les falaises d'Étretat) ; *Les Nymphéas* de Monet, qui colorent gracieusement deux tours ; plusieurs Barbapapa, ces personnages piriformes qui ont régalé les enfants des années 1980 et 1990, s'amusent au-dessus d'un pont autoroutier ; on aperçoit aussi Joséphine Baker dansant sur les murs du Panthéon, et Jamel

Debbouze qui, sur un plateau de télévision, lance : « J'aime la France pour plusieurs raisons… » (on n'entendra toutefois pas lesquelles). Des vers de Paul Éluard (« J'écris ton nom, Liberté ») côtoient la harangue révolutionnaire de Danton, prononcée sur un ton suranné : « Il nous faut de l'audace, encore de l'audace, toujours de l'audace ! »

Et Renault, dans tout cela ? Outre le décor urbain et quelques courtes scènes de voyage en voiture (« Nous traversâmes la France », entend-on au tout début), on voit apparaître, à peu près à la moitié du spot, une très vieille voiture grimper la rue Lepic, à Montmartre. Il s'agit du prototype de voiturette Type A, lancé par Louis Renault en 1898, qui signe le début de l'aventure automobile française. La scène est coupée pendant une poignée de secondes par des images de liesses suscitées par la victoire des Bleus en 2018, surimprimées sur l'Arc de Triomphe. Une autre image apparaît à l'écran, on s'y attarde : il s'agit d'une usine moderne, des robots s'activent sur une chaîne de production. « Electricity – manufacture de Douai », voit-on inscrit sur un mur. Une voix féminine, de tonalité moderne, nous informe : « Renault fait le pari de la France pour l'avenir de la voiture 100 % électrique ». Immédiatement après, sur une image d'un barrage électrique, une autre voix s'exclame : « Si c'est pour dire que ça ne marchera jamais… » En réponse, une scène du film *L'emmerdeur* (1973) démarre, Lino Ventura lâche d'un ton énervé : « C'est terminé maintenant, hein. Vous allez me foutre la paix ! » Retour à Cut Killer, qui se marre derrière ses platines. L'immeuble d'habitation de la scène initiale réapparaît, avec cette fois-ci un cœur bleu et rouge, qui bat fort. « C'est ça, la France ! » s'exclame une voix, tandis qu'en arrière-fond Michel Polnareff s'enflamme : « Je suis fouuuu, de vouuuuus ». La toute dernière image est un gros plan sur le vinyle qui était en train de passer. En son centre, on devine le logo Renault, dessiné en bleu-blanc-rouge. Le vinyle s'arrête de tourner, ce qui nous permet de bien voir son titre : « *MADE OF FRANCE®* ». En contrebas, un astérisque nous propose une traduction : « Fait d'esprit français ». Coupez, c'est terminé.

Figure 15. La campagne publicitaire Renault « Notre ode à la France ».

On ressort un peu étourdi de ce clip publicitaire, d'une rare épaisseur sémiologique. Construite à plusieurs voix, la narration mobilise un arsenal de références culturelles au travers d'un montage en kaléidoscope. La campagne est « une déclaration d'amour aux Français, à la France », précise le communiqué de presse de l'agence Publicis Conseil. Mais de par la diversité des références mobilisées, n'est-elle pas d'abord une ode à « l'archipel français » ? En tout cas, la mécanique visuelle de la surimpression ainsi que la métaphore de la platine du DJ donnent toutes les deux le sentiment que Renault développe une vision de la France bien affirmée : la France comme remix. L'esprit français résiderait dans son habileté à articuler de façon harmonieuse des univers très différents – Jamel et Lino Ventura, la tour Eiffel et Étretat, Monet et Barbapapa – ainsi que dans sa capacité à réinterpréter les classiques du passé pour les remettre au goût du jour (Michel Polnareff par DJ Cut Killer). S'énonce ici la vision de l'esprit français *made in Renault* : une société qui, malgré ses différences, tient ensemble par la transmission d'un certain rapport (métissé, remixé) à la culture.

Dans ce contexte, comment interpréter la signature « *Made of France®* » ? Une première interprétation est d'ordre marketing. Un article du journal *Le Monde* consacré à cette campagne publicitaire concluait que « nombre de marques sont convaincues que faire vibrer la corde sensible nationale est un bon moyen de planter son petit drapeau dans le cœur des consommateurs[1] ». Une stratégie particulièrement bienvenue dans l'industrie automobile, lit-on, car le lien avec le consommateur a été profondément ébranlé par le scandale du « dieselgate », du nom de cette tricherie massive sur le véritable niveau des émissions polluantes des voitures, révélée en 2015. Dans ce contexte, conclut le journaliste, « suggérer qu'il existe une connexion intime entre une entreprise et le patrimoine national vise à restaurer un lien de confiance avec le public ».

En réalité, au-delà de la seule industrie automobile, la campagne Renault révèle une transformation importante de l'approche nationale des marques : en passant du *made in France* au *made of France*, on passe du lieu de fabrication au patrimoine culturel et immatériel qui dépasse la seule dimension

1. Jean-Michel Normand, « Automobile : les constructeurs misent sur la fibre nationale », *Le Monde*, 28 décembre 2022.

géographique. « Le *made in France* », précise le communiqué de presse de Renault, « c'est avant tout des gens, des valeurs, une culture, une histoire et un état d'esprit "français" : têtu, obstiné, râleur… mais aussi humain, enthousiaste, perfectionniste ». Aux lendemains de la pandémie de Covid-19, la thématique de la souveraineté industrielle est devenue une préoccupation importante des opinions publiques et des gouvernements : par conséquent, les marques sont obligées d'adapter leur production… narrative à cette ère post-désindustrialisation et post-délocalisation. À l'avenir, on peut s'attendre à voir se multiplier ce genre de récits publicitaires, notamment de la part de grands groupes cherchant à déclarer leur flamme nationale pour accompagner le rapatriement de pans entiers de leur appareil productif.

En cela, cette campagne illustre sans doute la prise de conscience du « capitalisme des marques » que le discours promouvant le sentiment national constitue, bien au-delà du traditionnel discours autour du local, un nouveau levier de préférence et d'adhésion. En tout cas, c'est ce qu'attestent les résultats de notre enquête IFOP, reportés dans le Tableau 5 : 64 % des consommateurs déclarent qu'à choisir, ils préfèrent « consommer une marque qui parle de la France (de ses territoires, de ses idéaux, de ses valeurs…) ». Dans le détail, on remarque que la sensibilité à la *francité* du discours des marques est proportionnelle au niveau de revenus et de diplômes : la proportion atteint 78 % pour les catégories aisées et 71 % pour les détenteurs d'un diplôme supérieur. Mais cette sensibilité reste massivement répandue dans le reste de la population, puisqu'elle concerne tout de même 61 % des catégories modestes et 63 % des détenteurs d'un CAP/BEP. Transclasse, la patriotisation du discours des marques est un phénomène massivement attendu de la part des Français.

Tableau 5. Raconter la France, un levier de préférence et d'adhésion pour les marques.

	Total D'accord	Ni d'accord ni pas d'accord	Total Désaccord
« À choisir, je préfère consommer une marque qui parle de la France (de ses territoires, de ses idéaux, de ses valeurs…) »	64 %	31 %	5 %
« J'aime quand les marques parlent de la France et de ses réussites »	61 %	33 %	6 %
« J'aime quand les marques véhiculent un message optimiste sur la France »	61 %	31 %	8 %

Source : IFOP, 2022.

Au-delà de la seule interprétation économique, il existe une autre interprétation du « *made of France* », plus politique. Revenons au communiqué de presse Renault, qui dit avoir voulu « rendre hommage à cette France joyeuse, généreuse, audacieuse, cette France multiculturelle et inspirante ». Un peu plus loin, la marque précise promouvoir « un brassage de cultures et de caractères qui résume ce fameux esprit français ».

Le récit d'une France multiculturelle, donc. Pour un spot publicitaire diffusé pour la première fois le 14 juillet 2022, jour de fête nationale, et surtout seulement deux mois après la campagne présidentielle, le message politique ne saurait être plus clair. Le projet a probablement été lancé à la fin de l'automne 2021 ; c'est-à-dire qu'il a été conçu en plein « moment Zemmour ». Une fois cet élément de contexte posé, le parallèle s'impose : à bien y regarder, « l'ode à la France » de Renault est construite en chiasme parfait de la vidéo de déclaration de candidature d'Éric Zemmour à l'élection présidentielle. Comme nous allons le voir, la vision de la France proposée par Renault s'oppose politiquement, narrativement et esthétiquement à celle portée par le candidat Reconquête.

Retour en arrière. Le 30 novembre 2021, dans une vidéo postée sur YouTube, Éric Zemmour se déclare candidat à l'élection présidentielle. Rétrospectivement, ce qui frappe aujourd'hui dans son clip, en l'analysant avec le recul que nous permet son échec électoral, c'est d'abord sa maîtrise des codes publicitaires, mis au service d'un corpus d'idées identitaires et réactionnaires – le « grand remplacement ». Toute sa rhétorique visuelle, construite elle aussi en kaléidoscope, consistait à montrer combien la France ne ressemble plus à celle qu'il a tant aimée – celle des années 1970, des films de Claude Sautet, de Belmondo et de Johnny Hallyday, qu'il mobilise à grand renfort d'images d'archives. Ce qui marque, ensuite, c'est l'offensive culturelle inédite tentée par un candidat d'extrême droite qui, dans une sorte d'OPA sur l'imaginaire national, tente de convaincre qu'il est le digne héritier de ce qu'on pourrait appeler l'esprit français. Dans une longue anaphore, Zemmour cite presque tout ce que la France compte de génie national : Jeanne d'Arc, Louis XIV, Bonaparte et de Gaulle, mais aussi les *Fables* de La Fontaine, les personnages de Molière et les vers de Racine, Gavroche et Causette, Voltaire et Rousseau, Pascal et Descartes… et même Jean Gabin, Alain Delon, Georges Brassens et Barbara ! À l'entendre, Éric Zemmour aussi, est « *made of France* ».

D'un ton dramatique, le candidat à l'élection clame qu'il « n'est plus temps de réformer la France, mais de la sauver », comprendre : la sauver de son irrémédiable déclin, qui la ronge et l'éteint à petit feu. En appui de son argumentation sur le sentiment de dépossession, Zemmour fait explicitement référence à des éléments de culture populaire et matérielle : « Vous regardez vos écrans et on vous parle une langue étrange, et pour tout dire, étrangère », dit-il lentement, l'œil rivé sur sa feuille et le visage collé à un micro à l'esthétique vintage, dans une claire volonté de reconstituer l'appel du 18 juin 1940. « Vous jetez un œil et une oreille aux affiches publicitaires, aux séries télévisées, aux matchs de football, aux films de cinéma, aux spectacles, aux chansons [...], et vous avez l'impression de ne plus être dans le pays que vous connaissez ». Avec cette référence en tête, le spot publicitaire de Renault peut être vu comme une réponse indirecte à l'interpellation de Zemmour : sur le plan du contenu, la vision de la France de Renault est diamétralement opposée à celle de Zemmour. L'annonce de l'installation d'une usine Renault à Douai pour construire le futur de l'automobile semble être un démenti formel à la vision décliniste développée par l'ancien polémiste. Sur le plan de l'expression, ce qu'il est très intéressant de remarquer, c'est que les références culturelles utilisées par Renault, qui ont toutes fait l'objet d'une forme de patrimonialisation, ne tombent pas dans « les excès multiculturalistes » ou « wokistes » qu'aiment tant dénoncer la droite identitaire et l'extrême droite. Au fond, dans son entreprise de captation de l'imaginaire national, Zemmour, aussi, aurait pu utiliser Mireille Mathieu, *L'emmerdeur* ou Monet. Mais certainement pas Jamel, franco-marocain, et encore moins Joséphine Baker, femme noire héroïne de la Résistance. Zemmour n'aurait pas mobilisé non plus la figure de Jane Birkin, ex-icône soixante-huitarde. À la réinterprétation d'un tube français des années 1960 par DJ Cut Killer, il a préféré l'intemporelle Septième Symphonie de Beethoven comme fond sonore de son clip de candidature.

Tableau 6.
La France de Renault versus la France de Zemmour.

	La France de Renault	**La France de Zemmour**
Mode de composition visuel	Kaléidoscope en surimpression	Kaléidoscope en enchaînement
Tonalité	Optimiste/conquérante	Alarmiste/décliniste
Bande sonore	*S'engager*, un remix de *Love me, Please love me* de Michel Polnareff par DJ Cut Killer	La Septième Symphonie de Beethoven
Fonction des références culturelles mobilisées	La réinvention, le métissage	La nostalgie, la disparition
Vision de la France	Le « grand remix »	Le « grand remplacement »

Restons volontairement sur le plan des représentations : ce qui nous intéresse, ici, c'est que tout oppose la vision de la France d'Éric Zemmour de celle d'une marque comme Renault. À la France du « grand remplacement », Renault oppose la France du « grand remix ». Le concept est intéressant, parce qu'il exprime de façon beaucoup plus parlante le concept de « créolisation » que Jean-Luc Mélenchon s'est efforcé d'imposer en réponse au récit zemmouriste. Le représentant de la France insoumise se réclamait du poète et romancier martiniquais Édouard Glissant – une référence littéraire plutôt niche ; Renault ancre symboliquement son concept de « remix » dans un univers qui parle au plus grand nombre, celui de la musique et des DJ. Pour les élus politiques, la route est encore longue pour qu'ils développent un authentique « réflexe pop-culturel », qui consisterait à traduire leurs visions politiques non seulement dans une langue mais, d'abord et avant tout, dans des univers culturels qui parlent au plus grand nombre. C'est à cette condition qu'ils pourront renouer le dialogue avec les parties de la population qui ont décroché de la politique.

Renault versus Zemmour : derrière une publicité d'automobile, c'est ce face-à-face aussi bien visuel et esthétique que culturel et politique qu'il nous a fallu interroger. Il est rare de placer côte à côte le discours d'une personnalité politique et celui d'une marque commerciale, et pour cause : elles n'ont souvent pas le même objet. Mais lorsque le politique parle de consommation et qu'une marque parle de la Nation, sans doute est-il venu le temps de désiloter les analyses. Si dans l'approche marketing, la tonalité de la prise de parole de Renault sur la France pouvait paraître consensuelle, dans l'approche politique, elle est au contraire audacieuse. Rappelons que dans l'édition 2022 de son baromètre « Fractures françaises[1] », l'institut de sondage Ipsos note que trois quarts des Français (75 %) estiment que la France est en déclin – et même que son déclin est irréversible, pour plus d'un quart des interrogés (27 %). Ce faisant, Renault entend prendre sa part pour chasser les passions tristes qui sont, elles aussi, « *made of France* ».

SNCF, le tableau de l'Hexagone

Un bruit de locomotive, des rails, une sortie de tunnel qui nous sort progressivement du noir : pas de doute, ce film publicitaire sera le récit d'un voyage en train. Un voyage géographique, d'abord, qui nous fait parcourir la France et ses mille et un paysages : la mer, les plaines, les villes, les champs, les gares, les vaches, les éoliennes, la banlieue, les huîtres. Un voyage historique, ensuite, qui nous replonge dans des moments d'hier, plus ou moins lointains : des images

1. Ipsos/Sopra Steria, « Fractures françaises », 2022, enquête citée.

en noir et blanc montrent des passagers jouant aux cartes dans un wagon ; d'autres, couleur sépia, exposent fièrement le premier TGV, qui était alors de couleur orange ; d'autres encore, plus contemporaines, nous refont vivre des moments festifs (célébration de supporters français) et des moments plus pénibles (les TGV médicalisés qui ont acheminé les malades du Covid-19). Un voyage sociologique, enfin, qui nous montre successivement à l'écran toutes les composantes ou presque de la population Française. C'est ce que Walter Benjamin appelait la « littérature panoramique » du XIXe siècle : par exemple, dans la série *Les Français peints par eux-mêmes ; encyclopédie morale du XIXe siècle*, publiée en dix volumes entre 1840 et 1842, l'ambition était de recenser et de présenter aux lecteurs tous les types sociaux contemporains. À l'époque, il était question de la femme de province, de l'élu de clocher ou des baleiniers ; aujourd'hui, la SNCF nous montre un jeune homme à dreadlocks, une jeune femme aux cheveux rouge, une petite fille avec sa mère, un couple qui s'embrasse fougueusement, un autre, plus âgé, qui dort l'un contre l'autre paisiblement, une famille qui passe à table, un groupe de petits vieux qui attendent sagement sur leur chaise de camping. Mais aussi : un homme d'affaires, un trans, un trisomique, un groupe de jeunes qui font la fête, un homme en fauteuil roulant. Toutes les couleurs de peau sont représentées. On danse, on rit, on pleure, on s'engueule, on se perd dans ses pensées, on scrute les paysages qui défilent, on écoute de la musique : voilà, en quelques mots, les images que la Société nationale des chemins de fer nous donne à voir.

Mais ce qui attire l'attention, c'est peut-être d'abord ce que l'on entend. En voix off, on reconnaît celle de Gaël Faye, rappeur et écrivain franco-rwandais, qui clame un slam (encore un) aux accents très poétiques :

Créatifs et inventeurs,
grands artistes, grands féministes, grands de gueule,
grands de cœur mais surtout grands râleurs.
Grandiloquents parfois, la fleur au fusil, et le mors aux dents,
mais romantiques comme un Apollinaire de 20 ans.
Élégants comme aucun autre, parés du plus bel apparat.
Sapés trop stylé, défilés au Grand Palais.
Mais surtout prêts à défiler pour l'égalité,
à déclarer des droits pour tous les hommes,
pour toutes les femmes et pour nos mouflets.
Humanistes jusqu'au bout des ongles,
humains jusqu'au fond des tripes.
Des cigales sur la langue, l'océan sur les lèvres,
du maroilles dans la bouche, de la choucroute sous la dent.
On vibre, on pleure, on rit,
des six coins du pays, on respire le même vent.
Pessimistes souvent, face à l'adversité comme face à l'adversaire.
À tort pourtant, suffit de regarder en arrière.
Supporters de la terre, amoureux de l'environnement,
de nos forêts, de nos plaines, de nos mers.
Bleu-blanc-rouge, mais chaque jour plus vert.
On n'est pas statiques, on est progressistes, on ne va pas se refaire.
On est parfois en retard, mais on n'est pas retardataires, on est avant-gardistes.
On n'est pas coincés, on a un humour hors pair.
On n'est pas de mauvaise foi, on est juste un peu paradoxal.
On n'est pas carrés, on est hexagonal

Ce texte, particulièrement travaillé, joue d'une figure stylistique très identifiable : la personnification. Elle consiste à attribuer des traits, des sentiments ou des comportements humains à une entité non humaine ou abstraite. Ici, en l'occurrence, la SNCF présente la France comme une personne. Ce procédé n'est pas sans rappeler celui opéré par l'historien Jules Michelet (1798-1874) pour raconter la France. Dans ses Cours au Collège de France, l'historien Lucien Febvre l'a décrit comme le « créateur de l'histoire de France[1] » : tout comme la chimie crée son objet, pour reprendre une formule du chimiste Marcellin Berthelot, l'Histoire, aussi, crée son sujet. « Il n'est pas vrai qu'elle travaille sur un donné tout fait », précise Lucien Febvre. « Il n'est pas vrai que ce “donné” ne dépend ni de l'action ni de la volonté de l'historien. Il n'est pas vrai que le rôle de ce dernier soit le rôle modeste du mécanicien qui surveille, sans plus, le bon fonctionnement d'un appareil enregistreur. » Certes, la France existait avant Michelet, mais sous la forme d'une multitude de faits étiquetés, pas encore celle d'une Histoire :

> Oui, des matériaux pour une histoire de France étaient là, que taillaient déjà patiemment des générations de bons ouvriers. Oui, des pierres étaient sur le chantier, qui n'attendaient que des architectes. Mais l'essentiel n'était pas fait. L'essentiel que fit Michelet. Ce que traduit sa magnifique, sa légitimement orgueilleuse formule : « Le premier, je la vis comme une personne » […]. Et c'est depuis Michelet que la France est un pays, que la France est une nation dans la conscience des Français.

« La France comme une personne ». Cette formule, Michelet l'utilise dans sa préface de 1869 à son *Histoire de France*, parue en 1833. Elle résume à elle seule sa démarche : faire de la France une personne, c'est transformer les paysages

1. « Ce que nous voulons montrer, c'est qu'entre Michelet et l'histoire de France, il y a un lien de filiation ; que l'Histoire de France, c'est une création de Jules Michelet » (Lucien Febvre, *Michelet ; créateur de l'histoire de France : Cours au Collège de France (1943-1944)*, Paris, La Librairie Vuibert, 2014).

en êtres géographiques, transformer des événements en êtres historiques. Le premier chapitre du livre III de l'*Histoire de France* est intitulé « Tableau de la France ». Jusqu'alors, la tradition monarchique reposait sur la description des différentes parties du royaume, produit des annexions successives. La géographie française était alors un puzzle, que l'on pensait pouvoir reconstituer pièce après pièce. Comme le note avec force Thierry Gasnier, Michelet innove radicalement par rapport aux histoires et géographies antérieures, en introduisant un schéma différent : « au thème traditionnel du puzzle, Michelet substitue celui de l'alchimie[1] ». Ce schéma comporte une conséquence : celle de la prédominance du national et la marginalisation du local dans la définition de la France. De ce fait, chez Michelet, Paris occupe une place écrasante dans la hiérarchie des territoires, en ce que la capitale constituerait une sorte de précipité pur de l'esprit national.

Est-ce que cela correspond au tableau de la France proposé par la SNCF ? Non, pas exactement. Dans le clip publicitaire, la France n'est pas une personne, au sens d'une seule ; elle correspond plutôt à un agrégat de personnes (d'où la répétition du « on » et du pluriel). C'est peut-être là que se niche la vision de la société française de la SNCF : la France est une composition, une somme, un agrégat d'éléments particuliers – des paysages, des styles de vie, des populations – qui forment un grand tout. On se trouve au cœur des débats autour de la représentation de l'espace français qui agitent les historiens et les géographes depuis la Révolution, et qui s'organisent autour de deux termes, opposés et complémentaires : le général versus le particulier, le local versus le national.

1. Thierry Gasnier, « Le local : une et indivisible », in Pierre Nora, *Les lieux de mémoire*, t. 3, Paris, Gallimard, 1997.

> L'histoire de ces représentations n'est pas linéaire [...] : ce sont des constants allers et retours entre deux positions antithétiques, fixées pendant la décennie révolutionnaire : l'une, qui pose en principe l'indivisibilité du territoire, et impose son uniformité ; l'autre, qui part au contraire de l'hétérogénéité fondamentale du même territoire[1].

Affinons plus avant notre réflexion : si la description géographique de la SNCF ne correspond pas au « Tableau » de Michelet, elle correspond sans doute davantage à un autre, qui ouvre cette fois-ci l'*Histoire de France* de Lavisse. Dans *Le Tableau de la géographie de la France*, paru en 1903, Paul Vidal de La Blache estime que c'est la diversité même de la France qui a créé son unité : les diverses parties d'un ensemble sont « un foyer réciproque de forces agissantes ». Comme le note très justement Jean-Yves Guiomar, la géographie vidalienne « propose pour la France non pas une vision hiérarchisée, où les constituants seraient transcendés par un centre, mais au contraire une vision résolument égalitaire » :

> Sur une étendue relativement restreinte, l'évolution géomorphologique a créé une diversité extrême de conditions de vie qui par interactions produisent l'existence nationale. De là découle l'écriture même du Tableau et l'enchantement que procure sa lecture : tout est mise en contact, peinture minutieuse des contrastes tant horizontaux que verticaux, d'un pays au voisin, d'une vallée aux plateaux. Un peuple se constitue par les mille liens répétés de la vie quotidienne, enrichis au fil des siècles[2].

1. *Ibid.*
2. Jean-Yves Guiomar, « Le "Tableau de la géographie de la France" de Vidal de La Blache », in Pierre Nora, *Les lieux de mémoire*, t. 1, 1997, *op. cit.*

Qu'en déduire pour la SNCF de cette confrontation de visions géographiques ? Que ce n'est pas n'importe quelle France qui est représentée : c'est l'Hexagone. L'expression conclut le film (« On n'est pas carrés, on est hexagonal® »), et lui donne d'ailleurs son titre (« Pour nous tous – Hexagonal »). L'image nous est familière, et fait figure aujourd'hui de lieu commun, mais l'utilisation métaphorique d'une configuration symétrique pour suggérer à la fois la réalité et la personnalité du pays n'en est pas moins historiquement datée. C'est ce que démontre avec force la contribution de l'historien américain Eugen Weber dans *Les lieux de mémoire* : dans un article intitulé « L'Hexagone », il revient sur la variété des configurations symétriques qui ont existé dans les publications du XIXe siècle pour caractériser la France (le pentagone, l'octogone ou le passe-partout polygone). Il faut attendre 1894 et la parution du *Dictionnaire de pédagogie et d'instruction primaire* (un ouvrage collectif sous la direction de Ferdinand Buisson) pour qu'un inspecteur général de l'Enseignement secondaire, nommé Pierre Foncin, visualise la France sous une forme hexagonale, « symétrique, proportionnée et régulière ». Dorénavant, les sommets de l'Hexagone seront : Dunkerque, la pointe Saint-Mathieu près de Brest, l'embouchure de la Bidassoa, le cap Cerbère, l'embouchure de la Roya près de Menton et le mont Donon dans les Vosges. Selon Weber, la configuration hexagonale a été retenue parce qu'elle permettait « de rendre la physionomie du pays plus facile à imaginer, à mémoriser et à reproduire ». Le mouvement conceptuel est important : de fait, la forme hexagonale sera ancrée dans les imaginaires, via les cartes murales des écoles mais aussi les guides touristiques comme… *Les chemins de fer illustrés*, diffusés massivement à partir de 1858. La boucle est bouclée. De sorte que nous nous autorisons le parallèle suivant : de la même manière que Michelet a créé l'Histoire de France, la SNCF a créé l'Hexagone.

Figure 16. La campagne publicitaire SNCF « Hexagonal ».

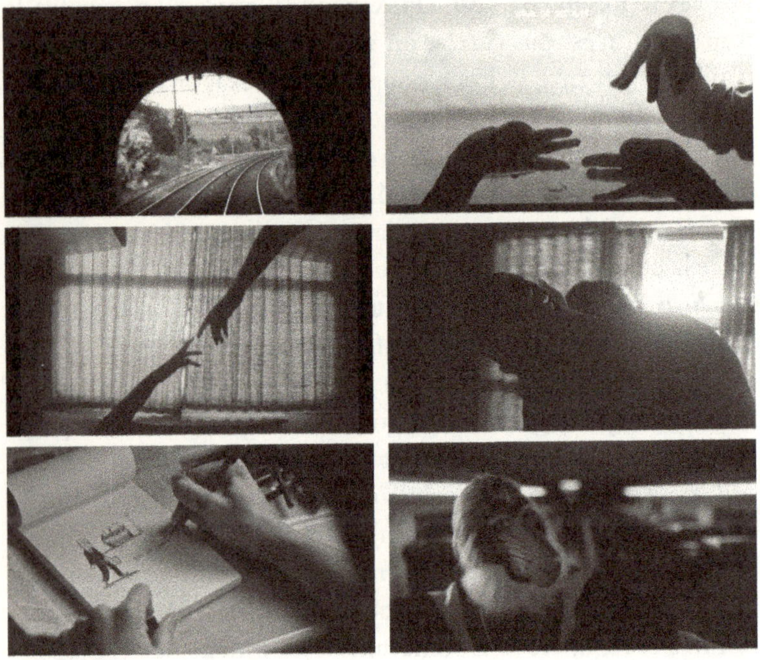

*

Pour parler du processus d'élaboration des identités nationales, Anne-Marie Thiesse a parlé d'un « système IKEA de construction des identités nationales ». Les identités nationales n'obéissent pas à la logique du moule unique, mais plutôt à une sorte de kit en *do it yourself*. Et la chercheuse de lister un ensemble d'éléments symboliques et matériels que doit présenter une nation digne de ce nom :

> Une histoire établissant la continuité avec les grands ancêtres, une série de héros parangons des vertus nationales, une langue, des monuments culturels, un folklore, des hauts lieux et un paysage typique, une mentalité particulière, des représentations officielles (hymne et drapeau) et des identifications pittoresques (costumes, spécialités culinaires ou animal emblématique)[1].

Cette « check-list identitaire » correspondait aux premières étapes de la construction du sentiment national. Au travers des trois campagnes que nous venons d'étudier, et au-delà des divergences de fond que nous avons rappelées, il est possible d'identifier plusieurs éléments qui constituent une sorte de « check-list publicitaire » pour mener à bien une campagne de publicité nationale, à savoir :

- un film construit autour d'une figure de style majeure : métaphore, métonymie, personnification… ;
- une bande sonore (musique ou voix off) qui fait le pont entre le passé et le présent, soit sous la forme d'un remix d'une chanson française iconique, soit sous la forme d'un genre musical qui modernise la dimension poétique (le slam) ;
- un texte enlevé, soit sous la forme d'un manifeste très travaillé, soit sous la forme d'une compilation signifiante d'expressions ;
- des images qui jouent sur plusieurs échelles de l'imaginaire, renvoyant à la fois à la petite et à la grande Histoire, au quotidien des gens et aux grands moments historiques, dans le passé et dans le présent.

1. Anne-Marie Thiesse, *La création des identités nationales*, 1999, *op. cit.*

Vers une typologie des publicités nationales

Les exemples de campagnes de publicité nationale citées jusqu'à présent ont en commun de produire un récit sur la France, mais elles le font selon des modalités différentes. Il est possible de distinguer ces différents récits nationaux en les rangeant dans différentes catégories. Mais comment parvenir à identifier le mode de distinction sous-jacent ?

Pour achever notre réflexion, nous avons voulu – vieux réflexe de planneur stratégique – proposer une typologie des publicités nationales. Elle n'est toutefois nullement nécessaire à la bonne compréhension de la suite : aussi, le lecteur pourra-t-il directement passer à la troisième et dernière partie de cet ouvrage, consacrée aux effets politiques du roman national des marques.

Pour parvenir à nos fins, nous nous sommes inspirés de deux types de catégorisations, issues de la linguistique : d'un côté, une catégorisation élaborée par le linguiste Émile Benveniste, qui distingue deux modèles linguistiques de la Cité – le modèle latin et le modèle grec. De l'autre, une catégorisation conceptualisée par le sémiologue Jean-Marie Floch, qui distingue deux fonctions du langage (représentationnelle et constructive). En composant ces 2x2 catégorisations, et en les projetant sur un plan à deux dimensions, on aboutira à un carré à quatre cases au sein duquel il nous sera possible de répartir spatialement les différentes campagnes de publicité nationale.

La « Cité » : modèle grec versus modèle latin

Dans un article publié à la fin du deuxième tome de *Problèmes de linguistique générale*[1], le linguiste Émile Benveniste

1. Émile Benveniste, « Deux modèles linguistiques de la cité », in *Problèmes de linguistique générale*, t. 2, Paris, Gallimard, 1974.

part d'une question simple, en apparence : quelle est l'origine étymologique du mot « Cité » ? Première surprise : en français, le mot « Cité » a une double racine, l'une latine (*civitas*), l'autre grecque (*pólis*). Deuxième surprise : selon que l'on se réclame de la racine latine ou grecque, on découvre deux modes d'appartenance à la Cité tout à fait différents, et même qui s'opposent frontalement l'un à l'autre. Pour le comprendre, il faut s'intéresser aux modes de *dérivation* de chacun des mots (latin et grec).

En latin, le terme « Cité » est traduit par *civitas*, qui n'est autre que le dérivé de *civis*, qui signifie citoyen. En latin, donc, *civis* est le terme primaire et *civitas* le dérivé : « en tant que formation d'abstrait, *civitas* désignera proprement "l'ensemble des cives" », commente Benveniste, qui en tire la conclusion de philosophie politique suivante :

> Ainsi la *civitas* romaine est d'abord la qualité distinctive des cives et la totalité additive constituée par les cives. Cette « Cité » réalise une vaste mutualité ; elle n'existe que comme sommation.

En grec, le binôme « Cité/citoyen » est traduit par le couple « *pólis/politēs* », mais cette fois-ci la langue a inversé les rapports de dérivations (sur le mode : A → B et B → A) : *pólis* est le terme primaire, et *politēs* est le dérivé. Autrement dit : le citoyen désigne « celui qui participe à la polis, celui qui assume les devoirs et les droits de sa condition », explique Benveniste. À l'inverse du modèle latin, « on part donc en grec du nom de l'institution ou du groupement pour former celui du membre ou du participant [...]. À partir de cette notion de *pólis* se détermine le statut du *politēs* : est *politēs* celui qui est membre de la *pólis*, qui y participe de droit, qui reçoit d'elle charges et privilèges ».

Dans le modèle grec, la donnée première est une entité, la *pólis*. Celle-ci, corps abstrait, État, source et centre de l'autorité, existe par elle-même. Elle ne s'incarne ni en un édifice, ni en une institution, ni en une assemblée. Elle est indépendante des hommes, et sa seule assise matérielle est l'étendue du territoire qui la fonde.

Figure 17. Deux modèles linguistiques de la Cité.

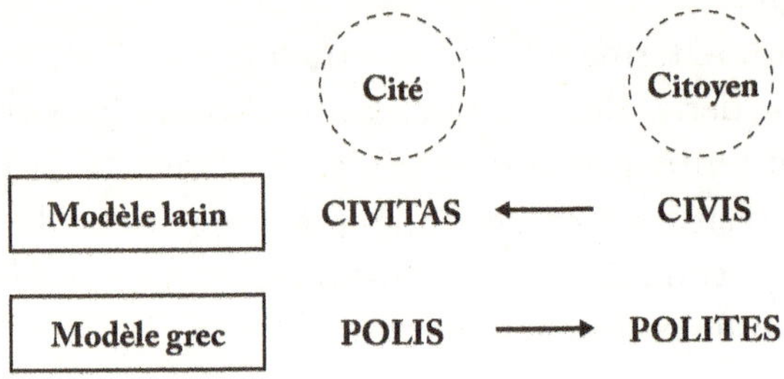

Source : Émile Benveniste, *Problèmes de linguistique générale*, t. 2, 1974, *op. cit.*

Ces deux notions, *civitas* et *pólis*, ne sont voisines qu'en apparence : en réalité, elles fondent des modes d'appartenance à la Cité très exactement opposés. Appliquons cette distinction à nos différents exemples de publicités nationales. Toutes les campagnes parlent de la France et des Français, mais toutes ne les articulent pas dans le même sens. Sur le modèle grec, certaines font dériver le caractère « être Français » d'un ensemble de caractéristiques culturelles et imaginaires appartenant à une catégorie considérée comme première, la France. C'est le cas de la campagne Renault : *Les Nymphéas* de Monet, Jane Birkin ou Jamel Debbouze sont autant de manifestations d'un même caractère français qui leur préexiste et les surplombe. D'ailleurs, en signant « *Made of France* », le constructeur automobile souhaite bien que son véhicule électrique fasse partie de cet « esprit français » tant vanté. À l'inverse, sur le modèle latin, d'autres campagnes procèdent d'une logique de sommation : la France, c'est d'abord un agrégat de Français. C'est toute la rhétorique de la campagne SNCF : la France, nous dit-elle en creux, est cette somme imparfaite (« On n'est pas carrés, on est hexagonal ») de paysages, de tempéraments, et d'histoires, petites et grandes. C'est cette distinction fondamentale que nous aurons en tête lorsque nous allons classer les différentes publicités nationales selon ces deux modes d'appartenance : France (modèle grec) versus Français (modèle latin).

Fonction représentationnelle versus fonction constructive du langage

Dans un chapitre de son ouvrage *Sémiotique, marketing et communication*[1], le sémiologue et consultant en communication Jean-Marie Floch cherche à déterminer ce qui distingue fondamentalement les types de publicités produites par un David Ogilvy, Jean-Marie Dru ou Jacques Séguéla. À partir de citations extraites d'interviews, il remarque que certains publicitaires parlent de la nécessité « d'informer sur le produit » ou « d'exploiter la vraie nature du produit », alors que d'autres, au contraire, estiment devoir faire en sorte que les produits ne soient plus ce qu'ils sont au quotidien, de « représenter et modifier le rapport de présentation », de « sublimer la vision du monde ». Jean-Marie Floch en déduit que différentes « idéologies de la publicité » peuvent s'organiser à partir d'une différence fonctionnelle du langage : fonction représentationnelle versus fonction constructive.

1. Jean-Marie Floch, *Sémiotique, marketing et communication*, Paris, PUF, 1990.

> S'est engagé, dans ces citations, le débat entre le sens préexistant au langage ou construit par lui, c'est-à-dire le débat entre les tenants de la fonction représentationnelle du langage (par son discours, l'homme s'attache à interpréter la réalité – les objets du monde – et à en saisir les sens « déjà là ») et les partisans de la fonction constructive du langage: niant la possibilité ou la légitimité d'une telle représentation, l'homme considère qu'il ne connaît les choses qu'en tant qu'elles sont construites par son propre discours.

Pour les tenants de ce qu'il appelle la « publicité référentielle » (dont le maître à penser est Ogilvy), la publicité est « une publicité de la vérité conçue comme adéquation à la réalité [...]. Il s'agit alors de re-produire une tranche de vie pour que le consommateur se dise *in petto*: c'est bien ça, c'est bien vu, on parle de la réalité ». Comme l'explique Floch, la publicité référentielle déploie une stratégie du faire-paraître-vrai, qui repose sur des discours narratifs, figuratifs et descriptifs:

> La publicité référentielle relève d'une certaine stratégie discursive, c'est-à-dire d'un ensemble de procédures visant à présenter le discours comme vrai. La question n'est plus alors: ce discours correspond-il à la réalité? mais: quelles sont les conditions de production, internes au discours lui-même, qui le donnent pour vrai et le font accepter comme tel?

À l'inverse, pour les tenants de ce qu'il appelle la « publicité mythique » (dont le maître indépassable est Séguéla), la publicité est conçue comme une « machine à fabriquer du bonheur », qui aspire à « faire de l'auto et de l'hypermarché autre chose que ce qu'ils sont: une machine à rouler vers une machine à acheter ». Le métier de la publicité, dit Floch dans une jolie formule, « c'est de donner du talent à la consommation. Elle doit effacer l'ennui de l'achat quotidien en habillant de rêve des produits qui, sans elle, ne seraient que ce qu'ils sont ».

Pour faire comprendre l'opposition entre la publicité mythique et la publicité référentielle, Jean-Marie Floch la compare à celle de deux grandes formes de littérature :

> Il y a des littératures où les personnages sont « pleins » dès le début : on parle de tyran ou de dragon, de journaliste ou de jeune prince, et le récit démarre, qui consistera à « vider » ces personnages, à les exploiter comme de véritables banques de situations et d'actions. Il y a, au contraire, des littératures où le récit fait en sorte que les événements et le déroulement progressif de l'intrigue « remplissent », construisent petit à petit les personnages qui étaient vides au départ. Ainsi Fabrice del Dongo, ainsi Ivan Denissovitch… Par rapport au produit, la publicité référentielle veut travailler comme le fait la première forme citée […]. À l'opposé, la publicité mythique travaille comme la seconde forme de littérature : le produit sera investi de sens et de valeur par l'histoire imaginée et par l'usage narratif qu'on en a fait.

En appliquant ce modèle à nos publicités nationales, il est possible de reconnaître que certaines ont un mode de représentation référentiel (Airbnb et sa campagne très « *Somewhere* ») tandis que d'autres, au contraire, ont une représentation mythique de la France (Air France, et plus largement les marques de luxe). Notons que ces deux catégories sont demandées de façon égale de la part du consommateur : dans l'enquête IFOP que nous avons menée, nous leur avons demandé s'ils attendaient des grandes marques françaises « qu'elles représentent les Français comme ils sont » ou « qu'elles présentent une image positive des Français ». Au global, le match « réel versus surmoi » est serré : 50 %-50 %. Dans le détail, il est en réalité très clivé : plus le quotidien est difficile, plus la représentation positive et idéalisée des Français par le discours des marques est rejetée (Figure 18). Quand la situation personnelle

Figure 18. « De la part des grandes marques françaises, j'attends plutôt d'elles... » (Répartition par revenus mensuels).

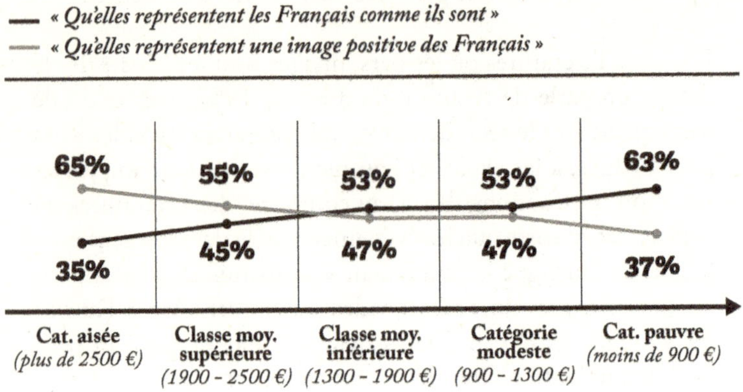

est compliquée, il existe une forte demande de représentation fidèle à la réalité (la proportion atteint 54 % pour les catégories populaires et les chômeurs, de 58 % des électeurs Le Pen). À l'inverse, quand la situation personnelle est confortable, il y a une forte demande d'image positive et idéalisée (c'est le cas de 55 % des catégories supérieures et de 59 % des électeurs Macron). Pour être complet sur cette question, il existe également un clivage générationnel : plus on est âgés, plus on est favorables à une représentation idéalisée, qui a longtemps été celle adoptée par les marques. Les jeunes générations semblent en être revenues : pour elles, c'est la sincérité qui est valorisée, quand bien même elle amènerait à énoncer des vérités difficiles à accepter. C'est ce que montre un phénomène comme celui de la « désinfluence » sur TikTok, qui voit des jeunes influenceurs faire des vidéos pour expliquer quels produits ils... ne recommanderaient pas.

Quatre types de marque

Pour mieux faire comprendre notre typologie, nous avons placé dans chacun des carrés deux exemples de campagnes de marques cités dans l'ouvrage. Certains ne seront évoqués que dans les pages qui suivent.

La partie supérieure du cadran regroupe les marques qui correspondent au modèle grec, *i.e.* pour lesquelles la France est un donné, une entité qui préexiste à ses habitants et qui est dotée d'un ensemble de valeurs bien définies. Certaines marques y adhèrent sur le mode du référentiel, avec des campagnes qui s'évertuent à dépeindre le réel tel qu'il est ou qu'il a été : on retrouve cette rhétorique chez Renault (le montage en kaléidoscope, avec des extraits d'interviews et de films, répond bien à cette logique référentielle) ou chez Nike (le labeur de l'entraînement plutôt que l'extase du stade). D'autres marques y adhèrent sur le mode mythique : c'est le cas, emblématique, des consignes de sécurité Air France (voir chapitre 5), qui multiplient des références fantasmagoriques sur le pseudo style de vie à la française. Dans un registre différent, nous avons classé ici la campagne de la Française des jeux : dans la mesure où la marque se donne un rôle actif pour « faire gagner la France » (favoriser l'insertion, restaurer le patrimoine, etc.), elle ne raconte pas un donné qui lui préexiste mais cherche bien à « remplir le personnage » de ses propres actions.

La partie inférieure du cadran regroupe les marques qui correspondent au modèle latin, *i.e.* pour lesquelles la France est considérée comme un agrégat, une composition, une résultante d'éléments divers. Sur le mode référentiel, c'est le cas d'une marque comme Burger King qui anthropomorphise ses ingrédients en leur faisant endosser des traits de caractère bien français. Sur un autre registre, lorsque la marque de VTC Heetch cherche à montrer une autre réalité de la banlieue, conçue comme un espace constituant de la nation française (voir chapitre 5), elle est sur le registre de la révélation – *i.e.* de la représentation d'un donné. Dans la campagne SNCF, à l'inverse, on retrouve une logique de construction de la réalité – ici, géographique. *RTL*, que l'on retrouvera au chapitre suivant, met en scène la réunion symbolique de deux individus que tout oppose : on est bien dans la métaphore mythique du modèle latin.

Figure 19. Typologie des publicités nationales.

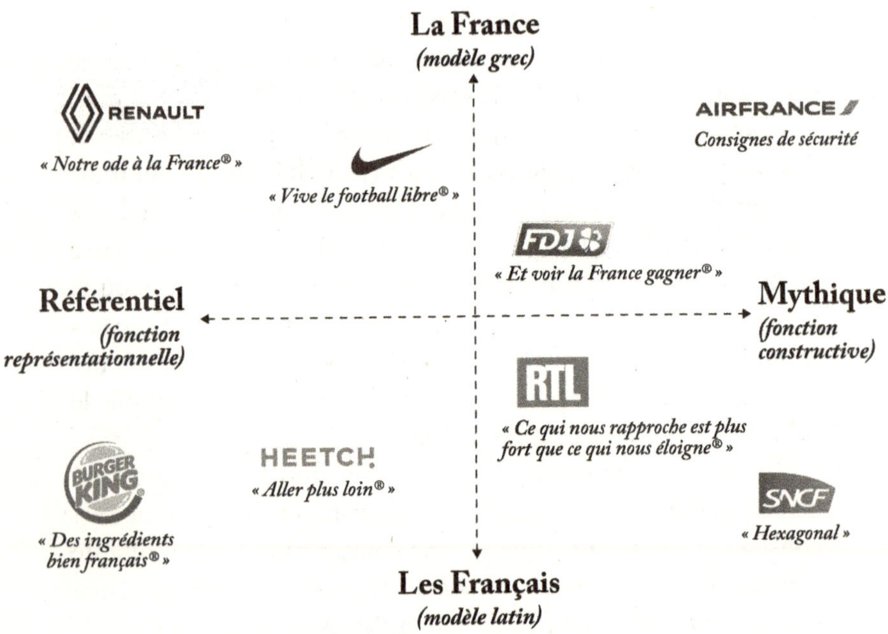

III
Politique du roman national des marques

« Quand le royaume des représentations est révolutionné, la réalité ne résiste pas. »

Hegel, *Lettre à Niethammer*, 1808

5
Ce que font les marques au roman national

> « Nous avons chassé de la politique les abstractions métaphysiques et théologiques. Que reste-t-il, après cela ? Il reste l'homme, ses désirs, ses besoins. La sécession et, à la longue, l'émiettement des nations sont la conséquence d'un système qui met ces vieux organismes à la merci de volontés souvent peu éclairées. »
> ERNEST RENAN, *Qu'est-ce qu'une nation ?*, 1882

Si l'objectif est d'approcher au plus près l'influence du discours des marques sur nos représentations nationales, « ne sommes-nous pas condamnés aux conjectures psychologiques » ? C'est ce qui désespérait Jean Starobinski lorsqu'il s'interrogeait sur la façon d'établir le plus fidèlement possible l'effet de la littérature sur la psychologie individuelle et collective[1]. Pour échapper au psychologisme qui menace toutes analyses de la réception d'une œuvre sur un ensemble de récepteurs, l'historien et théoricien allemand de la littérature Hans Robert Jauss a conçu une méthode, qu'il a intitulée « esthétique de la réception ». C'est celle-ci que

1. Jean Starobinski, « Préface », in Hans Robert Jauss, *Pour une esthétique de la réception*, Paris, Gallimard, 1978.

nous allons tenter d'appliquer au roman national produit par les marques.

Dans un moment où le monde universitaire français était largement dominé par le structuralisme et la sémiologie, *Pour une esthétique de la réception*, paru en 1978, est un recueil de textes de Hans Robert Jauss qui pose les jalons d'une méthodologie radicalement neuve pour mesurer l'évolution de l'effet de la production artistique (et, plus spécifiquement, de la littérature) sur la société. Son point de départ, très proche des réflexions que nous avons menées jusqu'à présent, est le suivant : « la fonction de l'œuvre d'art n'est pas seulement de représenter le réel, mais aussi de le créer ».

> L'historicité de l'œuvre d'art ne réside pas dans sa seule fonction représentative ou expressive, mais tout aussi nécessairement dans l'effet qu'elle produit [...]. Le rôle spécifique de la forme artistique est défini non plus comme simple mimèsis mais comme dialectique, c'est-à-dire comme moyen de créer et de transformer la perception ou, pour citer le jeune Marx, comme moyen privilégié de « formation de la sensibilité » (*Bildung der Sinne*).

Jauss appelle à passer d'une « esthétique de la production et de la représentation » à une « esthétique de la réception et de l'effet produit ». Car, rappelle-t-il, dans la triade formée par l'auteur, l'œuvre et le public, ce dernier n'est pas qu'un « simple élément passif qui ne ferait que réagir en chaîne : il développe à son tour une énergie qui contribue à faire l'histoire ». Ce qu'il faut bien intégrer selon Jauss, c'est l'existence d'une relation dialectique (au sens de construction de sens dans le dialogue) entre une œuvre et son public : il n'y a pas de relation à sens unique, mais une communication réciproque dans un « rapport que l'on peut saisir à l'aide de catégories comme message et destinataire, question et réponse, problème et solution ».

Pour décrire la réception d'une œuvre et la façon dont elle modifie la perception de son public, Jauss a construit une méthode différentielle ou contrastive. Le principe : il s'agit de définir au préalable ce qu'il appelle « l'horizon des attentes » du public, c'est-à-dire le « système de référence objectivement formulable », rempli de normes et de conventions établies, lesté de tout un système de valeurs données (littéraires, artistiques, morales, etc.) qui, pour chaque œuvre, au moment de l'Histoire où elle apparaît, constitue le paysage mental du public. Cet horizon d'attente résulte du contexte d'expérience antérieur que le public a du genre et des thématiques qu'il a pris l'habitude de voir proposées :

> Au moment même où elle paraît, une œuvre ne se présente pas comme une nouveauté absolue surgissant dans un désert d'information […] : son public est prédisposé à un certain mode de réception […], il dispose d'ores et déjà d'un « horizon d'attente », empli de conventions relatives au genre.

Cas d'école, le théâtre classique est régi par un ensemble de règles (unité de temps, de lieu et d'action) auxquelles s'attend le public – en marketing, on parlerait de « convention de marché » : soit on s'y tient, soit on s'en écarte. Jauss appelle « écart esthétique » la distance entre l'horizon d'attente et l'œuvre nouvelle. Lorsque cette distance est minime, et que l'œuvre ne fait qu'exprimer quelque chose qui conforte des expériences antérieures, il parle d'un « simple divertissement » :

> Le divertissement se définit, selon l'esthétique de la réception, précisément par le fait qu'il n'exige aucun changement d'horizon, mais comble au contraire parfaitement l'attente suscitée par les orientations du goût régnant : il satisfait le plaisir de

> voir le beau reproduit sous des formes familières, confirme la sensibilité dans ses habitudes, sanctionne les vœux du public, lui sert du « sensationnel » sous la forme d'expériences étrangères à la vie quotidienne, convenablement apprêtées, ou encore soulève des problèmes moraux – mais seulement pour les « résoudre » dans le sens le plus édifiant, comme autant de questions dont la réponse est connue d'avance.

À l'inverse, le « chef d'œuvre » tel que défini par Jauss correspond à une œuvre qui va à l'encontre des expériences familières, et qui propose un écart esthétique important avec l'horizon d'attente initial. Cet écart est à même de reconfigurer, à son tour, les futures attentes du public. C'est en cela qu'il faut comprendre que la « tragédie » n'est plus la même après Racine, ni le « roman » après Balzac ou la « poésie » après Baudelaire. Le Nouveau Roman, autre exemple, pose le cas emblématique de l'introduction d'un écart esthétique paradoxal, « où la solution est donnée mais le problème doit être cherché, afin que la solution puisse être comprise comme une solution ». L'auteur va jusqu'à défendre, dans un développement passionnant, que la parution de *Madame Bovary*, en consacrant une forme esthétique nouvelle[1], a eu des conséquences d'ordre moral et politique : Flaubert a-t-il, comme on l'a accusé, glorifié l'adultère, ou s'est-il contenté de décrire l'opinion toute subjective du personnage (Emma) ?

C'est armé de cette approche de « l'esthétique de la réception » que nous allons étudier de plus près le discours produit par les marques sur la France : vient-il conforter les grands

1. En l'occurrence, il s'agit du principe de la narration impersonnelle, avec le procédé stylistique du « discours indirect libre » qui a pour caractéristique de laisser le lecteur « décider lui-même s'il faut prendre ce discours comme expression d'une vérité ou d'une opinion caractéristique du personnage ».

récits nationaux produits par les écrivains et les historiens ? Ou, à l'inverse, le roman national des marques s'écarte-t-il des conventions et des canons traditionnels du roman national ?

Les marques et les trois « récits tensifs » du roman national

Pour y répondre, encore faut-il reconstituer l'horizon d'attente du public (les Français) : quand on lui raconte la France, ses idéaux, ses principes, ses héros et ses moments fondateurs, à quoi le citoyen français a-t-il été jusqu'ici habitué ?

À l'étude, la question se révèle être sacrément difficile : elle revient à identifier les invariants (thématiques, narratifs, fonctionnels) qui ont été utilisés à travers le temps (disons, depuis 1789) pour constituer le roman national français. Quels liens peut-on tisser entre *Notre-Dame de Paris*, la conférence de Renan sur la *Nation*, *Les Nymphéas* de Monet, Jeanne d'Arc ou Marie Curie ? Qu'y a-t-il de typiquement français dans le récit national proposé par *Les trois mousquetaires*, Michelet ou l'équipe de France de football ? L'exercice nous oblige à nous intéresser aux travaux qui ont été menés sur l'historiographie française (qui raconte l'Histoire de France, et de quelle façon ?) et sur la fabrique de l'esprit national (qui raconte le quotidien et le destin des Français, et comment ?). Comme le remarque Anne-Marie Thiesse, dans le cas de la littérature nationale, le choix du corpus pose, à lui seul, de sérieux problèmes épistémologiques : « de la définition de l'âme nationale découle la sélection des œuvres retenues qui à son tour définit l'âme nationale, en parfaite circularité[1] ».

1. « La circularité du raisonnement qui définit l'esprit national par un corpus et vice versa les rend très adaptables aux différentes prises de position idéologiques et littéraires. Les avant-gardes qui veulent modifier les hiérarchies établies promeuvent des auteurs jusque-là déclarés

Un seul exemple pour illustrer le caractère inévitablement contingent de ce genre de démarche : le choix de « l'écrivain national » pour donner le nom du pavillon français de l'Exposition universelle de 2020. Si le choix des autres pays n'a surpris personne (Shakespeare, Dante, Pouchkine, Andersen, Confucius), la France, elle, a hésité : à qui confier la représentation internationale du génie national ? Horrifié de découvrir que, à la suite d'une consultation organisée par la Société des gens de lettres, c'était finalement Stendhal qui l'avait remporté « en finale » contre Victor Hugo (56 % versus 44 %), Régis Debray en a tiré un livre d'intervention, titré *Du génie français*[1]. Tout son argumentaire consiste à montrer que le choix de Stendhal est le reflet de notre époque, toute biberonnée qu'elle est au narcissisme (« Là où Hugo décrit et Flaubert s'efface, Stendhal se raconte »), à l'individualisme (Fabrice del Dongo « revenant de Waterloo le sourire aux lèvres » signe le passage de « l'horizon de tous à l'horizon d'un seul ») et au culte du *self* (avec Julien Sorel, « les puissances motrices seront désormais à l'intérieur, et c'est dans son propre fonds qu'il faudra chercher l'intérêt pour agir »). En d'autres temps et d'autres mœurs, nul doute, à écouter Debray, que notre pavillon eût été représenté par un Molière, un Racine ou un Hugo.

Une fois toutes ces considérations en tête, et ces précautions prises, nous nous sommes tout de même attelés à la tâche : reconstituer l'horizon d'attente du roman national français, tel

---

mineurs ou marginaux dont elles font leurs précurseurs. En fonction des évolutions morales, esthétiques ou politiques, des auteurs bannis ou exotiques sont intégrés dans le patrimoine national alors que des pensionnaires de long séjour, démodés ou dérangeants, sont évacués vers des réduits ou passés discrètement à la trappe » (Anne-Marie Thiesse, *La fabrique de l'écrivain national*, 2019, *op. cit.*).

1. Régis Debray, *Du génie français*, Paris, Gallimard, 2019.

qu'il a été exposé de façon récurrente dans les manuels scolaires ou les chefs-d'œuvre littéraires, et tel qu'il nous est apparu dans les ouvrages qui se sont efforcés de recenser les « lieux » (topographiques, monumentaux, symboliques et matériels) qui ont joué un rôle dans la constitution de l'identité collective (en premier chef, les *Lieux de mémoire* rédigés sous la direction de Pierre Nora). Le résultat auquel nous sommes arrivés est le suivant : plutôt que d'être structuré autour de quelques grands piliers intangibles, il faut plutôt considérer le roman national français comme la résultante, toujours mouvante, de plusieurs moteurs narratifs qui se conjuguent les uns aux autres. Le roman national français peut être appréhendé comme la formulation narrative d'une réponse, jamais définitive, inlassablement remise sur l'ouvrage, aux grandes questions qui travaillent en profondeur notre appartenance collective à la nation française. Notre hypothèse de travail consiste à penser le roman national français comme le récit combinatoire de trois « tensions nationales » : *l'un et le multiple* ; *la permanence et la révolution* ; *la grandeur et le déclin*. Ces trois grands « récits tensifs », que l'on retrouve exprimés sous des formes différentes à travers l'Histoire mais qui forment des ensembles structuraux d'une constante spécificité, questionnent tout à la fois ce qui forge notre identité, ce qui nous constitue en tant que peuple, ce qui nous pousse à l'action ou à la réaction, ce qui nous hante ou, au contraire, ce qui relève du fantasme.

Avant de détailler chacune de ces tensions nationales, et de voir de quelles manières les marques y contribuent, précisons un point important. Aucun de ces « récits tensifs », pris individuellement, ne peut à lui seul attribuer le caractère proprement français du roman national. Après tout, les États-Unis sont tout autant travaillés par la question de l'unité nationale, et le récit national russe, lui aussi, est habité par la question de la grandeur. Non : ce qui est typiquement français, ce qui forge ce que certains appellent « l'âme de la Nation » ou « l'esprit français », c'est bien la combinaison de ces trois tensions nationales. Cela signifie que, pour être qualifié de « national », tout écrivain, tout intellectuel, tout artiste, tout homme ou toute femme politique doit, d'une manière ou d'une autre, inscrire ses coordonnées dans ce plan à trois dimensions.

L'un et le multiple

Dans ses *Mythes et mythologies politiques*, l'historien des idées Raoul Girardet a cherché à identifier les grandes « constellations mythologiques[1] » qui ont été mobilisées de façon récurrente dans l'imaginaire français, et qui forment le « tissu conducteur de notre culture politique ». Des quatre structures mythiques retenues (Conspiration, Sauveur, Âge d'or et Unité), c'est la quatrième et dernière (l'Unité) qui nous a semblé, à la lecture, la plus fondamentale et la plus constituante. Girardet remarque que, de Joseph de Maistre à Auguste Comte, de Bossuet à Benjamin Constant, deux visions du destin commun, deux systèmes de valeurs sociales, deux formes de sensibilité s'opposent de façon antagoniste :

> D'une part, l'insistance mise sur l'autonomie de l'individu et ses capacités de libre disposition de lui-même, l'acceptation délibérée d'une société conflictuelle, de ses divisions et de ses différences, la méfiance tenace à l'égard de toutes les Églises, de leurs appareils et de leur dogme. De l'autre, la volonté de rassembler et de fondre, la vision d'une

1. Au sens donné par Gilbert Durand : ensembles de constructions mythiques relevant d'un même thème, rassemblées autour d'un même noyau central (*Les structures anthropologiques de l'imaginaire ; introduction à l'archétypologie générale*, Paris, Bordas, 1960).

> société homogène et cohérente, la condamnation au nom du bien commun et du repli de l'individu sur lui-même et sur ses intérêts, la crainte des schismes et des dissidences, la recherche d'une foi commune et l'exaltation des grandes effusions collectives[1].

Ce qu'il est intéressant de remarquer, c'est que cette tension de l'un et du multiple recouvre plusieurs dimensions (identitaires, linguistiques, géographiques, historiques…) et que, pour chacune d'elles, les marques en ont développé un discours spécifique.

La question de l'origine de la nation, par exemple, a longtemps divisé les milieux érudits : franque, troyenne, ou gauloise ? Au XVIIIe siècle, la thèse racialiste est encore très répandue : « Il y a deux races d'hommes dans le pays », affirme Boulainvilliers dans son *Histoire de l'ancien gouvernement de la France* (1722), opposant le tiers état d'origines gauloise et romaine et la noblesse d'épée d'origine franque. C'est la Révolution qui clôturera le débat. Aujourd'hui, plusieurs marques de grande consommation surfent sur cette dimension identitaire gauloise. Dans l'alimentaire, la marque Le Gaulois propose des volailles 100 % françaises (cordons bleus, filets de poulet, escalopes de dinde) ; lors de sa dernière « saga publicitaire », la marque chantonne sur un air bien connu de Jacques Dutronc : « 67 millions de Gaulois, et toi, et toi, et toi ». Le Parc Astérix, lui, s'est entièrement construit sur l'imaginaire de la bande dessinée de Goscinny et Uderzo, proposant aux visiteurs de déambuler dans une sorte de village gaulois reconstitué (on s'amuse dans l'attraction « Par Toutatis », on se restaure avec un « Banquet Gaulois », et on se repose à l'hôtel « Les Quais de Lutèce »). L'utilisation de

1. Raoul Girardet, *Mythes et mythologies politiques*, Paris, Seuil, 1986.

l'origine gauloise dans un discours de marque n'est pas anodine : certes, cela permet de donner une cohérence culturelle à la Nation, en jouant sur des codes fédérateurs et connus de tous, mais cela peut aussi contribuer à diffuser l'idée d'une prétendue homogénéité raciale, la dimension commerciale et bon enfant masquant le côté problématique du discours : « l'opposition d'une identité "gauloise", supposée "de souche" face aux "immigrés" est un produit logique et pervers de cette historiographie[1] », relevait Suzanne Citron, en référence aux manuels du XXIe siècle qui ont ancré l'origine gauloise dans les têtes (« Nos ancêtres les Gaulois... »). De fait, d'autres approches du peuple français existent : Ernest Renan, par exemple, utilisait plutôt la métaphore de la fusion pour montrer que le peuple français ne pouvait se réduire à une seule origine. « Le français n'est ni un Gaulois, ni un Franc, ni un Burgonde. Il est ce qui est sorti de la grande chaudière où, sous la présidence du roi de France, ont fermenté ensemble les éléments les plus divers[2] ».

L'espace géographique français, ensuite, est traversé par cette tension de l'un et du multiple. Quoi de plus différent, topographiquement, que les Alpes, Saint-Pierre-et-Miquelon, la Beauce et la Bretagne ? Comme le résumait fort bien Fernand Braudel, « la France, ce sont des Frances différentes qui ont été cousues ensemble[3] » : dès lors que la France est un pays doté d'une « richesse de gammes qu'on ne trouve pas ailleurs[4] », la fonction du roman national est de fabriquer

1. Suzanne Citron, *Le mythe national*, 2019, *op. cit.*
2. Ernest Renan, *Qu'est-ce qu'une nation ?*, Paris, Calmann-Lévy, 1882.
3. Fernand Braudel, entretien au journal *Le Monde* réalisé par Michel Kajman et publié les 24-25 mars 1985 (« L'identité française est à rechercher en dehors de toute position partisane »).
4. Paul Vidal de La Blache, *Tableau de la géographie de la France*, Paris, Hachette, 1903.

de l'unité spatiale au-delà des fortes singularités. C'est tout l'enjeu du *Tour de la France par deux enfants* (sous-titré : *Devoir et patrie*), un manuel à destination d'écoliers qui a connu un gigantesque succès de librairie (plus de trois millions d'exemplaires vendus entre 1877 [date de publication] et 1887, pour atteindre huit millions cinq cent mille en 1976)[1]. Les jeunes lecteurs sont incités à suivre les péripéties de deux orphelins lorrains, André et Julien, qui partent à la recherche d'un oncle et d'une mystérieuse mère – qui n'est autre, mot de la fin, que la France elle-même. Le texte, à la croisée du roman d'apprentissage, du manuel pratique (se débrouiller à la poste, remplir ses papiers, traire les vaches) et de l'Encyclopédie nationale (ses us et coutumes, son histoire, ses grands hommes), reste avant tout une formidable appropriation du territoire français, dans la mesure où les deux protagonistes traversent tour à tour toutes les différentes régions et provinces qui composent l'Hexagone. Comme le notent très justement Jacques et Mona Ozouf, il s'agit d'un « livre conciliateur, qui a le génie d'additionner et jamais d'exclure », et qui parvient à faire la démonstration de l'unité de l'espace français, au-delà des différences régionales :

> *Le Tour de la France* s'ingénie, pour commencer, à montrer qu'elles ne sont jamais vraiment menaçantes et à faire valoir le sentiment d'une similitude fondamentale de la France [...]. Aussi faut-il finalement renoncer à dresser le tableau d'honneur des provinces : chacune apporte sa couleur particulière à

1. « C'était le livre le plus réclamé de la bibliothèque scolaire, celui qui fournissait à la maîtresse, pendant la leçon de couture, de quoi faire aller l'aiguille en silence. Celui dont, sans l'avoir jamais possédé, on pouvait sans coup férir citer le titre : le seul, parfois, de toute la littérature nationale » (Jacques et Mona Ozouf, « Le Tour de la France par deux enfants : le petit livre rouge de la République », in Pierre Nora, *Les Lieux de mémoire*, t. 1, 1997, *op. cit.*

l'harmonie générale du bouquet, métaphore explicite. Il n'y a donc place ici pour aucune tentation séparatiste[1].

C'est aussi le rôle symbolique que joue le Tour de France… tout court, comprendre : l'épreuve sportive de cyclisme qui, depuis sa création en 1903 par le directeur du journal *L'Auto*, propose chaque année une sorte d'épopée populaire qui permet de parcourir le territoire, d'appréhender l'espace de la patrie, de communier en lui et par lui. Anne-Marie Thiesse parle d'un « roman-feuilleton à suspense de juillet, dont le protagoniste principal n'est pas le maillot jaune, mais la France elle-même » :

> Le Tour de France est un événement sportif, c'est aussi un discours amoureux qui n'en finit pas de décrire et de désirer la nation incarnée, dans ses beautés comme dans ses imperfections. Par les reportages flamboyants d'adjectifs ou les illustrations photographiques, une autre peinture du paysage se crée : des sites, pittoresques, certes, mais où l'homme a pris place, par l'effort[2].

On retrouve le même effort unificateur dans Reflets de France, la marque de distributeur lancée par Carrefour en 1996. Au travers de la célébration de plus de cinq cent cinquante spécialités régionales (le cidre de Normandie, la saucisse fraîche d'Auvergne, les quenelles à la lyonnaise, les nougats de Montélimar, le crottin de Chavignol, etc.), c'est en réalité « la cuisine française et son savoir-faire de qualité » que la marque honore. Si la marque se dit être « Du côté des terroirs », comme l'annonçait le slogan accompagnant le vingtième anniversaire de la création de la marque, l'architecture de marque établie

1. Jacques et Mona Ozouf, in Pierre Nora, *Les Lieux de mémoire*, t. 1, 1997, *op. cit.*
2. Anne-Marie Thiesse, *La création des identités nationales*, 1999, *op. cit.*

permet de créer de l'unité à partir d'éléments multiples. En plaçant la marque mère (« Reflets de France ») en chapeau, coiffant chacun des produits proposés à la vente, le sens créé est bien le suivant : chaque spécialité régionale est conçue comme autant de « reflets de France », participant dans une logique de composition à une œuvre plus grande et plus vaste (la gastronomie française). On aurait peine à trouver œuvre plus unificatrice que celle-ci…

Girardet notait que l'une des constantes de l'imaginaire national français consistait à concevoir le rôle du dirigeant politique comme devant être celui qui fait œuvre d'unification. De Saint-Louis à Henri IV ou de Gaulle, « il s'agit d'assurer à jamais la victoire des forces centripètes sur les facteurs contraires d'éclatement ou de divergence – de prévenir et de refouler les menaces toujours présentes de rupture et de déchirement ». Pour ce faire, les gouvernants n'hésiteront pas à puiser dans l'Histoire de vieux exemples d'exercices réussis d'unification. Ainsi de Vercingétorix, qui s'avère être une « création de l'historiographie du XIXe siècle, qui consacre le triomphe de la nation gauloise[1] », comme l'explique Suzanne Citron. Auparavant, Vercingétorix est absent de l'historiographie nationale ou, s'il est brièvement mentionné, il n'est réduit qu'à un rôle de chef de guerre parmi d'autres. Il faut attendre 1828 et la parution de l'ouvrage d'Amédée Thierry (*L'Histoire des Gaulois depuis les temps les plus reculés jusqu'à l'entière soumission de la Gaule à la domination romaine*) pour que Vercingétorix accède à la renommée nationale. Aux lendemains de l'humiliante défaite de 1870, la IIIe République en fera un héros national, célébrant sa capacité à unir un peuple divisé et à dépasser nos dissensions intestines pour faire face à l'envahisseur.

1. Suzanne Citron, *Le mythe national*, 2019, *op. cit.*

Le politique n'a eu de cesse de multiplier les cérémonies pour appuyer l'idée d'un peuple ou d'une nation unie, avec l'idée que les festivités d'ordre politique, en mettant en scène une réconciliation, exerçaient une très forte fonction intégrative. Dans l'Ancien Régime, les cérémonies d'entrées royales (comme celles de Louis XIV à Paris le 26 août 1660) sont construites pour montrer que la Nation réside tout entière dans la personne du Roi[1]. Le 14 juillet 1790, la Fête de la Fédération est conçue comme une éblouissante journée réconciliatrice. À Paris, aux côtés du roi et des révolutionnaires de 1789, trois cents prêtres chantent le Te Deum à l'autel de la patrie, sur le Champ-de-Mars, tandis que la cérémonie est doublée par des fêtes sur tout le territoire, où les municipalités font dire la messe et prêter serment à la République à la même heure, exactement, qu'à Paris. Michelet en parle en des termes exaltés : dans ce « mariage de la France avec la France », « toute division avait cessé, il n'y avait ni noblesse, ni bourgeoisie, ni peuple[2] ». Dans ce qui constitue, au sens rigoureux du terme, la première fête nationale de l'Histoire de France, Pierre Nora voit, quant à lui, « la disparition des frontières intérieures, l'abolition des

1. « Le cérémonial se déroule en deux temps : le matin, les corps constitués sortent de la capitale, membra disjecta que le monarque va réunir [...]. Dans une longue procession de quatre heures, Louis XIV voit venir à lui l'ensemble des corps de la société qui, par attouchement, s'intégreront à son corps symbolique. Le clergé marche en tête, suivi de l'Université, du Châtelet et des cours souveraines [...]. Ce rituel une fois accompli, la cérémonie entre dans sa deuxième phase : les corps organisés retournent dans la ville avec le prince. Au cœur du défilé, celui-ci est à la fois le pivot du spectacle et son principe organisateur ; à partir de lui, les corps constitués prennent leur place dans la hiérarchie » (Jean-Marie Apostolidès, *Le Roi-machine ; spectacle et politique au temps de Louis XIV*, Paris, Minuit, 1981).

2. Jules Michelet, *Histoire de la Révolution française*, vol. 2, livre III.

disparités régionales, l'exaltation du consentement mutuel qui soumet la France unie à une autorité librement acceptée[1] ». On pourrait multiplier les exemples : les banquets républicains de la IIIe République, l'invention de la Fête de la musique (faire un par le partage musical), les scènes de liesse spontanées sur les Champs-Élysées lors des épopées de l'équipe de France… À chaque fois, il s'agit d'effacer, ou plutôt de dépasser, les divisions qui parcourent la Nation.

Historiquement, le discours de marque majoritaire, lui, a plutôt eu tendance à survaloriser la figure du multiple, dans une célébration continue de la singularité du consommateur (« L'Oréal – Parce que je le vaux bien »). Dans une volonté de caresser la dimension narcissique des individus, les stratégies marketing ont souvent eu tendance à cultiver l'idée selon laquelle chaque consommateur était unique – et donc, ses aspirations, ses désirs, ses besoins, aussi. Par conséquent, dans cette optique, l'attractivité d'une marque est jaugée soit à sa capacité à répondre à une logique du sur-mesure (ainsi de la gamme de shampoings Garnier qui s'adapte à tous types de cheveux : cheveux secs, abîmés, gras, blonds, indisciplinés, ternes, délicats, cuir chevelu sensible, etc.), soit à valoriser l'accueil indistinct de toutes les singularités (« McDonald's – Venez comme vous êtes® »).

Pour autant, toute proportion gardée, on peut aussi retrouver une exaltation du thème unitaire chez bon nombre de discours de marques. La concorde entre les citoyens fait rarement partie de leur mission ou de leur discours explicite, mais les marques se racontent souvent comme contribuant, en creux, au sentiment d'unité nationale. *Mezza voce*, en faisant de la consommation d'un même produit ou d'un même service

1. Pierre Nora, *Recherches de la France*, Paris, Gallimard, 2013.

un vecteur d'unité : « Tout le monde se lève pour Danette !® » (Danone), « Le bonheur des uns fait le bonheur des autres® » (Leboncoin), « On peut tout construire ensemble, même l'avenir® » (Leroy Merlin), « Créateurs de convivialité® » (Pernod Ricard), etc. D'autres marques se sont engagées dans des grandes campagnes de publicité célébrant l'unité nationale, dont le pitch type pourrait être résumé grossièrement selon un schéma problème/solution. Problème : le consommateur-citoyen est confronté à un « irritant » (pour reprendre un jargon marketing), c'est-à-dire à un élément indésirable qui a la particularité de le placer à l'écart du reste de la population (manque de réseau téléphonique, problème d'accès au crédit, isolement géographique, etc.). Solution : la marque propose un produit ou un service lui permettant de renouer avec la communauté nationale. C'est le cas, très emblématique, de la station de radio *RTL* qui, en 2019, signe une grande campagne intitulée : « Ce qui nous rapproche est plus fort que ce qui nous éloigne® ». Le film publicitaire met en scène la rencontre de deux personnages qui évoluent dans des univers très différents : une jeune femme en tailleur, urbaine et stressée, tombe malencontreusement en panne au milieu de la campagne, et se voit obligée de partager un trajet en voiture avec un dépanneur, barbu, rond et jovial. Au départ, tout les oppose : « Pourquoi ça capte pas là, ici ? Vous n'avez pas du Wi-Fi ? » se plaint la jeune femme, l'ordinateur sur les genoux depuis son siège passager. « Si si, bien sûr. Mais chez moi… » répond, moqueur, le dépanneur au volant de sa camionnette. Petit à petit, au fil du trajet, les deux personnages vont se découvrir une sensibilité commune au travers de la radio, en fond de leur discussion : l'émission de Laurent Ruquier, *Les Grosses Têtes*, qu'ils suivent tous les deux ; la chanson de M, *Qui de nous deux*, qu'ils se mettent à chantonner en riant. « On a tellement de choses à se dire® », boucle la campagne sur un visuel de *RTL*.

On remarquera, pour finir, que beaucoup de productions culturelles à succès se sont adossées à cette angoisse lancinante de la Nation divisée, et ce des *Trois mousquetaires* d'Alexandre Dumas (dont l'intrigue se déroule sur fond de guerre de religion entre les catholiques et les protestants, et de rivalité militaire avec l'Angleterre) à *L'archipel français* de Jérôme Fourquet (sous-titré : *une nation multiple et divisée*), en passant par *Astérix* (sorte de « bande dessinée d'apprentissage » qui montre la nécessité de dépasser ses dissensions internes pour résister à l'envahisseur romain).

La permanence et la révolution

Deuxième grande tension nationale : la permanence et la révolution. Ce récit tensif est en partie lié avec le précédent, dans la mesure où la Révolution française constitue un moment nodal de notre dispute nationale autour de l'unité et de la désunion nationale. Une fois la tête du roi coupée, qui a la capacité de s'ériger en garant de notre unité politique et symbolique[1] ?

Dans *La Révolution française; mythes et interprétations (1789-1970)*[2], Alice Gérard a étudié l'évolution et la diversité des représentations de la Révolution française dans le temps : elle montre que l'approche de la Révolution comme rupture nécessaire ou cassure néfaste est au centre des débats qui, au cours même de la Révolution, ont opposé, sur le plan

1. On retrouve d'ailleurs ce même questionnement chez Emmanuel Macron, dans l'entretien accordé à l'été 2015 au journal *Le 1* (n° 64, 8 juillet 2015) : « Il y a dans le processus démocratique et son fonctionnement un absent. Dans la politique française, cet absent est la figure du Roi, dont je pense fondamentalement que le peuple n'a pas voulu la mort ».

2. Alice Gérard, *La Révolution française; mythes et interprétations (1789-1970)*, Paris, Flammarion, 1970.

théorique, ses partisans et ses adversaires. Peter Burke, dans ses *Réflexions sur la Révolution de France* (1790), nie la légitimité même du peuple à changer de constitution : 1789 et son désir de table rase, qualifié de « chose étrange, sans nom et d'un sauvage enthousiasme », est condamné pour péché d'orgueil vis-à-vis de la tradition – impossible, pour Burke, de nier de la sorte « le passé, la communauté des ancêtres, et la Providence qui en est le support ». Joseph de Maistre, autre auteur contre-révolutionnaire, ira jusqu'à voir la Terreur en germe dans la Déclaration des droits, et la Révolution comme un « défi satanique » adressé à Dieu. Il est révélateur, à cet égard, que la Charte constitutionnelle de 1814, qui proclamera la Restauration de Louis XVIII, comporte l'expression de la volonté de « renouer la chaîne des temps ». À cette lecture s'oppose, au cœur du XIXe siècle, toute une série d'historiens libéraux (Thiers, Michelet, Louis Blanc, Lamartine, Quinet) qui défendent l'idée d'une révolution bienfaisante et libératrice. Tous portent une vision romantique de la Révolution : « marquée du signe de l'absolu, celle-ci devient le pôle d'attraction de l'histoire universelle, et un microcosme préfigurant le futur[1] ».

Le point important, c'est que jusqu'alors, ce sont aux rois de France et à l'Église que revenait la responsabilité de faire-un : elle est d'abord là, la rupture occasionnée par la Révolution. « Après avoir été l'artisan de l'unité française », avance Raoul Girardet, « la Monarchie était en somme devenue l'ultime obstacle à sa conclusion. Au nom même des principes qui avaient assuré sa légitimité historique, elle devait disparaître. » Mais si la République est proclamée comme « une et indivisible » lors de la Révolution française, c'est qu'elle est en réalité profondément divisée et multiple. Comme le

1. Alice Gérard, *La Révolution française*, 1970, *op. cit.*

souligne avec force Pierre Nora, la spécificité de la France tient en ce que son problème national n'est pas issu, comme en Allemagne ou en Italie, de sa pluralité géographique, ou d'un conflit religieux, comme en Angleterre. Non, le problème national français est d'abord et avant tout politique : il vient du « redoublement interne de sa définition nationale » (nation monarchique versus nation révolutionnaire), et de la soudaine radicalité avec laquelle s'est effectué le transfert de la souveraineté monarchique à la souveraineté nationale, en passant brutalement d'un pouvoir venu d'en haut à un pouvoir venu d'en bas. « En France », écrit Pierre Nora, « l'histoire et la politique sont éternellement chargées de recoudre la robe déchirée du passé national et de refaire une France avec deux France, une seule nation avec deux nations, une histoire avec deux histoires. » Ce qui découle d'un conflit fondamental entre deux formes d'identité nationale, qui ont représenté bien plus que des options ou des catégories politiques : « non des formes rivales à l'intérieur d'un consentement mutuel, mais des figures exclusives et antagonistes de la nation elle-même » – d'où l'opposition de « l'ancienne France avec la nouvelle, de la France religieuse avec la France laïque, de la France de gauche avec la France de droite[1] ».

Tout le travail des manuels d'histoire des XIXe et XXe siècles a consisté à travailler en profondeur cette question, et ce afin de présenter la République comme ayant la capacité d'articuler, pour le meilleur, permanence et révolution. Dans le « Petit Lavisse », le très populaire manuel d'Histoire de France rédigé par Ernest Lavisse à l'attention des classes primaires (1884), tout le projet est d'enraciner durablement le sentiment républicain dans l'ensemble de la société. Dans son étude consacrée

1. Pierre Nora, *Recherches de la France*, 2013, *op. cit.*

au manuel[1], Pierre Nora explique que « dans une France en majorité paysanne et déchirée par le grand débat né de 1789, la République doit apporter ses preuves ». Dominé par la crainte des reproches qui pèsent communément sur les républicains (le régicide, la rupture avec l'Église), Lavisse va jusqu'à retourner contre la monarchie le reproche de la division (l'édit de Nantes, les guerres qui épuisent le royaume, etc.). D'où le récit national proposé par Lavisse qui, sur près de cent gravures réparties sur deux cent quarante pages, « présente l'histoire de France non plus comme une juxtaposition de régimes et une enfilade de règnes aboutissant à l'accident tragique de 1789, mais comme un déroulement ordonné, animé par la finalité révolutionnaire, que la césure de 1789 transforme en un diptyque intelligible et tout à l'avantage du second volet ». Dans les manuels historiques rédigés par Albert Malet et Jules Isaac (les « Malet et Isaac »), qui ont formé des générations successives de lycéens au XXe siècle, on lit qu'« en trois ans, la République avait plus fait pour la Patrie que François Ier, Henri IV, Louis XIII et Louis XIV ». De fait, c'est par le truchement du sentiment national que se cristallise, aux lendemains de la guerre de 1914, l'acceptation globale des événements du cycle révolutionnaire. Avec cette grille de lecture patriotique, on cherche à montrer que la République, loin de briser la continuité avec le passé, a eu pour fonction de l'assurer et de la consacrer.

La centralité du moment révolutionnaire dans notre imaginaire collectif et national peut s'observer dans la façon dont le caractère « Révolution » irrigue, en France plus qu'ailleurs encore, un ensemble très vaste d'éléments : révolution artistique

1. Pierre Nora, « Ernest Lavisse : son rôle dans la formation du sentiment national », *Revue Historique*, t. 228, fasc. 1, 1962, p. 73-106.

ou symbolique[1], révolution scientifique, révolution technologique… À chaque fois, on retrouve les mêmes débats types (les Anciens contre les Modernes), peu ou prou la même distribution des positions, les mêmes structures d'argumentation, etc. Dès lors, il n'est pas illogique que le monde marchand se soit empressé de reprendre à son compte le vocable de la révolution, pour illustrer le caractère novateur, inédit, disrupteur des produits ou services proposés. « *This is a revolution* » avait coutume de dire Steve Jobs, le fondateur de la marque Apple, à chacune de ses présentations Keynote. C'était peut-être vrai pour l'invention de l'iPhone en 2007, sans doute un peu moins pour caractériser l'introduction de l'iPad mini 3… De fait, la révolution a inondé le discours publicitaire : « Moteur de la révolution électrique depuis 10 ans® » (Renault Zoé), « Révolutionnez vos repas à toute vitesse® » (Moulinex), « Une révolution dans le monde de l'espresso® » (Nescafé) et même « La révolution du thé® » (Lipton). Au-delà des slogans, la thématique de la révolution est par ailleurs devenue une facilité de langage, presque un gimmick, dans laquelle une bonne partie du monde commercial tombe dès qu'un acteur cherche à attirer l'attention sur une de ses actualités : « McDonald's veut révolutionner votre rituel du café-journal », « Matera sonne la révolution de la copropriété », « La bouteille de ketchup à double ouverture, une révolution pour les amateurs de Heinz », etc.

Dans un article de recherche[2], Caroline Marti, professeure des universités en sciences de l'information et de la

1. Voir l'ouvrage de Pierre Bourdieu, *Manet ; une révolution symbolique*, Paris, Seuil, 2013.
2. Caroline de Montety (Marti), « À vos caddies, citoyens ! La révolution, motif politique saisi par la publicité », *Mots. Les langages du politique*, vol. 98, 2012, p. 63-78.

communication, a étudié la façon dont le motif de la révolution a été saisi par la publicité. Au travers de plusieurs exemples (Leclerc, le détournement de slogans de Mai 68 et l'utilisation de l'imagerie du « poing levé » ; le slogan « Liberté, Égalité, Beauté® » d'Yves Rocher), elle a cherché à comprendre pourquoi le monde marchand avait tant cherché à mettre en scène l'idéal révolutionnaire, et quels étaient les effets sur la perception même du concept de révolution :

> La révolution, notion forte, constitutive de notre histoire politique, sociale et culturelle, représentation puissante et élevée associée aux idéaux collectifs, devient, dans le contexte publicitaire de subtilisation de substance, une forme-écrin consensuelle pour dire son rapport à la consommation, valoriser des stratégies de marque et y enchâsser des promesses de consommation à destination de consommateurs.

Ce que dénonce Caroline Marti, c'est la logique du détournement marchand : dans le discours publicitaire, la révolution est mobilisée sous la forme d'un mythe dépolitisé, gommant toutes les conditions matérielles et sociales de son accomplissement pour, au contraire, exalter la révolution en « spectacle consensuel à consommer ». « Quand la publicité mobilise le motif révolutionnaire pour transcender la portée sociale des offres marchandes », conclut-elle, « elle évide la révolution de sa dimension politique en feignant d'affirmer ou en affirmant des attentes citoyennes que la société de consommation viendrait combler ». Quel citoyen aspirerait encore à faire la révolution politique lorsque le consommateur est persuadé de d'ores et déjà la réaliser chaque jour par ses achats ?

Accaparer le motif révolutionnaire, c'est aussi valoriser la capacité du consommateur à protester et à se rebeller. Dans un article publié au début des années 2000[1], le journaliste Thomas Franck remarquait la tendance de la culture commerciale américaine à promouvoir un esprit rebelle et contestataire, à valoriser la transgression des usages et des règles. Il notait plus largement que le marketing s'exhibait de plus en plus sous les traits d'un discours critique, d'une remise en cause de la société de consommation :

> La déroute politique de la gauche a ouvert aux annonceurs une série de niches culturelles, désaffectées mais riches en charisme et en évocation subversive. Benetton assimilera son nom de marque au combat contre le racisme, Apple se voudra le symbole de la lutte contre la technocratie, Pepsi possédera une sorte de franchise sur la rébellion adolescente, Body Shop disposera de la compassion, Reebok du non-conformisme et MTV de l'underground. En matière de justice sociale, les marques ont remplacé les mouvements…

Thomas Frank voyait alors poindre un nouveau « grand récit publicitaire », qu'il frappait alors du nom de « marketing de la libération ». Ce dernier inocule le récit suivant : grâce aux marques, les consommateurs vont pouvoir « se libérer des appariteurs de l'ordre, se défaire des chaînes par lesquelles le système industriel nous emprisonne, fuir la routine de la bureaucratie et des hiérarchies, se redécouvrir tels qu'ils sont vraiment ». Pour Thomas Frank, ce « marketing de la libération » est un piège : il donne l'illusion que la contestation de l'ordre établi existe, alors qu'elle n'est que de l'ordre symbolique, emprisonnée dans le discours. Le journaliste notait

1. Thomas Frank, « Le marketing de la libération », *Le Monde diplomatique*, mai 2001, p. 10-11.

l'influence idéologique importante qu'a joué la parution de l'ouvrage du publicitaire (français) Jean-Marie Dru qui, le premier, a conceptualisé la notion de disruption[1].

Aujourd'hui, à l'ère de la « grande flemme[2] » et de la *digital fatigue*, il semble y avoir une sorte de *revolution fatigue*. Les promesses de chamboule-tout, de changement radical, de rupture avec le monde d'avant se sont peu à peu effacées du discours des marques. Cela correspond à une évolution du paysage mental et idéologique contemporain : de ce point de vue, les marques ont suivi et accompagné le « tournant conservateur » des années 2020. En septembre 2022, 69 % des Français disaient s'inspirer « de plus en plus des valeurs du passé dans leur vie[3] ». Dans notre sondage IFOP pour la Fondation Jean-Jaurès, une nette majorité de Français (59 %) attend des marques qu'« elles transmettent des valeurs, un héritage, une tradition, un savoir-faire issu de notre histoire » plutôt qu'« elles contribuent à construire un futur désirable » (41 %). Ces chiffres montrent que, au-delà du rapport à la révolution, c'est le rapport au temps qui s'est brutalement renversé pour les marques : plutôt que de se projeter dans un futur autrefois prometteur et aujourd'hui menaçant, les marques cultivent de plus en plus leur lien avec le passé, autrefois ringard et aujourd'hui sécurisant.

---

1. Jean-Marie Dru, *Disruption ; bousculer les conventions et déplacer le marché*, Paris, Village mondial, 1997.
2. Jérémie Peltier, Jérôme Fourquet, « Grosse fatigue et épidémie de flemme : quand une partie des Français a mis les pouces », *Fondation Jean-Jaurès*, 11 novembre 2022.
3. Ipsos/Sopra Steria, « Fractures françaises », 2022, enquête citée.

Dans un article de recherche[1], le chercheur Stéphane Dufour a distingué quatre façons dont le discours des marques articule le passé et le présent (voir Figure 20). La permanence, d'abord : mêlant le registre sémantique de la tradition et de la succession des générations, elle se caractérise par une forme de continuité temporelle qui voit le discours de marque puiser dans « une origine suffisamment reculée pour affirmer un avantage de légitimité » : c'est le « marketing de l'authentique » de la chaîne de boulangerie Paul ou des yaourts La Laitière, par exemple. Le deuxième pôle de refiguration du passé est ce que Dufour appelle la résurgence, qui « procède à une remise au goût du jour d'une période passée que le consommateur n'a pas ou rarement connu ». On peut y parvenir via la réédition d'objets mythiques (le Nokia 3310) ou la réactualisation d'un style ou d'une esthétique : c'est le « marketing du vintage », comme lorsque Le Coq Sportif a remis en vente d'anciens modèles de chaussures parus dans les années 1980 (la Dynatec, la Columbia, l'Éclat). Troisième pôle, la constance, qui s'ordonne sur la non-discontinuité temporelle : dans ce cas de figure, la marque explore le passé « à la recherche d'une autorité absolument incontestable », dans un fait séminal, dans la personnalité de son fondateur ou d'un « esprit maison ». Le discours avoisine l'écriture d'un mythe, au moyen du registre sémantique de l'intemporel, de l'iconique, du légendaire, voire de l'éternel. On le retrouve souvent dans le discours des marques de luxe (Chanel, Yves Saint Laurent, Dior), dont il s'agit d'assurer la transmission d'un savoir-faire et la pérennité du regard. Benoît Heilbrunn remarquait alors que les marques de luxe étaient confrontées

1. Stéphane Dufour, « L'articulation du passé et du présent dans le discours des marques », *Revue française des sciences de l'information et de la communication*, vol. 24, 2022.

Figure 20. Carré sémiotique de l'usage du passé dans les discours de marque.

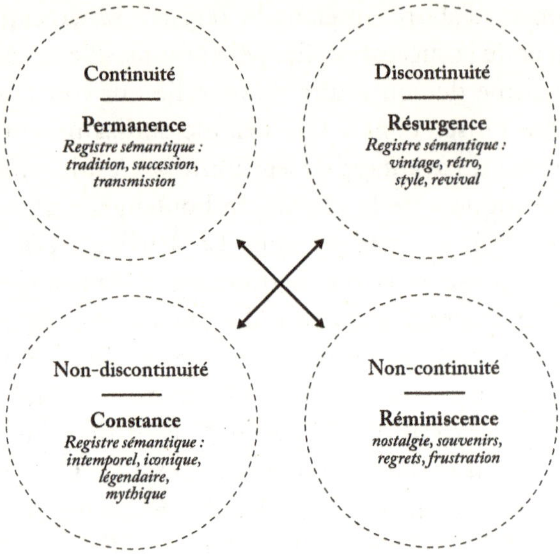

Source : Stéphane Dufour, « L'articulation du passé et du présent dans le discours des marques », 2022, art. cité.

au même type de problème que celui posé par la philosophie politique médiévale : « la question de l'identité d'un être collectif et invisible dont il s'agit de manifester la pérennité dans le temps et la consistance dans l'espace[1] ». Dernier type d'utilisation du passé, la réminiscence, qui correspond au « marketing de la nostalgie ». Le principe est de « réactiver un objet de valeur (jeunesse, plaisirs, usages, etc.) désormais disjoint du sujet » : le chercheur prend l'exemple du discours de la franchise de restauration Les fils à maman, dont le

1. Benoît Heilbrunn, « Les deux corps de la marque », in *Média(t)ions marchandes*, 2018, *op. cit.*

positionnement du restaurant (« régressif et savoureux ») et la promesse d'une cuisine « de quand nous étions petits » engagent une remontée du temps vers l'enfance des clients. « La réactivation de souvenirs vécus se prolonge au-delà du goût et des saveurs des plats pour s'afficher sur le plan d'expression de la décoration des restaurants saturée de signes des années 1980-1990 », note par ailleurs le chercheur.

À ce stade, notons que les marques adressent le récit tensif conservation-révolution en sortant de la catégorisation binaire, pour exprimer une large palette de positions possibles.

La grandeur et le déclin

Troisième grande tension du roman national français : la grandeur et le déclin. L'importante offensive décliniste que nous avons connue lors de l'élection présidentielle de 2022 ne doit pas nous faire oublier qu'il s'agit d'une constante de l'imaginaire politique français. « Images d'un passé légendifié, visions d'un présent et d'un futur définies en fonction de ce qui fut ou de ce qui est censé avoir été : en vérité », écrit Raoul Girardet, « ce serait une histoire des idéologies françaises singulièrement tronquée que celle qui occulterait la présence de ces images, oublierait la multiplicité de ces représentations ou négligerait leur pouvoir sur les esprits et sur les cœurs. » L'historien des mentalités rappelle la place qu'a tenue l'image de Sparte et de la Rome républicaine dans l'univers intellectuel et moral des hommes de la Convention montagnarde (« Le monde est vide depuis les Romains », dixit Saint-Just) ; le thème du « retour au Moyen Âge », qui a hanté les imaginations du traditionalisme romantique ; mais aussi Proudhon et le constat d'un déclin moral (« La France a perdu ses mœurs »), ou plus largement l'omniprésence de formules du type « refaire 1789 » ou « Mai 1968 », retrouver « l'esprit du premier socialisme », « revenir au gaullisme du Général »…

Toujours est-il que la perception contemporaine d'un déclin national est particulièrement vivace. Dans le dernier baromètre « Fractures françaises[1] », 75 % des Français interrogés sont d'accord pour dire que « La France est en déclin », et 27 % estiment même que ce déclin est irréversible. On pourrait multiplier la recherche d'éléments explicatifs : réminiscence d'une matrice catholique (l'humanité déchue de son jardin d'Éden) ou d'une grille de lecture rousseauiste (le monde moderne, à commencer par la propriété privée, corrompt nécessairement notre état de nature) ; persistance d'un surmoi national très puissant, qui n'a pas fait le deuil de sa grandeur passée, contrairement à nos voisins espagnols ou italiens ; ou, plus récemment, la blessure narcissique de voir l'hôpital public ou notre électricien national, EDF, en graves difficultés… À l'inverse, notre enquête IFOP montre que la grandeur reste une obsession nationale. Nous avons testé une phrase restée fameuse du général de Gaulle, issue de ses *Mémoires de guerre* : « Sans la grandeur, la France n'est plus la France[2] ». Une nette majorité de Français (55 %) approuvent cette idée, qui se révèle être majoritaire dans la quasi-totalité du spectre politique (à l'exception des sympathisants EELV). Si elle est logiquement surreprésentée chez les anciennes générations, plus habituées à cette rhétorique (la proportion atteint 61 % chez les plus de 65 ans), les moins de 35 ans l'approuvent tout de même à hauteur de 44 % – ce qui montre

1. Ipsos/Sopra Steria, « Fractures françaises », 2022, enquête citée.
2. La phrase exacte est : « Bref, à mon sens, la France ne peut être la France sans la grandeur », Charles de Gaulle, *Mémoires de guerre*, t. 1, Paris, Plon, 1954.

la prégnance de cette idée dans l'ensemble de la société. À l'inverse, seuls 37 % des Français sont d'accord avec l'affirmation selon laquelle « Il faut accepter que la France devienne une puissance moyenne » : l'idée d'une France qui rentre dans le rang est massivement rejetée. Et c'est peut-être tout le drame. Pour Thierry Keller et Arnaud Zegierman, auteurs d'un essai intitulé *Entre déclin et grandeur*, nous autres Français serions prisonniers de ce binôme infernal déclin/grandeur, ce qui causerait notre malheur national :

> Nous n'avons jamais fait le deuil de notre grandeur. Une partie de notre inconscient collectif se vit encore dans les épopées d'antan […]. La majeure partie du débat public se joue sur le terrain d'un déclin à enrayer. Et contre le déclin supposé, il faudrait encore plus de grandeur. Plus d'apparat, plus de pompe, plus de lyrisme. Et si nous faisions fausse route ? Et s'il fallait dérailler de l'axe infernal entre grandeur et déclin pour emprunter une autre voie, moins romantique peut-être, mais plus sereine[1] ?

Ce que nous souhaiterions interroger, c'est le rôle des marques dans cet « axe infernal » grandeur/déclin. À notre connaissance, aucune marque n'assume ouvertement, en plein, un discours décliniste : elle peut éventuellement le véhiculer en creux, en célébrant et en valorisant des éléments du passé (voir développement précédent). En revanche, beaucoup de marques tombent dans ce que nous pourrions appeler le « piège de la grandeur », qui consiste à produire un imaginaire nous confortant dans un idéal de grandeur nationale, qui finit par se retourner contre lui-même.

1. Thierry Keller, Arnaud Zegierman, *Entre déclin et grandeur ; regards des Français sur leur pays*, La Tour-d'Aigues, l'Aube, 2021.

Dans un article du numéro de la revue *Pouvoirs* consacré à de Gaulle, le député Modem Jean-Louis Bourlanges, fin connaisseur de l'histoire de France, a osé aller à rebours du mythe unanimiste autour de la figure du Général. Il développe l'idée selon laquelle ce qu'il appelle « l'école de la grandeur, celle qui va de Choiseul à Charles de Gaulle en passant par les deux Bonaparte » a eu de nombreux effets pervers – à commencer par entretenir le pays dans l'idée folle d'une « haute destinée comme condition incontournable de la vie. En somme, la première place ou rien ! » Chimérique, cet idéal s'apparente souvent à une « école du déni », qui ne peut se réfugier que dans le Verbe :

> Hanté par une exigence de grandeur et même de prééminence nationales dont il proclame la transcendance par rapport aux rapports de force régissant les sociétés réelles, Charles de Gaulle avait-il, pour faire coïncider son rêve avec le monde réel, d'autres armes que celles du verbe, « l'exception culturelle », cette invention hugolienne revisitée par Malraux pour arracher la grandeur aux pesanteurs de l'histoire, ou l'itinérance prophétique pour masquer la force des choses par l'éclat du discours et la beauté des célébrations[1] ?

On retrouve cette école de la grandeur chez beaucoup de marques françaises. L'exemple le plus marquant n'est autre que notre compagnie aérienne nationale : Air France. De façon plus emblématique encore que sa dernière campagne publicitaire (« S'envoler en toute élégance », 2022), qui reprenait déjà tous les codes de l'univers du luxe et de l'imaginaire parisien (on retrouve, pêle-mêle : la tour Eiffel, la haute gastronomie, la mode), attardons-nous sur le discours de marque

1. Jean-Louis Bourlanges, « Une certaine idée de la France », *Pouvoirs*, n° 174, 2020/3, p. 5-15.

bâti à l'occasion de la vidéo de présentation des… consignes de sécurité. Diffusée avant chaque décollage devant un public captif, scotché à son siège, avec interdiction d'utiliser son propre écran, les consignes de sécurité développent un discours sursaturé de clichés. La vidéo de plus de cinq minutes se veut humoristique, mais l'accumulation de références à l'art de vivre à la française atteint une sorte de climax dans l'univers du stéréotype. L'effet de répétition est d'autant plus affirmé que chaque consigne est doublée, en français par une hôtesse de l'air, puis en anglais par un stewart à l'allure sympathique. Le film nous propose une visite romanesque de la France, en passant par des endroits emblématiques mais attendus comme la tour Eiffel, le musée du Louvre, le château de Versailles. Le sentiment d'incongruité de la vidéo vient du fait que la trivialité ou la standardisation habituelle des consignes de sécurité (attacher sa ceinture, relever sa tablette, etc.), répétées à l'occasion de chaque voyage en avion dans toutes les compagnies du monde, sont ici réinterprétées de façon surdimensionnée, artificiellement « gonflées » par un discours dégoulinant de signes pseudo-nationaux. Quelques exemples : le voyant lumineux indiquant d'attacher sa ceinture est graphiquement inséré à l'intérieur d'un tableau, que des touristes photographient. Sur la même consigne répétée en anglais, le Stewart se tient cette fois-ci devant Mona Lisa. Même clin d'œil (très) appuyé à notre tradition culturelle quand les passagers, invités à relever leur tablette, sont métaphoriquement comparés à des spectateurs de la Comédie-Française ou de l'Opéra Garnier – ils disposent d'ailleurs de jumelles, une pratique pourtant totalement disparue de nos jours. Les traditionnels gestes indiquant les différentes portes de sortie d'urgence de l'aéronef sont insérés au cœur d'un défilé de mode glamour, où crépitent les flashs des paparazzis. Défilent ensuite plusieurs lieux bling-bling, tous peuplés de gens très propres sur eux, sur une terrasse au soleil, au bord d'une piscine, au sommet du Mont-blanc ou encore au très chic Hôtel Martinez à Cannes…

On aurait tort de penser que, parce que ce type de discours n'est qu'une sorte de marketing hexagonal destiné à une clientèle étrangère, il n'aurait pas vraiment d'effets. D'une part, c'est sous-estimer ce que l'on appelle le « syndrome de Paris », qui désigne le fort trouble psychologique ressenti par des touristes étrangers, et singulièrement japonais, en prenant conscience de l'énorme décalage entre ce qu'ils projetaient de la ville et la réalité. La déception est toujours à la hauteur de la promesse : une surpromesse non réalisée en sera d'autant plus violente. D'autre part, c'est sous-estimer l'effet destructeur dans l'inconscient collectif de voir une compagnie si historiquement reliée à notre patrimoine national (Air « France » !) développer un discours de marque si culturellement éloigné des pratiques quotidiennes de ses habitants. Ne faut-il pas lier ce type de discours magnifiant des formes de vie soit passées, soit réservées à une toute petite élite, au sentiment de déconnexion massivement éprouvé dans la population ? En érigeant cet art de vivre comme une sorte de village Potemkine, l'illusion qui n'illusionne personne ne peut que créer de la frustration.

À l'opposée de cette école de la grandeur, Jean-Louis Bourlanges distinguait « l'école de la sagesse, celle des Talleyrand, des Louis-Philippe, des Briand, des Schuman, des Giscard d'Estaing ou des Mitterrand ». Elle est constituée, poursuit-il, de tous ceux « qui estiment que, si l'amenuisement progressif de la puissance relative de la France depuis la fin du XVIIIe siècle est une tendance irréversible qu'il serait vain de nier, celui-ci ne prive nullement le pays d'atouts suffisants pour défendre ses intérêts, assurer sa sécurité, sauvegarder son influence et préserver ses valeurs ». Cette école de la sagesse compte aussi ses sympathisants dans le monde marchand :

chacune à leur manière, des marques comme Big Fernand, Ouigo ou la Citroën Ami déploient des signes de la francité en explorant des territoires symboliques plus proches du banal du quotidien que de l'extraordinaire, à coups d'autodérision et de formes graphiques plus naïves. De façon tout à fait révélatrice, Celio est allé jusqu'à défendre un mode de vie « normal », empli d'imperfections et de petits désagréments. Après avoir été tant moquée, l'idée d'une « présidence normale » avancée par François Hollande était peut-être en avance sur son temps…

Figure 21. La campagne publicitaire Celio « Be normal ».

*

Pour résumer, les marques se sont parfaitement insérées dans les trois « récits tensifs » que nous avons identifiés comme étant constitutifs du roman national français : la tension de l'un et du multiple, la tension de la conservation et de la révolution et la tension de la grandeur et du déclin. Versant parfois dans une logique de détournement, épuisant la dimension politique dans une dimension purement consumériste (la révolution) ; parfois dans un biais de confirmation, réaffirmant (quelquefois maladroitement) des éléments de l'ordre du stéréotype national (la grandeur). À ce niveau de l'analyse, on pourrait conclure que les marques fonctionnent comme des « extensions » du roman national[1], leur discours se situant dans une forme de prolongement symbolique et narratif. Ce serait négliger la part de réécriture du roman national que les marques portent avec elles : pour le saisir, il faut nous emparer d'une grille de lecture imaginariste. C'est au niveau des imaginaires que le travail des marques sur le roman national se fait sans doute le plus ressentir.

Une restructuration mentale des imaginaires politiques

S'interrogeant sur la fonction remplie par l'activité mythique qu'il venait de décrire dans les pages précédentes, Raoul Girardet concluait à leur « fonction de restructuration mentale » :

> Si partiel, si limité qu'il puisse paraître, chaque mythe politique contient en lui-même une vision globale et structurée du présent et du devenir collectifs [...]. En lui fournissant de nouveaux éléments de compréhension et d'adhésion, l'imaginaire mythique permet à celui qui s'abandonne à lui de se réamarrer dans un présent reconquis, de reprendre pied dans un monde redevenu cohérent, redevenu en effet clairement lisible[2].

Les marques, elles aussi, procèdent à une restructuration mentale des imaginaires politiques. L'histoire du marketing nous apprend qu'elles ont très vite compris que, si elles voulaient continuer à créer de la valeur économique dans des

1. Une sorte de réplication, à l'échelle collective, du modèle exposé par Russel W. Belk dans « Possessions and the extended self », *Journal of Consumer Research*, vol. 15, n° 2, septembre 1988, p. 139-168.
2. Raoul Girardet, *Mythes et mythologies politiques*, 1986, *op. cit.*

marchés saturés, elles devaient s'engager dans la bataille des imaginaires. Comme l'expliquent Al Ries et Jack Trout, la notion de positionnement – notion phare du marketing – n'implique pas la création de quelque chose de nouveau et de différent, mais la manipulation symbolique de l'existant pour faire advenir une perception différente de la réalité dans l'esprit du client : « *Positioning is not what you do to a product. Positioning is what you do to the mind of the prospect*[1] ».

Après quarante ans de travail intensif des imaginaires, à coups de films publicitaires, d'affiches et d'égéries, le résultat est le suivant : « Sur beaucoup de sujets, c'est l'imaginaire des marques qui vient en premier. Le reste n'arrive que dans un second temps[2] ». C'est ce que nous a expliqué Fabrice Krzeminski, cofondateur de Vivienne 10, un atelier de réflexion stratégique et prospective, après avoir passé près de vingt ans à sonder les imaginaires à coups d'entretiens qualitatifs. Dans les années 1990, en se basant lui aussi sur « du quali », Jacques Pilhan, le célèbre communicant de François Mitterrand puis de Jacques Chirac, concluait à propos de la télévision : « Le réel est dans l'écran ».

> Nous nous sommes aperçus que, lorsque nous demandions à ces groupes qualitatifs : « Racontez-nous ce que vous vivez », ils commençaient par nous raconter les grandes séquences qu'ils avaient vues à la télé, avant d'en venir à leur propre vie, comme s'il y avait un premier plan télé et un arrière-plan vie personnelle. Nous avons ouvert des yeux ronds et nous avons commencé à comprendre que le réel était dans l'écran[3].

1. Al Ries, Jack Trout, *Positioning; the battle for your mind*, New York, McGraw-Hill, 2001.
2. Entretien avec l'auteur, le 19 mai 2023.
3. Jacques Pilhan, « L'écriture médiatique », *Le Débat*, n° 87, 1995/5, p. 3-15.

L'époque Pilhan était celle de la domination des médias sur les imaginaires politiques : notre époque vit un basculement symbolique, qui correspond à la prise de pouvoir des marques sur les imaginaires politiques. À maints égards, ce sont aujourd'hui les marques qui construisent l'horizon d'attente du discours politique. Pour le meilleur et pour le pire, comme nous allons essayer de le montrer.

Le piège des imaginaires

Spécialiste de la représentation du pouvoir absolu, Louis Marin a beaucoup travaillé sur les liens entre récits et politique, en s'intéressant notamment à l'exemple de Racine, dramaturge devenu à la fin de sa vie historiographe de Louis XIV. « Le récit est un piège », concluait Louis Marin. « Qui est le piégeur ? Le narrateur dissimulé dont le récit dénie la présence. Et le piégé ? Le lecteur qui croit entendre le récit des évènements eux-mêmes à la faveur de cette absence[1]. »

Il est possible de translater sa réflexion au roman national des marques : leur récit est un piège, car il nous fait oublier l'identité du narrateur. Il nous fait oublier que celui qui produit un certain récit national est une entité marchande, qui a intérêt à orienter le consommateur vers telle ou telle conclusion. Peut-on comprendre le « *made of France* » de Renault en le détachant de sa décision de produire sa Mégane électrique à Douai ? Comme on l'a vu, McDonald's ne s'est pas lancé dans une promotion du modèle français de façon désintéressée : il en allait de l'acceptabilité même de son activité économique.

Prenons garde, toutefois : la question n'est pas celle du *national washing*. En référence au *green washing*, cette notion sous-entendrait qu'il y aurait un écart entre le discours et les

1. Louis Marin, *Le récit est un piège*, Paris, Minuit, 1978.

actes. Or, il n'y a pas nécessairement besoin d'actes concrets pour produire un roman national – l'exemple de la SNCF nous le montre bien : son discours ne s'accompagne pas d'engagements précis. Non, ici ce qui est en jeu est un tout autre phénomène, sans doute plus structurant, qu'on pourrait appeler la *privatisation des imaginaires nationaux*. Nous empruntons la notion de privatisation à Benjamin Barber, pour qui elle est « davantage qu'une simple idéologie économique » mais une authentique philosophie politique, « une sorte de contrat social à l'envers ». Barber a parlé de « privatisation » pour montrer comment des termes profondément publics (comme « liberté » ou « autonomisation ») avaient été détournés à des fins consuméristes[1]. Élargissons son propos : le risque, ici, est de voir la privatisation de l'ensemble de l'imaginaire national. Que ce soit une marque comme Airbnb qui, en s'appropriant tous les codes du terroir, invite à « partir à la redécouverte de votre pays », doit nous interroger.

Dans les différents pièges de l'imagination listés par Louis Marin, il y a celui qu'il appelle « le piège de la fantaisie [...] dans lequel on représente à son adversaire sa propre image, dans laquelle il se complaît ». Où réside l'efficace du piège ? « Dans l'attrait du même et dans le plaisir de la ressemblance. » Cette logique du miroir tendu et du même permet de comprendre ce que nous n'avions jusqu'ici que noté en passant : l'omniprésence des stéréotypes. Rares sont les récits publicitaires qui s'aventurent au-delà des idées reçues, au sens donné par Bourdieu au sujet de la télévision : « des idées reçues par tout le monde, banales,

1. « La thèse qui assimile la liberté au choix privé se heurte à notre expérience concrète de consommateurs et de citoyens. On veut nous faire croire que le droit de choisir sur un menu est l'essence de la liberté, mais le pouvoir réel – donc la liberté réelle – est celui de déterminer ce qui se trouve sur le menu » (Benjamin Barber, *Comment le capitalisme nous infantilise*, 2007, *op. cit.*).

convenues, communes ; mais ce sont aussi des idées qui, quand vous les recevez, sont déjà reçues, en sorte que le problème de la réception ne se pose pas[1] ». Pour parler dans les termes de Hans Robert Jauss, le roman national des marques correspond le plus souvent à une confirmation de l'horizon d'attente du public.

Ce faisant, la notion de « piège des imaginaires » prend tout son sens : la variation sur le même thème opérée par les marques empêche d'imaginer autre chose. Quand, sur le fond, tout le discours public est organisé autour d'un nombre restreint de propositions mais que, sur la forme, elles nous sont présentées sous des aspects extrêmement divers, tout exercice utopique devient considérablement plus compliqué à réaliser. En privatisant les imaginaires nationaux, les marques contribuent à une paralysie de l'imagination : elles restreignent l'exercice de réflexion sur la France à un « répertoire d'action[2] » réduit à un nombre limité de propositions. Dès lors, il n'est pas étonnant que, comme le remarque l'essayiste britannique Mark Fisher, « le problème actuel de la gauche ne réside pas seulement dans sa difficulté à mener à bien des projets transformateurs, mais dans son incapacité même à les imaginer[3] ».

Le syndrome « Emily in Paris »

Diffusée pour la première fois sur Netflix en octobre 2020, la série *Emily in Paris*, qui compte aujourd'hui trois saisons de dix épisodes, fait partie des contenus les plus visionnés de la plate-forme. À l'issue de la première saison, la société

1. Pierre Bourdieu, *Sur la télévision*, Paris, Raisons d'agir, 1996.
2. Charles Tilly, « Contentious repertoires in Great Britain, 1758-1834 », in Mark Traugott (dir.), *Repertoires and cycles of collective action*, Durham, Duke University Press, 1995, p. 15-42.
3. Mark Fisher, *Le Réalisme capitaliste*, Paris, Entremonde, 2018.

américaine Nielsen, spécialiste dans la mesure d'audience, estimait qu'elle avait été regardée par près de soixante millions de spectateurs dans le monde. Consacrée par le *New York Times* comme un authentique « phénomène de pop culture[1] », la série dépeint les aventures d'Emily Cooper, une Américaine originaire de Chicago, qui déménage à Paris pour saisir une opportunité professionnelle dans une société marketing. Très vite, la série a été moquée pour l'imaginaire totalement fantasmagorique qu'elle dressait de la société française, et singulièrement de la vie parisienne : une « chambre de bonne » qui fait manifestement plusieurs dizaines de mètres carrés, une ville de Paris immaculée, sans problèmes de transport ou de propreté, un trajet à bord d'un train-couchette digne de l'Orient-Express... bref, *Emily in Paris* est rapidement devenue l'archétype de l'image idyllique et aseptisée qu'un regard étranger (en l'occurrence américain) peut avoir de la France. Non sans avoir des effets sur le réel – et c'est le point important à souligner ici. Une enquête IFOP menée auprès d'Américains[2] a en effet montré une forte adhésion des clichés véhiculés par la série : pour 83 % des Américains ayant vu *Emily in Paris*, l'image de Paris renvoyée par la série est proche de la réalité ; 78 % des interrogés ayant visionné *Emily in Paris* estiment que « Paris est une ville propre », alors que tout juste 16 % des Parisiens partagent ce point de vue. De même, 46 % des téléspectateurs estiment qu'« à Paris, il n'y a pas de SDF qui errent dans la rue », contre 20 % seulement des Américains qui n'ont pas vu la série. Ce que nous pourrions appeler le

1. Iva Dixit, « Emily is still in Paris. Why are we still watching ? », *New York Times*, 23 décembre 2022.

2. « Le regard des Américains sur les "Français" et Paris à l'heure d'Emily in Paris », une enquête IFOP pour *Bonjour New York*, publiée le 27 février 2022.

« syndrome *Emily in Paris* » désigne la capacité d'un artefact culturel à diffuser une version idéalisée et déformante du réel avec une telle puissance symbolique et narrative qu'elle parvient à modifier nos propres perceptions de la réalité.

L'ouvrage d'Edward Saïd, *L'orientalisme*[1], devenu un grand classique des *cultural studies*, avait déjà pointé du doigt un phénomène similaire, en montrant les effets de la construction culturelle de l'Orient par l'Occident : la force du stéréotype sur une culture inconnue, c'est qu'elle influence le regard du voyageur. « On peut montrer que certains voyageurs avaient lu sur le pays avant de le visiter, et qu'une fois arrivés ils virent ce qu'ils avaient appris à y trouver[2] ». Le propre de l'imaginaire, c'est qu'il migre aisément de la fiction à la réalité, reconfigurant en profondeur les perceptions.

Une fois acquise la thèse faisant des marques une institution sociale, dont les discours forment des éléments à part entière de la culture populaire, il est aisé de prolonger le raisonnement. L'univers des marques de luxe développe un imaginaire du style de vie *à la française* très proche des clichés véhiculés par la série *Emily in Paris* : au travers d'une esthétique bien léchée, les Chanel, Dior, Yves Saint Laurent et autres Louis Vuitton capitalisent toutes sur les lieux iconiques de la capitale (Opéra Garnier, tour Eiffel, château de Versailles, pyramide du Louvre, pont de Bir-Hakeim) pour construire et véhiculer un imaginaire de raffinement, de glamour, d'élégance. Rien de plus normal, si l'on suit Benoît Heilbrunn : le luxe formant la dernière part de sacré de sociétés par ailleurs largement sécularisées, il est normal que ses marques développent des stratégies de distinction, et même de mise à distance du commun des mortels.

1. Edward W. Saïd, *L'orientalisme ; l'Orient créé par l'Occident*, Paris, Points, 2015 [1972].
2. Peter Burke, *Qu'est-ce qu'une histoire culturelle ?*, 2022, *op. cit.*

Pour autant, la question ici n'est pas celle de la cohérence stratégique ou de l'efficacité marketing, mais bien celle de ses effets sur la représentation collective du pays. Le premier effet à considérer est celui de l'*enfermement des imaginaires nationaux* dans une matrice esthético-culturelle forgée au XVIIe siècle. Dans un ouvrage intitulé *Du style*[1], l'historienne américaine Joan DeJean a montré comment Louis XIV, au travers de la société de cour qu'il a instaurée, a contribué au développement d'une vraie culture du champagne, de la haute gastronomie, des coiffures branchées, des souliers comme objets de mode, etc. Autant d'éléments qui ont ancré l'idée d'une nation française naturellement tournée vers le raffinement et l'élégance. « D'une certaine manière, Louis XIV a inventé la marque-pays », complète Benoît Heilbrunn, pour qui la grande opération symbolique de Louis XIV a consisté à lier à un pays tout un art de vivre singulier, qui se matérialise dans des objets de consommation. Force est de constater que plus de quatre siècles plus tard, nous en sommes toujours au même stade : l'image de la marque-France est encore imbibée de tous ces schémas hérités de la monarchie absolue. Pour reprendre la conclusion d'un chercheur qui a travaillé sur le sujet : « Pour un étranger, *la France est une femme élégante et raffinée*, un peu fantaisiste – son image est donc féminine, comme le genre du nom de notre pays – *et non un ingénieur*[2] ». Ce qui a conduit nombre de publicitaires à conseiller à leurs clients de capitaliser sur cet imaginaire déjà acquis, plutôt que de s'échiner à en construire d'autres. Résultat des courses :

1. Joan DeJean, *Du style; comment les Français ont inventé la haute couture, la grande cuisine, les cafés chics, le raffinement et l'élégance*, Paris, Grasset, 2006.
2. Vincent Bastien, « Quelle valeur pour la marque France ? », *Revue française de gestion*, n° 218-219, 2011/9-10, p. 125-138.

dans la lutte des imaginaires, caractéristique de la scène économique du XXIe siècle, la France n'a pas réussi à développer son propre imaginaire industriel ou technologique. La facilité avec laquelle le grand public a accepté les pratiques de délocalisations industrielles tient peut-être en partie à la conformité avec cet imaginaire national fantasmé. Ce n'est pourtant pas faute d'éléments tangibles sur lesquels s'appuyer : à la même époque de Louis XIV, les manufactures royales faisaient, elles aussi, la fierté du Royaume.

Il n'est par exemple pas anodin que lors du lancement de la nouvelle marque DS Automobiles, indépendante de Citroën depuis 2015, la version anglaise du spot publicitaire insiste lourdement sur l'imaginaire du luxe et de ses grandes maisons artisanales, plutôt que sur la performance technologique et la puissance de l'usine, comme les marques allemandes ont su le faire :

We were born in Paris and Paris taught us everything
Heritage savoir-faire and excellence
Audacity creativity and above all freedom
We invent cars that don't exist yet
Creations that excite and awaken our senses
Unique alliances between technology and craftsmanship
Invitations to travel to victory and elegance
French savoir-faire allows us unlimited freedom
Let's open a new way
Let's make the spirit of avant garde shine

La référence au luxe est assumée : avec sa nouvelle voiture, sa nouvelle signature et son nouveau film de marque, DS veut illustrer sa volonté « d'incarner le savoir-faire du luxe à la française dans le secteur automobile », précise Arnaud Ribault, directeur marketing et ventes monde de la marque. « Pour cela, nous regardons ce que font les grandes maisons françaises comme Dior, Chanel ou Louis Vuitton dans leur communication, leurs inspirations stylistiques, leurs magasins pour aller dans la même direction[1] ».

Il en va, pour reprendre l'expression d'Yves Citton, d'une logique de « frayage »: les imaginaires portés par les récits des marques de luxe permettent le « passage d'un influx [qui] trace un chemin, ce qui facilite et attire le passage des influx ultérieurs, en traçant par frottement infinitésimal des voies qui sont à la fois conditionnées par les cheminements antérieurs et conditionnantes envers les cheminements à venir[2] ». Notre thèse, c'est que cette logique de frayage a de profonds effets socio-politiques. En voyant nos plus belles marques – c'est-à-dire celles dont nous sommes le plus fiers, celles qui contribuent à créer un surmoi national valorisant – réemprunter *ad vitam aeternam* les codes esthétiques correspondant au faste monarchique (ses ors, ses palais, ses raffinements), impossible d'envisager pouvoir intérioriser ce qui fait le propre de la démocratie, à savoir la « désincorporation du pouvoir » pour reprendre les mots du philosophe politique Claude Lefort[3]. Si, dans la monarchie, « le pouvoir était incorporé dans la personne du prince », la démocratie se caractérise selon lui par le fait que « le lieu du pouvoir devient un lieu vide ». Pour le dire autrement, tant que les marques que nous plaçons tout en haut de notre hiérarchie symbolique ne rompent pas avec tout un imaginaire monarchique du pouvoir, il nous sera impossible de considérer que celui que nous plaçons tout en haut de notre hiérarchie politique se comporte autrement que comme un

1. Océane Redon, « DS veut incarner le savoir-faire du luxe à la française », *Stratégies*, 28 février 2015.
2. Yves Citton, *Mythocratie*, 2010, *op. cit.*
3. Claude Lefort, *Essais sur le politique (XIXe et XXe siècles)*, Paris, Seuil, 1986.

monarque républicain. Dans *L'Ancien Régime et la Révolution*, Tocqueville a parfaitement montré que, contrairement à ce que portait le récit révolutionnaire faisant de 1789 une césure nette dans l'Histoire du monde, il existait en réalité mille continuités entre les deux régimes :

> J'étais convaincu qu'à leur insu ils avaient retenu de l'Ancien Régime la plupart des sentiments, des habitudes, des idées mêmes à l'aide desquelles ils avaient conduit la Révolution qui le détruisit et que, sans le vouloir, ils s'étaient servis de ses débris pour construire l'édifice de la société nouvelle.

Tocqueville n'avait toutefois pas anticipé que le capitalisme du XXIe siècle réinvestirait l'esprit de l'Ancien Régime dans ses plus illustres représentants…

Renan au XXIe siècle

Dans sa célèbre conférence de 1882 intitulée « Qu'est-ce qu'une nation ? », Ernest Renan cherche à définir quels sont les facteurs essentiels qui permettent la pérennité de ce mode de groupement si particulier qu'est la communauté nationale. « Comment la France persiste-t-elle à être une nation, quand le principe qui l'a créée a disparu ? » s'interroge-t-il. La réponse proposée par Renan est si éclatante qu'elle constitue, aujourd'hui encore, la définition communément admise de la nation française. Après avoir balayé les différents critères discutés à l'époque (la race, la langue, la religion, la géographie), il conceptualise le modèle français, tout droit issu de 1789 : face à la conception déterministe qui prévaut en Allemagne, la nation est le produit de la volonté de vivre ensemble de ses habitants – qu'il résumera d'une formule, restée célèbre : « l'existence d'une nation est un plébiscite de tous les jours ».

> Une nation est une âme, un principe spirituel. Deux choses, qui à vrai dire, n'en font qu'une, constituent cette âme, ce principe spirituel. L'une est dans le passé, l'autre est dans le présent. L'une est la possession en commun d'un riche legs de souvenirs ; l'autre est le consentement actuel, le désir de vivre ensemble, la volonté de continuer à faire valoir l'héritage qu'on a reçu indivis [...]. Avoir des gloires communes dans le passé, une volonté commune dans le présent ; avoir fait de grandes choses ensemble, vouloir en faire encore, voilà les conditions essentielles pour être un peuple.

Lorsqu'on aborde le discours des marques, il est coutume de ne présenter que la face sombre, et de n'en retenir que les aspects négatifs : instrumentalisation à des fins marchandes, mensonges voire manipulations. Ces critiques peuvent être justifiées, mais efforçons-nous d'aborder une face plus lumineuse : le rôle des marques dans le renouvellement du « plébiscite de tous les jours » qu'évoquait Renan. S'il faut rester vigilant sur les effets de manche et la marchandisation du discours unificateur, dans une société souvent décrite comme désunie et disloquée, tout ce qui permet de construire du commun mérite examen.

La première idée, c'est que les marques permettent une démocratisation du roman national. En s'emparant de la France comme objet de discours, les marques contribuent à déconcentrer la fonction d'écriture du roman national, historiquement réservée à une élite, politique et littéraire. La comparaison avec les États-Unis, de ce point de vue, est criante : « Aux États-Unis, la responsabilité de raconter le roman national est beaucoup plus distribuée[1] », note Mathieu Lefèvre, CEO et cofondateur de More in Common, un think tank qui s'est donné pour objectif de mieux comprendre tout ce

1. Interview avec l'auteur, le 3 mai 2023.

qui affaiblit et renforce notre capacité à faire société. À coups d'études basées sur la recherche en psychologie et en sciences sociales, il scrute les fractures sociales, culturelles et territoriales des deux côtés de l'Atlantique, en Europe (sa branche française se nomme Destin commun) et aux États-Unis. « Dès qu'il est en âge de s'exprimer, chaque citoyen américain est encouragé à raconter sa vision de l'Amérique. » En France, au contraire, et nos recherches l'ont bien montré, parler du pays nécessite une légitimité culturelle dont seuls quelques *happy fews* peuvent se targuer. En quelque sorte, le marché du roman national fonctionnait en situation d'oligopole : l'irruption des marques a drastiquement fait baisser les barrières à l'entrée. Mathieu Lefèvre use d'une autre métaphore, plus éclairante, pour illustrer le phénomène : le Google Doc, du nom du logiciel de traitement de texte qui permet de travailler en temps réel avec plusieurs personnes sur un même document.

> En France, on n'a pas accès au Google Doc du roman national : il est réservé à Voltaire, Bourdieu ou au Président de la République. Lors des Coupes du Monde de football, le Google Doc s'ouvre pendant 90 minutes, le temps des matchs. Ce que font les marques en s'emparant du récit national, c'est qu'elles ouvrent le droit d'accès du Google Doc, de façon massive et durable.

En devenant de nouveaux émetteurs du récit national, les marques ouvrent la possibilité de s'adresser à des publics qui étaient jusqu'alors éloignés du sujet. La recherche en communication l'a bien montré : avant même le contenu d'un message (le « quoi »), c'est l'émetteur (le « qui ») qui détermine le taux d'écoute : contrairement aux médias ou aux élus, largement décrédibilisés selon les différents baromètres d'opinion, les marques les plus populaires peuvent constituer des « messagers de confiance[1] » capables de distiller certains messages qui resteraient, sans elles, inaudibles. Un exemple : le rôle des marques dans la lutte contre la désinformation. On ne touche pas au récit national à proprement parler, mais bien aux représentations dominantes qui y circulent. Au printemps 2023, Maître Gims, l'un des rappeurs les plus populaires, suivi par trois millions de personnes sur Instagram, onze millions sur Facebook et autant sur YouTube, s'est fait le relais d'une vieille théorie complotiste, selon laquelle les Égyptiens de l'Antiquité maîtrisaient déjà l'électricité. En réponse, EDF a décidé de répliquer avec humour, dans une annonce publicitaire postée sur les réseaux sociaux. En surplomb de deux pyramides, l'annonce clame, sur un ton ironique : « Fournisseur officiel des pharaons depuis -2000 ans avant J.-C. ». En plus petit, la marque précise : « Non, Monsieur Gims, quand même pas. Mais on est certain que si l'électricité avait existé au temps des Pharaons, ils nous auraient sans doute choisis ». Au-delà de l'effet troll, qu'il ne faut pas négliger, la séquence n'est pas anodine : elle fait la démonstration que les marques sont peut-être plus efficaces que les politiques pour lutter contre la désinformation. Quel aurait été l'effet d'un démenti du porte-parole du gouvernement, si tant est qu'il s'exprime sur le sujet ? « En tant que marque rationnelle et scientifique, pour nous, l'idée, c'était de déconstruire avec humour des idées fausses », a indiqué la direction d'EDF à l'AFP. En tout cas, le message a été entendu : d'après les études d'impact fournies par EDF, cette opération de communication, déclinée sur Twitter, Instagram et Snapchat, et largement reprise par la presse spécialisée et les médias généralistes, a permis d'atteindre près de 18 % de la population.

---

1. Samantha Wright, Annie Neimand, Max Steinman, « Finding the right messenger for your message », *Stanford Social Innovation Review*, 6 mai 2021.

Cet exemple nous amène à une deuxième idée : les marques s'emparent du récit national en renouvelant en profondeur les références, les mots et les images traditionnellement utilisés dans le discours public. Les marques parlent du pays et de leurs habitants en évitant la « langue morte » des politiques : sans acronyme, sans élément de langage, sans mot-valise, mais avec des métaphores, des images, des sensations qui parlent au plus grand nombre. Un exemple qui illustre bien le décalage avec le monde politique : le discours à destination des jeunes. Versant souvent dans la caricature, ou multipliant les images depuis longtemps éculées, le discours politique peine à produire un discours neuf et juste sur cette partie de la population, qui se tient très à l'écart des processus électoraux. Pour leur vendre des billets de train pas chers, la marque Ouigo, par exemple, a su s'adresser aux vingtenaires dans un langage mêlant humour et vérités du quotidien. Sur une musique de Charles Aznavour (« Hier encore, j'avais 20 ans… »), la marque multiplie les situations où des jeunes, en galère, se débrouillent du mieux qu'ils peuvent : la lessive réalisée dans une baignoire, une barre de musculation construite avec des packs d'eau, des trous de pantalons invisibilisés au feutre, les pâtes cuites à même la bouilloire… « Vous avez vingt ans, profitez-en ! » concluait la marque.

Dernière idée, essentielle à la constitution d'un « plébiscite de tous les jours » : les marques développent un discours à forte connotation émotionnelle. Appliqué au vivre-ensemble ou aux tensions du quotidien, ce type de discours est beaucoup plus à même de produire des effets qu'un discours rationnel et cognitif, froid et sans chaleur. Dans un rapport publié pour More in Common, le politiste et romancier Giuliano da Empoli parlait très justement de l'entrée dans une nouvelle ère, celle de la « politique existentielle ». La puissance des ennemis de la démocratie, de l'État islamique à la Russie de Poutine, expliquait-il, tient en ce qu'ils parviennent à articuler un discours très aspirationnel, qui fait appel à leurs valeurs et à un certain sens d'élévation morale. « Il en va de même, dans des contextes différents, de bien d'autres formes d'extrémisme, de l'ultra-nationalisme à diverses formes d'intégrisme religieux, qui ont toutes en commun de tirer parti de l'incapacité de notre société à répondre de manière inspirante à la demande de sens », écrit-il[1]. Dans *Le mage du Kremlin*, roman consacré au diabolique *spin doctor* de Poutine, da Empoli fait dire à son narrateur, Vadia : « Quand le Tsar parle de politique il ne donne jamais de chiffres : il parle le langage de la vie, de la mort, de l'honneur, de la patrie ». C'est ce qu'il appelle « la politique des profondeurs », qui obéit à un unique objectif : « répondre aux terreurs de l'homme ». Autant d'éléments qu'un fichier *Excel* ou une présentation *PowerPoint* ne peuvent pas apporter. Il ajoute, un peu plus loin :

> Ce n'est pas l'idéologie qui les tient ensemble, Vadia, c'est le style de vie. Tu crois que le programme les intéresse le moins du monde ? Ce que ces jeunes veulent, c'est fuir la banalité, l'ennui. C'est une étincelle d'héroïsme en chacun d'eux qui n'attend que d'être nourrie. La Troisième Rome, la Russie impériale, Stalingrad, peu importe ! L'essentiel est de faire appel à quelque chose de grand[2].

D'où la nécessité, pour les politiques, de ne pas laisser le « monopole du cœur » à ceux qui entendent détruire le modèle français. Cela passe peut-être par l'examen attentif du discours des marques qui, elles, ont compris l'intérêt de limiter le plus possible l'inévitable écart entre les dimensions matérielles et symboliques. Un exemple : le discours sur l'inflation. Le

---

1. Giuliano da Empoli, *The endless sea; imagining a story of tomorrow*, More in Common, 2021.
2. Giuliano da Empoli, *Le mage du Kremlin*, Paris, Gallimard, 2022.

politique l'a très largement investi à coups de chiffres, qu'il s'agisse de pourcentages d'augmentation ou du montant des aides proposées. Sur le même thème, une marque comme Intermarché a su s'emparer de données chiffrées pour mieux les transformer en récit : 63 % des actifs cherchent à réduire ou mieux maîtriser le budget de leurs repas du midi, et pour y arriver 58 % d'entre eux cuisinent chez eux des plats pour les apporter au travail (Yougov/« Baromètre de la vie chère » Intermarché) : ces chiffres constituent le point de départ d'une campagne publicitaire qui, sans jamais les faire apparaître tels quels, les a traduits dans une situation concrète. Leur dernière campagne publicitaire (« Ça s'éclaircit devant », 2023) met en scène Pierrot, docker à Sète, qui emmène chaque jour son repas avec lui au travail. Mais quand il prend sa pause déjeuner et qu'il se dirige vers le frigo, il retrouve sa gamelle… vide. La situation se répète plusieurs fois : furieux, il se décide à piéger son voleur. Il découvre alors que son mystérieux malfaiteur n'est autre que Sam, un de ses collègues de travail, plus jeune que lui, qui subtilisait son repas en raison de difficultés financières. L'explication est vive, mais le lendemain, Pierrot revient avec deux Tupperwares : un pour lui, et un pour Sam. « Bien manger ne devrait jamais être trop cher® », conclut le spot. Mieux qu'une conférence de presse à Bercy, ou une interview de la Première ministre dans la presse écrite : on ne saurait mieux raconter la solidarité des gens en temps de crise.

Le « clivage branding » : les fractures françaises racontées par les marques

Par la diversité et l'étendue des questions posées, couvrant des champs aussi vastes que la perception de la situation du pays, les valeurs des Français, le rapport à l'autorité ou la confiance dans les institutions, le baromètre « Fractures françaises[1] » constitue l'une des études d'opinion les plus attendues et les plus scrutées. Publié chaque année à l'automne depuis 2012, il permet d'ausculter ce qui divise profondément les Français, et de suivre l'évolution des clivages d'une année à l'autre. L'idée, c'est que l'étude des fractures françaises (sociales, territoriales, politiques) nous dit beaucoup d'où nous nous situons, collectivement : en somme, les perceptions, les attentes, peurs et espoirs de la société française font partie intégrante du roman national. « Cette étude est née de l'intuition qu'au tournant des années 2010-2011, quelque chose craquait dans notre pays », lit-on dans *Le Monde* à l'occasion de la dixième édition du baromètre. « Une polarisation croissante des opinions, une mise en tension toujours plus grande de la société, un rejet de l'autre de plus en plus manifeste, une critique de la démocratie de plus en plus forte et inquiétante[2]. »

Environnement, pouvoir d'achat, insécurité… les préoccupations des Français sont bien connues. Ce qui l'est moins, c'est d'observer que ces dernières années, les marques ont développé un discours consacré. Ainsi assistons-nous à l'émergence de ce que nous pourrions appeler le « clivage *branding* » (en bon franglais), c'est-à-dire à la prise en charge des fractures françaises par le discours des marques. Ce faisant, elles contribuent à remodeler les perceptions collectives sur ce qui travaille en profondeur la société française, ce qui renforce davantage encore leur rôle dans la production du roman national contemporain. Pour l'étudier, nous avons adopté un raisonnement fonctionnel, en tentant de

1. Ipsos/Sopra Steria, « Fractures françaises », 2022, enquête citée.
2. Abel Mestre, « "Fractures françaises" : un pays mécontent mais qui montre les premiers signes de décrispation », *Le Monde*, 4 octobre 2022.

distinguer, à travers des campagnes précises, une typologie des fonctions jouées par les marques. Parmi les marques qui s'attachent à raconter les fractures françaises, il existe de multiples rôles : il y a les *coachs*, qui accompagnent les transitions difficiles ; les *réparateurs*, qui règlent les petits et grands problèmes du quotidien… Nous avons décidé de concentrer nos efforts descriptifs sur trois rôles de « clivage *branding* » que nous tenons pour essentiels : les *porte-voix*, les *lampistes* et les *adoucissants*.

Les porte-voix : visibiliser les angles morts du débat public

En sociologie politique, la « mise à l'agenda » (*agenda setting*) désigne la capacité à faire émerger un problème dans l'espace public. Initialement, le concept décrivait l'influence des médias de masse sur la formation de l'opinion publique, en imposant le calendrier de certains événements et la hiérarchie des sujets[1]. Dans un deuxième temps, ce sont les hommes et femmes politiques qui se sont emparés du concept : pour reprendre une formule de Gilles Finchelstein, une bonne campagne politique, c'est une campagne qui fait émerger le problème dont vous êtes la solution. Aujourd'hui, de plus en plus de campagnes de marque (de publicité ou de presse) s'attellent à faire l'agenda sur un sujet qu'elles avancent. Si elles se révèlent être très habiles dans l'exercice, c'est qu'elles sont depuis longtemps acculturées à l'*insight*, baignant dans les études consommateurs et l'étude précise de leurs besoins : elles ont simplement élargi la focale, en articulant besoins individuels et besoins collectifs.

1. Maxwell E. McCombs, Donald L. Shaw, « The agenda-setting function of mass media », *Public Opinion Quartely*, vol. 36, n° 2, 1972, p. 176-187.

De façon emblématique, en plein conflit des retraites, le journal *Le Parisien*[1] a consacré sa une à la nouvelle politique sociale de Carrefour. Le distributeur, qui emploie cinquante mille femmes en France, propose un dispositif décrit comme « sans équivalent à ce jour » : les salariées souffrant d'endométriose ont désormais droit à douze jours d'absence par an. La comparaison avec le politique est peu flatteuse, alors que la « stratégie nationale » de lutte contre l'endométriose, annoncée le 11 janvier 2022 par Emmanuel Macron, n'a jusqu'ici pas franchement été suivie d'effets. À défaut de voir la classe politique légiférer sur le sujet, ce sont des acteurs privés qui s'en sont emparés, allant même jusqu'à vouloir jouer un rôle d'entraînement de la société tout entière. « Octroyer des jours est un début, mais rien ne sera possible sans une véritable évolution des mentalités », avance Alexandre Bompard, le P.-D.G. de Carrefour, qui détaille comment il entend « déconstruire les stéréotypes » à coups de livret de formation et de grande campagne de mobilisation. Ce faisant, Carrefour contribue à rendre visible un sujet majeur (l'endométriose) invisibilisé dans l'actualité chaude, et à susciter des discussions, si ce n'est un débat national, sur ce sujet. En 2021, le distributeur s'était déjà illustré en préemptant le sujet de la précarité menstruelle : en partant d'études qui montraient qu'une étudiante sur trois en souffrait, une situation qui les poussait parfois à ne pas venir en cours, Carrefour proposait aux étudiantes de bénéficier d'un paquet gratuit par mois de tampons ou de serviettes hygiéniques Carrefour Soft. L'initiative était d'autant plus intéressante qu'elle avait été prise conjointement avec le ministère de l'Enseignement supérieur : l'offre était valable du 2 mars au

1. Odile Plichon, « Endométriose, fausse couche, PMA… Carrefour va financer des jours d'absence pour les salariées concernées », *Le Parisien*, 18 avril 2023.

31 août 2021, dans l'attente de l'entrée en vigueur à la rentrée universitaire des nouvelles mesures gouvernementales au sein des établissements d'enseignement supérieur.

Certaines préoccupations ont été préemptées par un secteur dans son ensemble (le pouvoir d'achat par la grande distribution), ce qui n'empêche pas certains acteurs de se différencier en prenant un angle particulier (ainsi d'Intermarché et du pouvoir d'achat pour des biens alimentaires onéreux mais à fort caractère affectif, comme les Ferrero Rocher ou les chocolats Lindt : « Tout le monde vous demande des efforts, mais personne ne vous parle de réconfort » – campagne d'août 2021).

On pourrait multiplier les exemples : L'Oréal et son programme « Stand Up » pour lutter contre le harcèlement de rue, en partenariat avec l'ONG Right to Be et la Fondation des femmes ; l'assurtech Alan et la santé mentale des collaborateurs en entreprise, avec le lancement de son programme « Alan Mind » ; Back Market et l'émergence d'un marché du reconditionné, menant une vraie bataille culturelle contre le neuf au travers de campagnes publicitaires (« Il y a une vie après le neuf® », « Il était une deuxième fois® », « Déprogrammons l'obsolescence® »).

À chaque fois, les marques montrent leur capacité à rendre visibles les angles morts du débat public, des sujets dont les Français se préoccupent mais dont la classe politique n'a pas su s'emparer. L'existence même de ces angles morts est un problème politique : aux lendemains des législatives de 2022, une enquête sur les ressorts de l'abstention[1] montrait que 82 % des abstentionnistes et 76 % des électeurs du RN disaient que

1. Résultats de l'enquête postélectorale CECOP-CEVIPOF-Fondapol, vague 3 post-législatives, menée du 23 au 28 juin 2022 auprès de trois mille trois cent quatre-vingt-dix-huit enquêtés, cités dans Luc Rouban, *La vraie victoire du RN*, Paris, Presses de Sciences Po, 2022.

« la plupart du temps, quand les responsables politiques s'expriment, [ils ont] l'impression qu'ils parlent de sujets qui ne [les] concernent pas ». De la même façon, 72 % des abstentionnistes et 70 % des électeurs du RN disaient que, lorsqu'ils lisent ou regardent l'actualité dans les médias, les sujets traités ne les concernaient pas davantage.

En quelque sorte, les marques ont su ramasser le drapeau et assembler toutes les ressources (financières, humaines et symboliques) pour faire exister médiatiquement de nouveaux sujets de préoccupation (pour capitaliser dessus en les monétisant, bien entendu). Pour le dire autrement, les marques sont aujourd'hui parties prenantes de ce que le sociologue des médias Rémy Rieffel a appelé la « configuration médiatique ». Empruntant à Norbert Elias la notion de « configuration », définie comme un système social où les individus sont liés les uns aux autres par un ensemble de dépendances réciproques, selon un équilibre de tensions plus ou moins stable[1], Rieffel s'est intéressé à la « chaîne de coopération et de compétition qui préside à la production des idées et à leur diffusion ». C'est bien à ce titre que les marques participent, aux côtés des médias, des hommes et femmes politiques, des personnalités culturelles et intellectuelles, à l'établissement de la « valeur publique des idées ». D'un point de vue de l'opinion publique, les marques sont désormais des acteurs d'influence de premier plan, sur des sujets qui dépassent très largement les seules thématiques économiques et fiscales.

1. « À l'image du jeu d'échecs où le déplacement d'un simple pion produit un effet sur l'autre joueur et contraint ce dernier à s'adapter à la nouvelle donne, la configuration médiatique est constituée d'institutions et d'individus interdépendants dont les relations et les rapports de force ne cessent de se modifier selon la conjoncture du moment » (Rémy Rieffel, *L'emprise médiatique sur le débat d'idées; trente années de vie intellectuelle (1989-2019)*, Paris, PUF, 2022).

Les lampistes : rééclairer différemment la réalité

Les marques ne font pas qu'introduire de nouveaux sujets dans le débat public : elles ont aussi la capacité de se saisir de sujets ou de thématiques existantes, pour en parler différemment, et peser de tout leur poids pour en modifier la perception.

C'est ce que le neurolinguiste américain George Lakoff appelle le « cadrage » (*framing*). Sa thèse est la suivante : notre système conceptuel est intrinsèquement métaphorique[1]. Ce que nous pensons, ce dont nous faisons l'expérience et ce que nous faisons est déterminé par une architecture de métaphores, dont nous n'avons d'ailleurs pas toujours conscience. Un exemple éclairant : George Lakoff remarque que la plupart de nos expressions courantes relatives à l'argumentation font état d'une métaphore conceptuelle autour de la guerre. Ainsi note-t-il la multiplication de références bellicistes : « Ta position est *indéfendable* » ; « Sois solide dans ta démonstration, il va *attaquer* chacun de tes points faibles », etc. Ce qu'il est important de comprendre, nous explique George Lakoff, c'est que l'on ne fait pas que parler de l'argumentation en termes bellicistes ; en réalité, cette métaphore conceptuelle influence l'intégralité du processus argumentatif : la personne avec qui on échange est perçue comme un opposant, on attaque ses positions et on défend les siennes, on gagne ou on perd du terrain, on use de stratagèmes pour remporter la mise… Autrement dit : le choix de la métaphore influe sur notre conception du monde. Lakoff va appliquer cette leçon au monde politique : dans un ouvrage ultérieur[2], il explique que

1. George Lakoff, Mark Johnson, *Metaphors we live by*, Chicago, Chicago University Press, 1980.

2. George Lakoff, *Don't think of an elephant! Know your values and frame the debate*, London, Chelsea Green Publishing, 2004.

toute vision du monde politique s'appuie sur une constellation de métaphores, qu'il s'agit de mobiliser à bon escient. Il montre par exemple que les Républicains et les Démocrates, aux États-Unis, pensent la politique à travers l'utilisation d'une même métaphore (famille) mais selon deux cadres différents : aux républicains le « Père Sévère » (punition et discipline), aux démocrates le « Père Nutritif » (inspiration et tolérance). Dès lors, le cadrage consiste à identifier la métaphore conceptuelle mobilisée, parfois pour nous y enfermer sémantiquement (comme dans l'expression « allègement fiscal », qui sous-entend que l'impôt est nécessairement une charge lourde), pour pouvoir en proposer une autre, plus à son avantage.

Pour l'illustrer, prenons l'exemple de la marque de VTC Heetch, dont la dernière campagne publicitaire s'est emparée d'un sujet ô combien sensible dans l'imaginaire national : les banlieues. Alors que plus de 80 % des trajets effectués quotidiennement par Heetch ont pour lieu de départ ou d'arrivée une ville de proche banlieue parisienne (Saint-Denis, Aubervilliers, Créteil, Pantin, Bobigny, Vitry-sur-Seine), et que la majorité de ses chauffeurs y vivent, Heetch a décidé de défendre une vision plus positive que celle, largement stéréotypée et souvent négative, véhiculée dans les médias. Pour ce faire, le spot publicitaire déroule une mécanique créative imparable, qui consiste à jouer sur le décalage entre le son et l'image. En voix off, des extraits (réels) font entendre la façon dont les médias parlent de la banlieue : « Le paysage est sombre : quartiers défavorisés, quartiers-ghettos, quartiers pauvres… » ; « On les appelle les villes-dortoirs » ; « À longueur de journée, puisqu'on ne travaille pas, on s'ennuie ferme » ; « L'endroit idéal pour faire pousser la graine de la violence, avec la drogue en prime » ; « Le moins qu'on puisse dire de ces grands ensembles, c'est qu'ils manquent d'âme », etc. « En mettant bout à bout ces extraits audio issus des médias de 1960 à nos jours, on se rend compte de l'impact que peut avoir une vision réductrice et stigmatisante de la banlieue. On a donc sillonné la banlieue pour la montrer sous un jour trop souvent oublié et qui vient trancher avec ce bruit de fond médiatique[1] », explique Olivier Aumard, directeur de la création de BETC, l'agence à l'origine de cette campagne. Et de fait, à l'écran, on voit au contraire défiler une série d'images débordantes de vie, d'énergie, d'optimisme : un concert de rap enflamme la foule, un jeune travaille sur un logiciel de design, deux retraités jouent paisiblement aux échecs, deux femmes cousent ensemble, le sourire jusqu'aux oreilles. Partout, à L'Haÿ-les-Roses, à Saclay, à Châtillon, à Saint-Maur-des-Fossés, on danse, on rit, on crée, on réinvente, on s'entraide. Le tout avec des codes ancrés dans la culture populaire : le football, le skate-board, le hip-hop, le rap mais aussi la fête et le *gaming*. Le film se termine sur une promesse de marque, qui résume le projet : « Plus loin des clichés, des gros titres, des sentiers battus, du périph. Heetch, le VTC qui va plus loin® ». Une campagne dont la tonalité positive raisonne d'autant plus fort aux lendemains des émeutes urbaines de juillet 2023.

Dans un grand entretien au magazine *Zadig*, Emmanuel Macron avait déclaré qu'en Seine-Saint-Denis, « il ne manque que la mer pour devenir la Californie ». Le propos manquait cruellement de chair et d'incarnation pour pouvoir convaincre : la force des marques, c'est de pouvoir développer, en soutien, un riche discours iconique. On remarquera d'ailleurs que sur l'une des toutes premières images du spot Heetch, on voit une jeune métisse courir en portant un t-shirt avec écrit en gros : « California ». En plus du cadrage linguistique, celui

1. Communiqué de presse de BETC, à lire ici : <https://www.packshotmag.com/films/heetch-le-vtc-qui-va-plus-loin/>.

des politiques, les marques développent un cadrage visuel. Elles s'appuient sur ce que l'anthropologue Philippe Descola appelle la « fonction iconogène » des images[1] : loin de se limiter à reproduire de façon mimétique le réel, les images sont des « agents iconiques » qui ont aussi pour fonction de stimuler l'imagination visuelle et de déclencher la production d'images mentales. Ce sont ces dernières qui se révèlent être très puissantes pour remodeler la perception d'autrui sur un sujet donné.

Figure 22. Heetch, ou le recadrage de la perception de la banlieue.

1. Philippe Descola, *Les formes du visible ; une anthropologie de la figuration*, Paris, Seuil, 2021.

Les adoucissants: euphémiser les angoisses, les tensions et les clivages

La troisième fonction du « clivage *branding* » réside non pas dans le choix des thématiques ou de l'angle, mais dans le traitement lui-même (tonalité, couleurs, narration, etc.): les marques s'illustrent dans leur capacité à traiter de façon cool, apaisée et déconflictualisée (Roland Barthes dirait: « neutralisée ») les sujets les plus clivants de la société.

À commencer par l'insécurité, sujet de crispation majeur de la société française (dans les baromètres, la délinquance arrive systématiquement dans les cinq premières préoccupations des Français) et de clivage historique entre la droite et la gauche – on se souvient du fameux « sentiment d'insécurité » qu'opposait Lionel Jospin à la campagne sécuritaire menée par Jacques Chirac en 2002, et que beaucoup estiment lui avoir coûter sa place au second tour. Alors que la droite et l'extrême droite en font des sujets majeurs de conflictualité politique, non seulement vis-à-vis de la gauche (toujours taxée d'« angélisme ») mais aussi de la politique gouvernementale menée lors des deux quinquennats d'Emmanuel Macron, les marques se sont emparées du sujet avec un objectif rigoureusement inverse: dépassionner les débats. On peut le remarquer à la tonalité des publicités proposées par les marques vendant des produits anti-cambriolage. Pour promouvoir son système d'alarme avec télésurveillance, la marque Verisure, numéro un du marché, signe un spot publicitaire très léger: sur une musique enjouée, un employé Verisure installe le système d'alarme chez un particulier et voit défiler toute la famille dans des tenues estivales. « Avec Verisure, vous êtes déjà en vacances », signe le film. Plutôt que de mettre l'accent sur la menace, mise en sourdine, Verisure préfère insister sur le bénéfice client: la tranquillité d'esprit. Son principal concurrent sur le marché, Homiris, a voulu se distinguer en allant un cran plus loin encore, signant des campagnes publicitaires décalées, sur un registre comique. Dans « La visite » (2019), un père de famille ouvre sa porte à deux hommes encagoulés, les invite à entrer et leur explique en détail tous les équipements de valeur qui se trouvent dans la maison : l'ordinateur, l'écran 4K (« 1 000 euros, encore sous garantie »), passeports, papiers, chéquiers, les clés de la voiture et même… « la bague de mamie ». Il va jusqu'à montrer la petite réserve d'argent liquide, planquée sous la baignoire, et indiquer le meilleur moyen de pénétrer chez lui (« Vous pouvez entrer par ici, en montant sur le toit du cabanon »). « Voilà ce que vous faites en ne protégeant pas votre domicile », explique finalement le film, sur une image voyant les deux cambrioleurs souhaiter d'excellentes vacances au père de famille. Ici, la dimension anxiogène (deux hommes cagoulés) est totalement désamorcée par l'absurdité de la situation. Dernier exemple : pour promouvoir son offre « Maison Protégée », Orange a récemment diffusé trois films qui nous plongent dans autant d'intérieurs d'appartements où, en l'absence des propriétaires, il ne se passe… rien. Ou alors, pas grand-chose : un aspirateur robot fait tranquillement son travail, un hamster joue dans sa cage, une mouche se balade de fleur en fleur, une culotte tombe de l'étendoir. « Pas grand-chose. C'est ce qu'il s'est passé chez Jeanne et Serge pendant leurs vacances. Et c'est aussi ce qu'ils paient pour protéger leur domicile. »

Figure 23. L'archipélisation alimentaire.

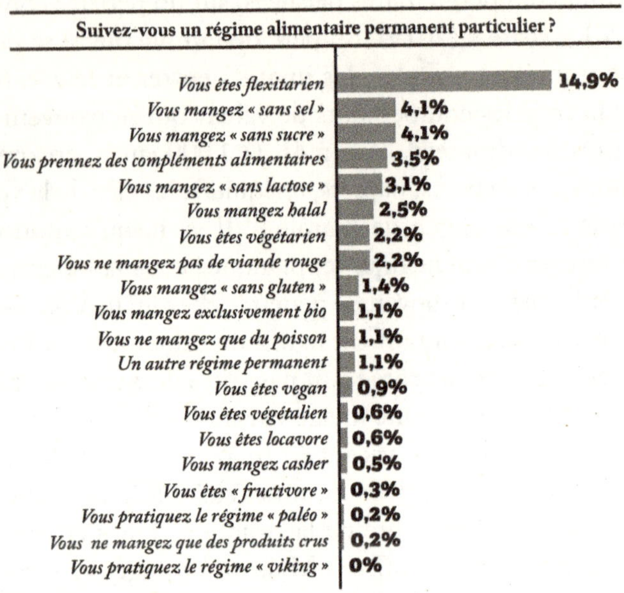

Source : Observatoire du rapport à la qualité et aux éthiques dans l'alimentaire, L'ObSoCo, décembre 2021.

Dans un autre registre, l'alimentation est aujourd'hui une importante source de clivage dans la population. Dans un rapport publié en deux volets à la Fondation Jean-Jaurès[1], Simon Borel et Guénaëlle Gault font du rapport à l'alimentation le « meilleur analyseur de la société française », pour comprendre « non seulement les craintes et les aspirations des Français, les mutations sociétales de la consommation, mais également la recomposition des enjeux d'appartenance sociale et identitaire

1. Simon Borel, Guénaëlle Gault, *La France à table 1/2 : les mutations de l'alimentation* et *La France à table 2/2 : alimentation et fragmentation*, Fondation Jean-Jaurès, 26-27 août 2022.

ainsi que les points de crispations politiques dans la société française ». Les auteurs notent l'émergence de nouveaux référentiels du « bon » et du « bien » manger, qui contribuent à créer des rapports antagoniques à l'alimentation et à faire éclater le cadre alimentaire commun en autant de régimes alimentaires particuliers, créant ce que nous pourrions appeler une « archipélisation alimentaire » (voir Figure 23). Le rapport met en exergue le fait que l'alimentation se fait « support et vecteur d'affrontements idéologiques et de recompositions des revendications politiques, culturelles et identitaires » :

> Entre les partisans d'une alimentation identitaire de tout poil, les nostalgiques du « repas à la française », les militants écologistes en faveur du bien-être animal, les adeptes des régimes permanents spécifiques et les défenseurs d'une « version plus métissée et inclusive de l'alimentation », plus aucun « référentiel ne fait consensus », pire, chacun se pose et se manifeste contre les autres.

C'est dans ce contexte que s'est lancée en 2019 la marque La Vie : à l'origine d'une technologie brevetée de gras à base de plantes, qui reproduit l'aspect, la texture et le goût des lardons mais sans le cochon, elle propose à la vente des lardons 100 % végétaux. Sa mission : « Faire évoluer les gens de la viande animale à la viande végétale avec un grand sourire sur les lèvres, et du gras sur le bout des doigts ». En mars 2022, elle a lancé une grande campagne de communication, particulièrement visible dans le métro parisien, pour chercher à « réconcilier tout le monde avec la nourriture végétale® ». « C'est un juif, un viandard, un musulman et un vegan à la même table. Et c'est pas une blague® », proclame un slogan. Le film *Qu'est-ce qu'on a fait au Bon Dieu* (2014, douze millions d'entrées) portait peu ou prou la même promesse narrative : ici, c'est une marque qui cherche à le réaliser sur toutes les tables de France, par un objet de consommation. Partant d'un sujet crispant, potentiellement crisogène, La Vie s'efforce d'œuvrer à une forme de réconciliation alimentaire.

Figure 24. La campagne publicitaire La Vie, qui œuvre à une forme de réconciliation alimentaire.

La fonction adoucissante des marques vaut aussi pour les clivages idéologiques. À commencer par ce qui constitue, pour certains, la révolution idéologique du XXIe siècle : l'antispécisme. En prônant l'égalité entre les espèces animales, humaines et non humaines, l'antispécisme est un projet qui bouleverse la philosophie, le droit et la politique : « Je considère qu'il n'y a aucune justification à discriminer un être en raison de l'espèce à laquelle il appartient », écrivait Aymeric Caron dès les premières lignes de son best-seller, *Antispéciste*[1], qui a beaucoup contribué à faire exister le sujet dans le débat public. Débat public qui, force est de constater, a rarement montré

1. Aymeric Caron, *Antispéciste ; réconcilier l'humain, l'animal, la nature*, Paris, Don Quichotte, 2016.

autre chose qu'un violent *choc des espèces*[1], pour reprendre le titre de l'essai de Renaud Large paru aux éditions de l'Aube. Accaparé par ses franges les plus antagonistes, l'antispécisme est réduit à une « guerre animale », comme l'a bien montré l'opposition stérile proposée en novembre 2022 sur le plateau de *TPMP*: d'un côté, Solveig Halloin, porte-parole de l'association Boucherie Abolition, qui hurle contre le « génocide des porcs »; de l'autre, Baptiste Marchais, youtubeur identitaire, qui organise des « Repas de seigneur » filmés prônant un carnisme décomplexé. « Spécistes contre anti-spécistes, viandards contre végétariens, chasseurs contre écologistes [...]. Où se situe la troisième voie entre amis et ennemis de la cause animale ? Comment desserrer la tenaille qui se referme sur ce débat fondamental ? » s'interroge Renaud Large.

Depuis le succès du Parti animaliste aux dernières élections européennes (2,2 % des voix, soit près de cinq cent mille électeurs, presque autant que le Parti communiste), on attendait que cette troisième voie émerge du champ politique lui-même. Il semblerait que d'autres acteurs aient décidé de se saisir du combat antispéciste : les marques commerciales. Là encore, loin des luttes fratricides, elles utilisent leurs moyens matériels et symboliques pour faire infuser de manière *soft* le système de valeurs antispéciste, contribuant ainsi à le rendre populaire. Le *modus operandi* : le consensus plutôt que le clivage ; l'empathie plutôt que l'idéologie ; la vie quotidienne plutôt que la vie des idées ; le consommateur (responsable) plutôt que le citoyen (dépolitisé). Autant d'éléments que l'on retrouve dans une campagne publicitaire signée SantéVet, « leader de l'assurance santé pour chiens, chats et NAC [nouveaux animaux de compagnie] ». Dans un spot intitulé « Kitty », diffusé en janvier 2023,

1. Renaud Large, *Le choc des espèces; l'homme contre l'animal, jusqu'à quand ?*, La Tour-d'Aigues, l'Aube, 2022.

la marque met en scène une jeune femme aux cheveux roux, que l'on suit dans plusieurs actions du quotidien : entourée de ses parents, deux personnes âgées bienveillantes, elle prend son petit déjeuner, se prélasse, câline, joue avec la lumière de la fenêtre… patatras, elle finit par se faire mal en sautant d'un arbre. Emmenée chez le médecin, on découvre que la jeune femme était en réalité un… chat roux. Slogan final : « Parce que votre chat fait partie de la famille, assurez-le® ». Un deuxième spot, « Buddy », use de la même rhétorique : l'ado chevelu que l'on suivait en train de s'amuser avec son petit frère s'avère être un… golden cocker. La promesse s'adapte : « Parce que votre chien fait partie de la famille, assurez-le® ».

Le journal *Libération* s'en est indigné : dans un billet du 11 janvier 2023 intitulé « Quand la pub est toutou much », Sabrina Champenois écrit que « le malaise provient de la confusion ostentatoire et délibérée entre humain et animal ». Ce qui correspond, peu ou prou, au projet antispéciste. Ce qui gêne la journaliste, c'est que le Marché puisse récupérer un projet philosophico-politique pour en tirer bénéfice. Et de fait, ces dernières années ont vu le service aux animaux exploser sous une offre de plus en plus abondante. Autrefois cantonné à l'éducation ou au gardiennage, le spectre s'est considérablement élargi, en se calquant sur les besoins humains – du spa canin à la psychanalyse pour chats, en passant par des cours de fitness (*agility*). Dog Chef propose un service de livraison de repas frais pour chien, « composés uniquement d'aliments naturels, propres à la consommation humaine ». Un temps, les abonnés Orange ont eu accès à Dog TV, la chaîne de télévision américaine pour chiens. Depuis décembre 2021, Uber a lancé en France son option « Uber Pet », qui permet de « voyager avec son animal de compagnie préféré » moyennant un supplément forfaitaire de 4 euros au tarif de base. Ces exemples montrent bien qu'au-delà de leur seule dimension économique et commerciale, les marques contribuent à façonner le paysage idéologique de nos sociétés contemporaines. L'antispécisme est un cas d'école : bien sûr, les marques adaptent leur offre à la demande (la moitié des foyers français dispose d'un animal de compagnie) ; mais en retour, l'existence même d'offres *pet-friendly* permet d'accroître la visibilité de la pensée antispéciste sous-jacente. Par leurs offres de produits et de services, les marques démocratisent et rendent tangibles, au travers d'éléments matériels, des idées politiques par essence immatérielles. En la transformant en une sorte de force tranquille, en dépassionnant les enjeux par la consommation, il n'est pas impossible que ce soient les marques qui permettent, *in fine*, d'accomplir la « révolution antispéciste ».

6
Les marques, nouveau terrain de jeu de l'extrême droite

> « Notre chance de survie serait que le suprématisme blanc devienne *trendy* aux USA. »
> MICHEL HOUELLEBECQ, *Front populaire*, 2022

Ce dernier chapitre articule deux champs de réflexion que nous avions jusqu'ici menés de façon parallèle, dans des publications séparées : l'étude des marques et de la consommation d'un côté, l'étude des stratégies d'influence de l'extrême droite de l'autre. Tout l'objectif, ici, est de voir comment ces deux sujets s'imbriquent l'un dans l'autre, et de voir les liens que tisse l'extrême droite avec les marques commerciales et la consommation. Quand on parle de « roman national des marques », il se pose non seulement la question des effets proprement politiques des marques elles-mêmes, mais aussi celle de leur récupération par les formations politiques. Comme nous allons le voir, jusqu'ici c'est sans doute l'extrême droite qui a pris le plus au sérieux l'existence d'un roman national des marques. Et c'est plutôt une surprise, dans la mesure où, historiquement, les idéologues de l'extrême droite ont toujours vivement rejeté la société de consommation.

C'est le cas, emblématique, de la Nouvelle Droite, cette école de pensée née à la fin des années 1960 avec la fondation du Groupement de recherche et d'études pour la civilisation européenne (GRECE), et qui entendait lier combat politique et combat culturel. Son chef de file, Alain de Benoist, d'abord obnubilé par le néopaganisme et la défense de thèses eugénistes, a commencé à s'intéresser à la « société marchande » à partir des années 1980, au travers de nombreuses publications d'articles et de recensions d'ouvrages dans ses deux principales revues, *Krisis* et *Éléments*[1]. Puisant dans un corpus d'auteurs critiques venant souvent de la gauche (Jean Baudrillard, Guy Debord, Serge Latouche), deux grands arguments étaient alors avancés pour justifier son opposition à la société de consommation. Le premier repose sur un anti-américanisme viscéral : la consommation est considérée comme une forme d'impérialisme culturel américain, qui constitue une menace civilisationnelle – certains auteurs de cette mouvance vont jusqu'à parler d'une « colonisation subtile » de l'*american way of life*[2]. C'est en ce sens qu'il faut comprendre le combat mené par l'extrême droite contre l'implantation de Disneyland à Marne-la-Vallée : contre « la France de Mickey », Alain de Benoist appelait à dératiser le personnage de dessin animé créé par Walt Disney, en rappelant que « le souriceau appartient à l'espèce ratière[3] ». Le second argument, plus large, rejette la consommation comme acte destructeur de la culture et des traditions. Ainsi Alain de Benoist la condamne-t-il en ce qu'elle a pour conséquence de « détacher l'homme du sol », d'« atomiser la société en acteurs individuels et

1. Olivier Dard, « La Nouvelle Droite et la société de consommation », *Vingtième siècle. Revue d'histoire*, n° 91, 2006/3, p. 125-135.
2. Marco Tarchi, « La colonisation subtile ; American way of life et dynamique sociale », in *Le défi de Disneyland ; actes du XXe colloque national de la revue « Éléments »*, Paris, Le Labyrinthe, 1987.
3. Alain de Benoist, « Vers l'indépendance ; pour une Europe souveraine et libérée des blocs », in *Le défi de Disneyland*, 1987, *op. cit.*

interchangeables » et qu'elle participe, par conséquent, au « rejet des héritages et des appartenances[1] ».

C'est sur cette ligne conservatrice-réactionnaire que l'on retrouve, plus récemment, un auteur comme Patrick Buisson. Dans *Décadanse*[2], l'ancien directeur de la rédaction de l'hebdomadaire d'extrême droite *Minute* présente sa vision de l'histoire culturelle et politique de la modernité. S'il condamne avec virulence la « révolution consumériste », c'est parce qu'elle vient bouleverser l'ordre traditionnel, et plus précisément : l'ordre chrétien. La consommation fait l'objet d'une condamnation morale car cette dernière entraîne « une mutation durable des comportements et des mentalités » – *Homo consumerus* et son *carpe diem* s'opposent frontalement au christianisme et à son « mépris des biens terrestres ». Buisson parle d'un « conflit inéluctable » entre « l'éthos chrétien et les nouvelles normes de l'économie » : ces dernières entendent selon lui substituer « le bonheur à la béatitude, la jouissance au salut et la possession à l'espérance ». Toute sa réflexion sur le développement de l'usage du crédit est, de ce point de vue, emblématique de sa grille de lecture :

> La peur atavique de l'endettement régissait encore les comportements profondément dictés par le report de satisfaction, selon un schéma chrétien laïcisé et transposé dans le monde profane de l'économie domestique.

Avec l'essor du crédit à la consommation, on passe « de la société de l'épargne à la société de l'éclate ». La publicité ? Elle est accusée d'être « actrice et propagatrice de la révolution sexuelle qui s'annonce », diffusant l'idée d'une « consommation

1. Alain de Benoist, *Europe, Tiers monde, même combat*, Paris, Robert Laffont, 1986.
2. Patrick Buisson, *Décadanse*, Paris, Albin Michel, 2023.

permissive et transgressive ». La télévision ? Buisson la tient pour responsable d'avoir organisé un « véritable génocide des cultures populaires », en anéantissant toutes les valeurs qui poussaient à suivre « une conception religieuse ou moraliste de la vie ». Dans un tel contexte où se développe une « économie libidinale, une économie du désir », l'auteur conclut, dans un raccourci stupéfiant : « l'avortement et l'euthanasie sont les deux faces d'un même hédonisme impatient ». On comprend que l'esprit soixante-huitard, tant décrié par la pensée réactionnaire, est ici pensé comme intrinsèquement lié au développement d'une culture de consommation de masse. Cette dernière en constitue en quelque sorte le bras armé.

En 2011, la publication de *Éléments pour une contre-culture identitaire* de Philippe Vardon marque un tournant : elle introduit l'idée d'une méthode « métapolitique ». « Aucun de nos choix n'est anodin », explique le fondateur du Bloc identitaire, « tout est identitaire, que ce soit la façon dont on porte ses vêtements, nos coupes de cheveux, les motifs qu'on ancre dans notre peau, les films auxquels on se réfère, les auteurs que l'on cite, les jouets que l'on offre à nos enfants, ou les airs qu'on fredonne. »

De ce fait, les objets de consommation font leur entrée dans la pensée et l'action militante identitaire[1] : Philippe Vardon prône par exemple le port du béret pour la « tradition » ou le visionnage du film de Batman *The Dark Knight* (2008) pour « l'abnégation ».

Plus récemment, un fait jusqu'ici largement passé sous le radar des observateurs politiques s'est peu à peu affirmé : l'utilisation des marques et de la consommation comme nouveau terrain de jeu politique de l'extrême droite. Et ce, soit pour

1. Lire l'enquête fouillée de Paul Conge, *Les Grands-remplacés ; enquête sur une fracture française*, Paris, Arkhé, 2020.

mener sa bataille culturelle et idéologique, soit pour construire une nouvelle stratégie de conquête électorale. En creux, au travers du prisme de la consommation, ce sont deux extrêmes droites qui se font face, dessinant une nouvelle tenaille : d'un côté, l'extrême droite identitaire qui se bat contre le consumérisme américain, tenu pour responsable de l'atomisation de l'individu. De l'autre, une extrême droite moins guerroyante, celle portée par Marine Le Pen, qui a décidé d'embrasser le consumérisme pour prendre la défense des classes moyennes fragilisées dans leur mode de vie.

Les marques, continuation de la politique par d'autres moyens

En 2017, dans un article très commenté publié sur le site de la revue progressiste *Dissident*[1], la philosophe féministe Nancy Fraser décrivait l'élection de Donald Trump comme une révolte contre le « *progressive neoliberalism* » (néolibéralisme progressiste), qu'elle décrit comme « l'alliance entre, d'une part, les courants dominants des nouveaux mouvements sociaux (féminisme, antiracisme, multiculturalisme et droits LGBTQ) et, d'autre part, le secteur privé des services et de la production symbolique haut de gamme (Wall Street, Silicon Valley et Hollywood) ». On pourrait ajouter à cette liste la Madison Avenue, célèbre avenue new-yorkaise où se situe le cœur battant de la publicité américaine, tant les grandes marques américaines semblent parfaitement correspondre à cette description.

Dans l'univers des marques et de la consommation, force est de constater que ce néolibéralisme progressiste est de plus en plus contesté. Au printemps 2023, un hashtag a envahi les réseaux sociaux : #BoycottBudLight. Des vidéos très violentes

1. Nancy Fraser, « The end of progressive neoliberalism », *Dissident*, 2 janvier 2017.

ont rapidement fleuri, captant des individus dans les rayons du supermarché Walmart en train de massacrer des étalages entiers de bières Bud Light. Le chanteur Kid Rock diffuse même une vidéo Instagram le montrant en train de mitrailler plusieurs canettes Bud Light, à l'arme lourde. La raison de leur colère ? La marque a réalisé un partenariat avec l'influenceuse transgenre Dylan Mulvaney (dix millions d'abonnés sur TikTok). Pendant la pandémie, cette dernière s'était rendue célèbre en documentant sa transition de genre, dans une série de vidéos intitulées « *Days of girlhood* » (visionnées plus d'un milliard de fois). Le sujet est particulièrement clivant aux États-Unis : les MAGA (*Make America Great Again*, la frange trumpiste du parti républicain) ont fait de la lutte contre le « lobby LGBTQ+ » leur cheval de bataille. La classe politique américaine n'a pas manqué de s'emparer du sujet Bud Light. Ron DeSantis, le gouverneur républicain de Floride désormais entré dans la course présidentielle de 2024, a aussitôt déclaré : « Cela fait partie d'un ensemble plus vaste de choses que les entreprises américaines [*corporate america*] essaient de changer : elles essaient de changer notre pays, notre politique, notre culture[1] ». DeSantis s'était déjà lancé dans un combat plus global contre ce qu'il appelle le « *corporate progressivism* » (le progressisme porté par les entreprises) : en février 2023, il a mis fin au statut spécial accordé au parc d'attractions Disney World (Orlando), qui lui octroyait depuis les années 1960 des facilités administratives, des emprunts avantageux, etc., pour encourager les soixante-quinze mille personnes employées par Disney en Floride. L'une des clauses stipulait que Disney s'engageait à promouvoir la famille américaine… est-ce toujours le cas quand elle parle de l'homosexualité et des transgenres de façon bienveillante et inclusive ? Non, répond

1. Charles Homans, « Ad flap leaves bitter aftertaste for Bud Light and warning for big business », *The New York Times*, 25 avril 2023.

DeSantis, qui accuse la marque iconique de divertissement d'être un « groupe d'élite » qui chercherait à « imposer son idéologie progressiste à une société qui la refuse », comme il l'explique dans son autobiographie[1], qui consacre un chapitre entier à son bras de fer avec Disney.

En janvier 2023, une autre marque américaine a été au centre de l'attention politico-médiatique : M&Ms. La marque de bonbons a subi des attaques similaires pour avoir touché à ses célèbres mascottes : dans un premier temps, son personnage vert (nommé Green) a vu ses bottes à talons transformées en simples baskets, dans une volonté de gommer les stéréotypes féminins. Un *relooking* immédiatement dénoncé par les conservateurs, qui ont moqué la propension des progressistes à s'offenser de tout. Dans un deuxième temps, la marque a introduit un nouveau personnage féminin, avec pour objectif de « représenter l'acceptation et l'inclusion » : baptisé Purple, le personnage est de couleur violette, en clin d'œil à la communauté LGBTQ+. À l'antenne, Tucker Carlson, alors encore présentateur star de Fox News, déclare que « les M&Ms woke mettent notre pays en danger ». Dans l'argumentaire déployé, on entend que la Chine peut se réjouir de voir son principal rival militaire se préoccuper d'inclusivité… autrement dit, ce n'est pas en perdant sa virilité que les États-Unis d'Amérique gagneront la Troisième Guerre mondiale. Las, le confiseur a fini par céder, en renonçant à utiliser ses personnages dans ses publicités, et ce jusqu'à nouvel ordre. Dans un communiqué de presse, la marque a déclaré : « Maintenant, nous avons compris que même les chaussures d'un bonbon peuvent susciter la polarisation. C'était la dernière chose que nous voulions, parce que notre objectif est de rassembler les gens ».

---

1. Ron DeSantis, *The courage to be free ; Florida's blueprint for America's revival*, New York, HarperCollins, 2023.

On pourrait multiplier les exemples : tous attestent que les marques sont entrées dans la *cultural war*, cette bataille culturelle qui divise profondément l'Amérique entre conservateurs et progressistes. On aurait tort, toutefois, de croire que ce phénomène est strictement américain : en réalité, il a bel et bien déjà traversé l'Atlantique. En France, aussi, les marques sont de plus en plus utilisées dans une bataille culturelle menée par la frange la plus identitaire de la droite et de l'extrême droite.

Au cœur de la bataille culturelle antiprogressiste

Une recherche ciblée des termes « marques », « publicité », « consommation » sur les principaux canaux d'expression de la droite identitaire et de l'extrême droite en France donne le vertige : ces dernières années, plusieurs dizaines d'articles leur ont été consacrés. À chaque fois, on retrouve la même approche : il s'agit d'utiliser les marques pour mener une bataille culturelle antiprogressiste. Avec, toujours, la même stratégie : *augmenter le coût d'adhésion aux thèses progressistes.* Ici, les marques ne sont pas tant utilisées pour promouvoir un récit national réactionnaire que pour miner, déconstruire, décourager la vision du monde portée par le progressisme. L'idée n'est pas de rendre désirable leur propre conception de la société, mais de rendre indésirable, et même, si possible, dangereuse, celle prônée par les marques progressistes.

Le site Français de souche, qui se décrit comme une « AFP de droite » et qui assure depuis 2006 une revue de presse identitaire très influente dans la fachosphère (le site revendique quatre-vingt mille visiteurs uniques chaque jour), effectue un important travail de veille publicitaire, s'attachant à relever les discours de marque prenant des positions multiculturalistes ou inclusives. Ainsi le site a-t-il successivement placardé : The

North Face, qui a fait la promotion d'une sportive anglaise en niqab ; Benetton, qui propose à la vente des « hijabs unisexes » ; ou encore la marque de poupées American Girl, qui commercialise « des tenues pour différentes célébrations religieuses et culturelles, dont Hanoucca (fête juive), Kwanzaa (fête afro-américaine), Diwali (fêtée par les hindous, les jaïns et les sikhs), la nouvelle année lunaire (fête chinoise) et l'Aïd al-fitr (fêtée par les musulmans) ». Par ailleurs, Français de souche reproche régulièrement aux marques de céder aux pressions de groupes progressistes : ainsi de la marque de riz Uncle Ben's qui, accusée de véhiculer des stéréotypes raciaux, s'est rebaptisée Ben's aux lendemains des mouvements de protestation contre les violences racistes de la police (#GeorgeFloyd) ; ou encore de la marque de bières sud-africaine Vale, qui s'est excusée pour avoir commercialisé des noms de bières à connotation machiste (« Blonde facile », « Brune légère »).

On remarque que, la plupart du temps, il s'agit d'exemples de marques… étrangères, avec une nette prédominance des marques américaines. C'est une constante que l'on retrouve dans tous les autres médias idéologiquement alignés avec la grille de lecture identitaire. Ironie de l'histoire : alors que les militants progressistes sont régulièrement accusés d'importer des débats américains en France, sans égard aux différences historiques, culturelles et politiques entre les deux pays, les identitaires font exactement la même chose.

Dans un écho absolument frappant, des polémiques trumpistes se retrouvent importées en France, recyclées par les canaux de la frange identitaire française. On est frappés de retrouver les mêmes relais d'opinion, à commencer par Français de souche, qui a consacré un long article à la controverse suscitée par Bud Light. Le site décrit une situation un tantinet exagérée (« les consommateurs de tout le pays [*sic*] se sont révoltés contre la marque de bière la plus vendue du pays ») et surtout, orientée

– ainsi donne-t-il longuement la parole à Jeff Fitter, propriétaire d'un bar sportif dans le Missouri, qui parle d'une « baisse catastrophique des ventes de Bud Light dans son bar » (qu'il estime, au doigt mouillé, à 80 % : en réalité, à l'échelle nationale, les ventes ont baissé de 17 % la première semaine, avant de se rétablir la semaine suivante). Autre relais d'influence incontournable, le sociologue québécois Mathieu Bock-Côté, qui a beaucoup œuvré pour dynamiser la pensée réactionnaire française. Par écrit au *Figaro*, où il tient une chronique hebdomadaire, et à l'écran sur CNews, la chaîne du groupe Bolloré au sein de laquelle il anime l'émission *Face à Bock-Côté* tous les samedis à 20 heures, et qui propose un « décryptage de l'actualité des deux côtés de l'Atlantique », il contribue à donner un important écho national à des polémiques américaines. Bock-Côté s'est très tôt emparé de l'exemple de Disney, qu'il place lui aussi « au cœur de la guerre culturelle » : la multinationale du divertissement, « qui vise explicitement la déconstruction de l'identité de genre des enfants », est décrite comme une « entreprise de réingénierie sociale » qui « entend reprogrammer les codes élémentaires de la socialisation des nouvelles générations[1] ». Une version plus intello que DeSantis, mais fondée sur le même soubassement idéologique. Éric Zemmour lui-même, d'ailleurs, évoquait le cas Disney dans son livre-plaidoyer qui a servi de rampe de lancement à sa candidature à l'élection présidentielle, insistant sur le volet *cancel culture* : « Pas un jour sans que Walt Disney ne retire de son offre "Enfants", sur sa plateforme de films à la demande, des dessins animés hautement racistes comme *Les Aristochats* ou *Le Livre de la jungle*[2] ».

1. Mathieu Bock-Côté, « Disney au cœur de la guerre culturelle », *Le Figaro*, 1er avril 2022.
2. Éric Zemmour, *La France n'a pas dit son dernier mot*, Paris, Rubempré, 2021.

Sur les réseaux sociaux, c'est Damien Rieu (cent quatre-vingt-quinze mille abonnés Twitter) qui effectue un important travail de veille et de mobilisation de la fachosphère. Militant très engagé au sein de Génération identitaire, ancien proche de Marion Maréchal, il s'est rapproché d'Éric Zemmour pendant la dernière campagne présidentielle, jusqu'à briguer pour Reconquête la quatrième circonscription des Alpes-Maritimes lors des législatives, sans succès. Sur sa chaîne Telegram, il a opportunément publié un ancien clip publicitaire Gillette datant des années 1990. Comme on l'a expliqué dans le chapitre 3, la marque de rasoirs a fait l'objet d'un important *backlash* trumpiste à la suite de son revirement post-#MeToo. En relais de cette réaction, Rieu écrit : « Il y a à peine 30 ans, voilà quelles étaient les valeurs promues par la publicité. Simple, efficace, beau. Nous allons nous battre pour retrouver ce monde et le transmettre à nos enfants ». En l'occurrence, le clip Gillette en question véhiculait une image stéréotypée de la masculinité (l'homme à succès plein d'oseilles, l'homme à femmes séducteur, l'homme viril qui ne recule devant aucun danger, etc.). Autre initiative de marque qui a profondément agité l'écosystème trumpiste, de l'incontournable Tucker Carlson (Fox News) à Sean Spicer, l'ancien porte-parole de la Maison-Blanche sous Trump : l'introduction de l'émoji de l'homme enceint sur Apple. Eugénie Bastié, égérie anti-woke du *Figaro*, s'en est émue dans une de ses chroniques, décrivant « l'alliance du woke et de la Silicon Valley » :

> Anecdotique ? Rigolo ? Inoffensif ? Non, révélateur. Car les émoticônes d'Iphone, présents dans toutes les poches sur tous les continents, sont les marqueurs d'une révolution insidieuse des mentalités, selon une mécanique d'ingénierie

> sociale visant à nous faire accepter une humanité nouvelle, déconstruite et multiculturelle[1].

Ces débats importés de l'étranger ont permis de préparer le terrain, de sensibiliser le public français aux thèses et concepts typiques de la *cultural war* américaine (wokisme, *cancel culture*, appropriation culturelle), et ce pour mieux les appliquer à des exemples bien français. Dans sa « Revue des hebdos et des idées », réalisée chaque semaine à l'antenne d'*Europe 1* (groupe Bolloré), Eugénie Bastié s'est par exemple emparée d'un spot de la Sécurité routière. En partant d'une statistique montrant que huit morts sur dix sont des hommes, la Sécurité routière a voulu réaliser une campagne montrant que les stéréotypes autour de la masculinité entraînaient des comportements dangereux au volant (« Il m'énerve à vouloir me doubler, je ne le laisserai pas faire » ; « Ne t'inquiète pas, deux verres ? Ça ne change rien à ma conduite »). « Ne nous y trompons pas », avertit Bastié, « derrière cette campagne en apparence innocente, se cache tout un discours idéologique, qu'on appelle la masculinité toxique ». La veille, dans sa chronique hebdomadaire dans *Le Figaro*, elle s'était déjà indignée du même clip publicitaire, qui mettrait selon elle en scène le « prototype du mâle déconstruit[2] ». Mathieu Bock-Côté, de son côté, a alimenté la polémique autour d'une publicité de la marque Gap

---

1. Eugénie Bastié, « L'émoji de l'homme enceint ou l'alliance du woke et de la Silicon Valley », *Le Figaro*, 2 février 2022.
2. « Abreuvés des présupposés de la théorie du genre, les communicants pensent qu'entre les stéréotypes de la masculinité et la conduite dangereuse il y a un continuum à déconstruire. Ils confondent corrélation et causalité. Plus d'hommes ont des accidents de voiture, donc il faut déconstruire l'homme pour qu'il y ait moins d'accidents » (Eugénie Bastié, « Tu seras un homme déconstruit, mon fils », *Le Figaro*, 9 février 2023).

qui montrait une enfant voilée, parlant d'une « entreprise [qui] cède à la stratégie publicitaire de l'islam politique ». Lorsque la marque Évian, accusée d'offenser les musulmans en incitant les gens à boire de l'eau en plein ramadan, publie un Tweet pour s'en excuser, Bock-Côté a parlé « de ces grandes entreprises françaises qui sont désormais disposées à se soumettre à ce qu'elles croient être les injonctions de la religion musulmane et plus particulièrement, de ceux qui veulent faire de la France une terre d'islam[1] ».

Prenons pour finir un dernier exemple, cette fois-ci en provenance d'Italie, où une grande campagne de publicité est venue s'immiscer dans les débats autour de l'identité nationale. À l'occasion de la journée mondiale des pâtes à la carbonara (célébrée chaque année le 6 avril), la célèbre marque de pâtes Barilla a posté un spot publicitaire intitulé « *Open Carbonara*® ». Dans un court-métrage d'un peu moins de cinq minutes, on suit un groupe d'enfants dans une école italienne. À la cantine, des pâtes carbonara sont servies pour déjeuner : ce plat traditionnel est préparé avec des spaghettis, du guanciale (viande séchée à base de joue de porc), du pecorino (fromage), des œufs et du poivre. Pour des raisons de restrictions alimentaires, plusieurs enfants reçoivent un plat différent. Une petite fille s'en émeut : pourquoi son camarade de table, Gabriele, devrait être exclu du reste de ses camarades ? Une fois rentrée chez elle, toute penaude, elle s'en ouvre à son père, qui n'est autre que le chef étoilé Marco Martini. Ce dernier décide de créer une recette de carbonara « beaucoup plus inclusive », et réunit une équipe de six chefs internationaux spécialisés dans les cuisines halal, casher et végétalienne pour imaginer une version alternative de la recette classique : des « *Open Carbonara*® ». On y

1. Mathieu Bock-Côté, « Évian, ou quand une entreprise se soumet », *Le Figaro*, 17 avril 2021.

assemble : des spaghettis sans gluten ; du céleri-rave râpé pour reproduire le pecorino ; des pommes de terre écrasées et du safran pour remplacer l'œuf. Tous ces ingrédients sont choisis pour préserver l'intégrité, la texture et la saveur de la version originale, précise le chef. Résultat : lorsque les plats sont servis à l'école, la petite fille dit à son camarade, ravie : « Gabriele, aujourd'hui, tu peux les manger ». À l'écran, le spot remonte au concept publicitaire et politique plus général, en disant : « La nourriture devrait être quelque chose qui rapproche les gens, elle ne devrait pas les diviser ». Dans le communiqué de presse accompagnant la sortie de la campagne publicitaire, Barilla précise, étude à l'appui, que 47 % des interrogés admettent qu'il leur arrive de ne pas inviter d'amis ou de famille à un repas parce qu'ils ne se sentent pas capables de répondre à leurs différents besoins alimentaires.

Branle-bas de combat dans l'écosystème antiprogressiste. En Italie, d'abord : les réactions ont été vives, et d'autant plus nourries par le courant identitaire que depuis son accession au pouvoir en octobre 2022, le gouvernement Meloni s'est donné pour objectif de défendre une culture italienne perçue comme en danger face à des menaces extérieures. Rapidement, la polémique a traversé les Pyrénées, en anglant le propos sur la thématique de l'effacement. Sur Twitter, Damien Rieu partage le clip publicitaire, sous la forme d'une alerte : « Le porc, aliment traditionnel de notre culture, divise : il est désormais un obstacle au vivre-ensemble et doit disparaître. « Ce qui est incroyable », poursuit-il, « c'est l'inversion totale : ce qui divise ce n'est pas l'interdit religieux alimentaire mais l'aliment ». Le site d'information Boulevard Voltaire, lui, déplore « l'effacement de la culture italienne pour se sentir membre d'une communauté », et en tire des enseignements sur l'évolution de la publicité :

> Du temps de sa splendeur, dans les années 70-80, la publicité cherchait à vous arracher l'effet « waouh » […]. Avec la broyeuse mondialiste, la pin-up publicitaire est devenue vieille fille. Parée de tous les sacrements de la diversité et de l'inclusivité, elle vous rabâche le catéchisme niaiseux des institutions européennes et de l'ONU, jusqu'à la nausée. Elle cherche dans les recoins ce qui reste de culture locale pour la régurgiter en bouillie écœurante et prédigérée, sentant fort la manipulation[1].

Sur CNews, Mathieu Bock-Côté y dédie une longue chronique : « C'est fascinant : toute l'histoire de notre temps est condensée dans ce petit récit[2] », explique-t-il. Sur un ton agité, il interroge l'expression de « carbonara inclusive », sous la forme de questions rhétoriques : « Dois-je comprendre que la carbonara d'hier était exclusive ? […] Est-ce que la cuisine italienne est une cuisine discriminatoire ? » Pour lui, la publicité Barilla expose au grand jour ce qu'il appelle le « paradoxe multiculturaliste », qu'il formule en ces termes : « Pour être capable de s'ouvrir à l'autre, vous devez être capable de vous effacer vous-même ». « Dans le multiculturalisme », poursuit-il, « il y a de la place pour toutes les cultures, mais pour qu'elles puissent s'épanouir, vous devez bannir la gastronomie italienne, vous devez bannir la culture italienne. Et en France, pour être capable d'avoir une culture et une gastronomie inclusive, demain il faudra bannir le jambon et le porc ! » Et de conclure, indigné : « Vous gardez le nom mais vous changez la recette : c'est de l'orwellisme alimentaire ! »

La défense d'un plat présenté comme « traditionnel » et d'« origine romaine », au nom de la défense du patrimoine

1. Marc Baudriller, « Barilla : maintenant, la publicité vous fait la morale ! », *Boulevard Voltaire*, 6 avril 2023.
2. Christine Kelly, « Et maintenant, des pâtes inclusives ! », *Face à l'info* (CNews), 10 avril 2023.

gastronomique et la tradition culinaire italienne, que Giorgia Meloni cherche d'ailleurs à faire reconnaître comme patrimoine immatériel de l'UNESCO, est d'autant plus savoureuse que quelques semaines auparavant, un historien de la cuisine italienne rappelait les circonstances historiques de la naissance de plusieurs plats emblématiques italiens. Dans un article du *Financial Times*[1], Alberto Grandi explique que beaucoup de plats italiens considérés comme des « classiques » (tiramisu, panettone, parmesan, pizza) sont en réalité des inventions récentes, souvent réinventées par l'émigration italienne aux États-Unis. Les pâtes à la carbonara, en l'occurrence, sont un « plat américain né en Italie », préparé pour la première fois en 1944 par le chef Renato Gualandi lors d'un repas organisé à Riccione (côte est de l'Italie) pour… l'armée américaine. Après coup, Gualandi aurait déclaré avoir fait de son mieux pour assembler « l'excellent bacon, la très bonne crème, le fromage et les jaunes d'œufs en poudre » dont les Américains disposaient. On le voit, les pâtes à la carbonara sont au cœur du roman national italien, avec tout ce que cela implique de traditions inventées, de récits mythiques, et de controverses culturelles. Il est emblématique que ce soit une campagne de marque qui ait suscité autant de réactions politiques.

Ce que montre le cas Barilla, c'est que le *benchmark* est désormais mondial : dès qu'une marque importante, quelque part dans le monde, prend la parole pour promouvoir une société ouverte, inclusive et tolérante, une sorte d'internationale antiprogressiste se constitue. Et ce, afin de contrer la puissance séductrice du récit proposé, et d'alerter sur les dangers pour la culture nationale en question. Ce qu'il faut bien comprendre,

1. Marianna Giusti, « Everything I, an Italian, thought I knew about Italian food is wrong », *Financial Times*, 23 mars 2023.

c'est que tout ceci marque une rupture avec la situation antérieure. Pendant trente ans, le discours « engagé » des marques n'avait pour principale résistance que les accusations en hypocrisie (*greenwashing*, *socialwashing*…) ; ce n'était pas tant l'orientation choisie que le décalage entre le discours et la réalité qui était dénoncé (« On aimerait vous croire, mais… »). À présent, les marques doivent s'attendre à faire face à une véritable guérilla marketing réactionnaire, qui a pour principal objectif d'intimider les prises de position ouvertement progressistes.

Les marques, nouvelles armes de l'offensive identitaire

Dans un premier temps, comme nous venons de le voir, l'extrême droite s'est emparée du roman national des marques pour combattre celui porté par les marques progressistes, et même plus généralement par la publicité qui serait, à en croire le polémiste d'extrême droite Jean Messiha, « à la pointe de l'idéologie immigrationniste et diversitaire[1] ». Mais une deuxième étape a été franchie : plutôt que de se cantonner à une défense de fond de court, il s'agit de monter au filet, de façon beaucoup plus offensive, et d'utiliser les marques comme de nouvelles armes d'influence au service de la cause identitaire.

Lors de la rentrée politique 2021, Éric Zemmour lance son aventure politique, à coups de déclarations chocs dans les

1. Dans *Causeur*, Jean Messiha constatait avec effarement la multiplication des couples métis dans la publicité : à rebours, selon lui, de la réalité sociologique du pays, ils contribuent à « nous imprimer dans le cerveau le bon message : le métissage est souhaitable ». Tel est le message que « l'idéologie diversitaire des Havas, Publicis, Omnicom et tant d'autres véhiculent, avec la complicité ou peut-être même sur instruction des patrons du CAC 40 et des grandes entreprises publiques (EDF, SNCF, RATP) » (Jean Messiha, « Le métissage (mais pas n'importe lequel) : la nouvelle norme du progressisme », *Causeur*, 20 février 2020).

médias. Parmi elles, on trouve sa proposition d'interdire en France les prénoms d'origine étrangère : s'il appelle à « franciser les prénoms », c'est parce qu'« appeler son enfant Mohamed, c'est coloniser la France[1] ». Dans la foulée, un site intitulé « Vite mon prénom » (inspiré de « Vite ma dose ») est créé : apparaissant sous la forme d'un « générateur de prénoms », il suggère un nouveau prénom « plus français » en cas d'élection de Zemmour en 2022. Ainsi Karim se voit-il rebaptisé « Marius », Abdou « Alain », ou encore Ashley « Audrey » … Présenté comme un site parodique pour « moquer la proposition d'Éric Zemmour », il s'agit en réalité d'une opération de communication qui, jouant parfaitement de la viralité des réseaux sociaux, utilise l'autodérision comme stratégie de promotion[2]. Le point intéressant, à ce stade, est de noter que des marques très grand public comme Domino's Pizza ou KFC se sont prêtées au jeu : la première s'est vue rebaptisée « Dominique », la seconde « Luc » (voir Figure 25). Leur implication a permis, à leur corps défendant, de participer à une habile stratégie d'influence identitaire, qui œuvrait à deux niveaux : augmenter la visibilité (plus de cent trente millions de prénoms ont été testés sur la plate-forme, contribuant à ce que la proposition choc perce le mur du son et dépasse le public cible habituel) et favoriser l'acceptabilité de la mesure, dont le sous-bassement idéologique se voit dédramatisé par l'humour et camouflé par l'identité même des émetteurs (deux chaînes de fast-food, très populaires).

À ce moment, les zemmouristes prennent conscience du potentiel des marques de grande consommation dans la bataille

1. Matinale de *RTL*, le 14 septembre 2021.

2. Antoine Beau, « Vitemonprenom.com : soutiens ou détracteurs d'Eric Zemmour, qui se cache derrière ce site ? », *Le Parisien*, 18 septembre 2021.

culturelle qu'ils sont en train de mener, et qui obéit à un premier principe cardinal : « abaisser le coût d'adhésion aux idées extrêmes[1] ». Ce principe stipule qu'il a toujours existé un frein pour adhérer aux idées d'extrême droite, ne serait-ce qu'un frein social ou professionnel lorsqu'un individu réalise son « coming out identitaire ». Il ne s'agit plus de dédiaboliser les idées, mais de les rendre désirables, suivant une vieille intuition spinoziste : « L'homme ne désire pas une chose parce que nous la jugeons bonne, mais nous la jugeons bonne parce que nous la désirons[2] ». Pour les stratèges de l'extrême droite, le brief pourrait dès lors être résumé de la façon suivante : comment faire adhérer le plus grand nombre à un contenu radical ? C'est dans ce contexte que les marques de grande consommation sont d'une aide précieuse : plus elles sont consensuelles, désidéologisées et parties intégrantes du quotidien des Français, et plus elles constituent des armes de choix pour l'offensive identitaire.

1. Pour reprendre l'excellente expression de Giuliano da Empoli citée dans sa tribune au *Monde* du 26 octobre 2021, « L'extrémisme d'Éric Zemmour n'est pas la limite qui le fera plafonner mais son carburant ».
2. Dans *l'Éthique,* Spinoza développe toute une réflexion sur l'illusion du libre jugement, du libre arbitre : pour lui, c'est le désir qui détermine le jugement.

Figure 25. KFC et Domino's Pizza ironisent sur #ViteMonPrenom.

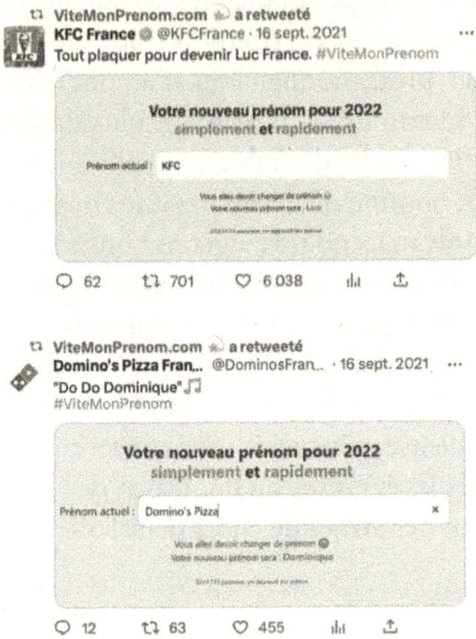

Un an plus tard, le parti d'Éric Zemmour fait pâle figure : éliminé au premier tour de l'élection présidentielle, Reconquête n'a obtenu aucun député lors des législatives qui ont suivi. Comment une formation politique sans élus peut-elle continuer d'exister dans le paysage politique ? C'est la question que se sont posée tout l'été Marion Maréchal, Guillaume Peltier et Nicolas Bay, les trois vice-présidents de Reconquête. Leur réponse : poursuivre le combat idéologique ; faire entendre la voix de la « droite civilisationnelle » – un concept théorisé par Marion Maréchal – en faisant de l'agit-prop, en réalisant des coups d'éclat politiques. « Notre espace est dans la métapolitique, pas la politique électorale », explique alors un cadre à

Libération. « On doit former les jeunes, investir le monde associatif, faire des procès aux islamistes, être une sorte de syndicat de défense des natifs, des trucs concrets. Il y a la place, le RN a tout abandonné : ils n'ont pas de mouvement de jeunesse, pas d'intellectuels, pas d'événementiel[1]. »

À la rentrée 2022, les identitaires procèdent à plusieurs coups d'éclat successifs, avec un nouveau *modus operandi* : utiliser des marques et des objets de consommation pour mener le combat politique. En septembre 2022, Damien Rieu poste sur ses réseaux sociaux des captures d'écran de plusieurs salles de fitness de la marque Basic-Fit avec la mention « *only for ladies* », indiquant que leurs salles disposent d'espaces sportifs réservés aux femmes. En sous-texte, Rieu précise : « Quand @BasicFitFr applique la chariah ». Ce faisant, il recourt à ce que Roland Barthes appelait la « fonction d'ancrage » du texte vis-à-vis de l'image. « Toute image est polysémique », rappelait le sémiologue, en ce qu'elle regorge d'une pluralité d'interprétations possibles : en l'occurrence, ici, il est permis de voir dans la mention « *only for ladies* » une simple option appréciable pour des femmes qui chercheraient à faire de l'exercice sportif en s'extrayant du regard des hommes. « Le texte », poursuit Barthes, « dirige le lecteur entre les signifiés de l'image, lui en fait éviter certains et en recevoir d'autres ; à travers un dispatching souvent subtil, il le téléguide vers un sens choisi à l'avance[2] ». Dans le cas qui nous occupe, le sous-texte de Damien Rieu cherche à cadrer l'interprétation de l'image dans

1. Nicolas Massol, « Reconquête veut refaire sa carte d'identitaire », *Libération*, 9 septembre 2022.

2. « L'ancrage est un contrôle, il détient une responsabilité, face à la puissance projective des figures, sur l'usage du message ; par rapport à la liberté des signifiés de l'image, le texte a une valeur répressive » (Roland Barthes, « Rhétorique de l'image », *Communications*, n° 4, 1964, p. 40-51).

un sens bien précis, qui consiste à inciter les consommateurs à voir dans les salles de sport Basic-Fit des lieux où se propage l'islamisme radical. La marque est ici mobilisée au service d'un narratif plus vaste, celui du « grand remplacement » : si les salles de sport pratiquent la charia, c'est bien que la République est rongée en son cœur par l'intégrisme religieux. Pour ce faire, Basic-Fit est une cible idéale : elle est une marque-hobby (le sport), qui s'adresse au grand public (le prix d'entrée est de 9,99 euros pour quatre semaines) et qui peuple l'imaginaire visuel des espaces urbains (plus de sept cents clubs en France). Paradoxalement, c'est l'imaginaire antifasciste du *Rhinocéros* de Ionesco qui est ici mobilisé, sous la forme de la rhétorique de la contagion : si Basic-Fit est, à son tour, atteint de cette mystérieuse maladie de « rhinocérite » (hier le fascisme, aujourd'hui l'islamisme radical), qui peut encore douter de la réalité de sa progression ?

Fin novembre 2022, une initiative du député RN, Grégoire de Fournas, détonne : elle intervient dans un moment où ses camarades de l'Assemblée nationale usent et abusent de la « stratégie de la cravate », qui consiste à lisser leur expression et leur image pour achever leur dédiabolisation. Plutôt que de s'institutionnaliser, lui décide de prendre à bras-le-corps le sujet de la lutte contre l'antifascisme, mais sans le faire frontalement : il va utiliser un objet de consommation pour mener son combat politique – en l'occurrence, un jeu de société intitulé *Antifa : le jeu*, édité par les éditions Libertalia et vendu à la Fnac. Le 26 novembre, Grégoire de Fournas publie un message sur son compte Twitter : « Case 1 : je bloque une fac. Case 2 : je tabasse un militant de droite. Case 3 : j'attaque un meeting du RN. Case 4 : je lance un cocktail Molotov sur les CRS. » Et de conclure, en interpellant directement la marque : « La Fnac vous n'avez pas honte ? » Bientôt rejoint par le syndicat de commissaires de police, il a suffi de vingt-quatre heures pour que la

Fnac cède à la pression et décide de retirer le jeu de la vente, en l'accompagnant d'un message d'excuse : « Nous comprenons que la commercialisation de ce "jeu" ait pu heurter certains de nos publics. Nous faisons le nécessaire pour qu'il ne soit plus disponible dans les prochaines heures ». Le problème, c'est que la marque a cédé à l'extrême droite sur la base d'une polémique bâtie… sur un mensonge. « Il n'est absolument pas question de tabasser des militants d'extrême droite dans ce jeu ! », précise Nicolas Norrito des éditions Libertalia au journal *Libération*[1].

> C'est un outil de formation, un jeu de cartes avec des dés… Casser du flic ? Mais il n'en est absolument pas question. Nous sommes des militants antifascistes de longue date, on a fait attention à ce que tout soit inattaquable juridiquement.

« Alors même que sa raison sociale est de *"Garantir l'accès à [la] culture pour tous et la diversité culturelle"*, la voilà qui réduit le champ de vision des clients », regrette le magazine spécialisé *Stratégies*[2]. Quarante-huit heures plus tard, la Fnac décide finalement de remettre le jeu en vente. Trop tard, le mal est fait : l'extrême droite montre qu'en menant une campagne digitale bien organisée, elle peut faire plier des acteurs économiques importants.

1. Pierre Plottu, Maxime Macé, « La Fnac censure un jeu antifasciste à la demande de l'extrême droite », *Libération*, 28 novembre 2022.
2. Emmanuel Gavard, « Retour sur la polémique du jeu Antifa vendu à la Fnac », *Stratégies*, 7 décembre 2022.

Figure 26. Basic-Fit et la Fnac, cibles de l'offensive identitaire.

L'opération menée est exemplaire d'un second principe utilisé par l'extrême droite pour mener à bien sa bataille culturelle : *augmenter le coût de l'opposition aux idées d'extrême droite.* Il ne s'agit pas seulement de rendre ses idées désirables, comme expliqué précédemment, mais aussi de rendre plus difficile le fait de s'y opposer. Les deux principes marchent de concert : conquête de nouveaux électeurs d'un côté, neutralisation des adversaires de l'autre. Toujours est-il que les exemples de « *cancel culture* d'extrême droite » se multiplient : annulation d'une visite pédagogique au camp de migrants de Calais, annulation du concert prévu à Metz de Bilal Hassani, figure de la communauté LGBTQ+, report du projet d'installation de migrants à Callac (Côtes-d'Armor), restriction d'un atelier de lecture organisé par deux artistes drag queens à Toulouse... jusqu'aux violences : début mai 2023, Yannick Morez, le maire divers droite de Saint-Brevin-les-Pins (Loire-Atlantique), a décidé de démissionner, quelques semaines après l'incendie criminel de son domicile. Il avait été menacé à plusieurs reprises par l'extrême droite en raison de son soutien à un projet de déplacement et d'extension d'un centre d'accueil de demandeurs d'asile. À chaque fois, on retrouve le même procédé : alerte en ligne, mobilisation de l'écosystème, cyberharcèlement et, parfois, actions ciblées sur le terrain. L'exemple de la Fnac montre que les marques sont désormais pleinement intégrées dans la panoplie des outils de mobilisation des identitaires.

Troisième forme d'utilisation des marques dans l'offensive identitaire : se revendiquer explicitement, dans le discours, de la droite identitaire ou de l'extrême droite. Aux États-Unis, l'élection de Donald Trump et, plus encore, les prises de position progressistes des grandes marques américaines ont fait tomber le tabou du « marketing facho ». Dès 2014, la chaîne Black Rifle Coffee s'était positionnée comme

« anti-hipster » et « pour les gens qui aiment l'Amérique » : lorsqu'en 2017, Donald Trump a promulgué son « *muslim ban* » et que Starbucks a annoncé son intention d'embaucher des réfugiés, Black Rifle Coffee s'est présenté comme une « option pour les gens qui ont voté Trump ». Dans la suite de la polémique autour de Bud Light, Seth Weathers, un ancien consultant de l'équipe de Donald Trump en Géorgie, a lancé une marque de bière trumpiste, nommée : Conservative Dad's Ultra Right, garantie « *100 % woke free* ». « C'est plus qu'une marque de bière », explique le fondateur sur le plateau de Fox News. « C'est un mouvement de gens qui prennent la parole et disent non. » Chose impensable il y a encore cinq ou dix ans, de plus en plus de produits ciblent explicitement une clientèle conservatrice :

> Ainsi, American Beauty vend du maquillage pour les « femmes qui aiment l'Amérique et qui adhèrent à des valeurs traditionnellement féminines », alors que les rasoirs Jeremy's ont été créés pour concurrencer la marque Harry's, qui avait retiré ses pubs d'un média de droite. Pour les consommateurs inquiets, il existe même un système d'alerte via SMS, les « Woke Alerts », notifiant les utilisateurs lorsqu'une entreprise prend des positions trop à gauche : chaîne de supermarchés aidant ses employés à obtenir un avortement dans un autre État, marque de whisky faisant une pub avec des drag-queens, etc[1].

En cela, le vœu formulé par Michel Houellebecq dans la revue *Front populaire* est en passe d'être réalisé... par les marques : « Notre chance de survie », expliquait-il à Michel

1. Tous ces exemples américains sont issus de l'article de Claire Levenson, « Bière "anti-woke" : aux États-Unis, le boom du marché des produits "de droite" », *Marianne*, 9 mai 2023.

Onfray, « serait que le suprémacisme blanc devienne *trendy* aux USA[1] ».

Le Puy du Fou, le Disneyland du roman national identitaire

En France, rares sont les marques qui osent encore s'aventurer dans le marketing identitaire d'extrême droite. On peut citer, pêle-mêle : la marque Terre de France et sa « collection patriote » qui, en plus de produits lifestyle *made in France* (polo, lunettes de soleil, huile à barbe), propose toute une gamme de produits réactionnaires allant du « drapeau du royaume de France » aux ouvrages de Jacques Bainville, l'historien de l'Action française, en passant par des médailles de « Sainte Jeanne d'Arc » ou des « chevalières Regalia » ; la marque de vêtements Kalos (qui signe « le vêtement de vos idées »), qui propose des t-shirts et des sweats avec des inscriptions identitaires du type : fleur de lys, casque d'hoplite, « pilule rouge », couronne de laurier… ; ou encore la marque de barres énergétiques Brennos, du nom d'un chef gaulois du IVe siècle avant J.-C., vainqueur des Romains à la bataille de l'Allia, qui gratifie les visiteurs de leur site internet d'un tonitruant : « Bienvenue chez les druides des temps modernes » (*sic*). Toutes ces marques, inconnues du grand public, s'adressent à une clientèle restreinte et déjà convaincue.

Une marque emblématique, toutefois, porte haut la dragée identitaire : le Puy du Fou. Situé sur la commune des Epesses, en Vendée, il a été lancé à la fin des années 1970 par Philippe de Villiers, un homme politique important de la droite identitaire : secrétaire d'État à la Culture sous Chirac, président du

1. Michel Houellebecq, en dialogue avec Michel Onfray, « Fin de l'Occident ? », *Front Populaire*, Hors série n° 3, mars 2023.

conseil général de la Vendée et député européen, il est le fondateur du Mouvement pour la France (MPF), parti politique souverainiste, sous la bannière duquel il s'est porté candidat aux élections présidentielles de 1995 et de 2007. Fervent défenseur des « racines chrétiennes de la France », qu'il oppose à « l'islamisation du pays », il a apporté son soutien à Éric Zemmour en 2022. Grand défenseur de la cause vendéenne, il a conçu avec le Puy du Fou un vaste complexe de loisirs qui développe des attractions et des spectacles basés sur des reconstitutions historiques à caractère immersif. Construit d'abord autour de « La Cinéscénie », un spectacle son et lumière centré autour de la seule histoire de la Vendée, le parc a peu à peu agrégé pas moins de seize spectacles différents, couvrant une large palette de l'Histoire de France – du « Premier Royaume », un parcours immersif autour de la vie de Clovis, aux « Amoureux de Verdun », en passant par « Les Mousquetaires de Richelieu ». Le public, majoritairement familial et bon enfant, est au rendez-vous : en 2022, plus de deux millions trois cent mille spectateurs ont visité le Puy du Fou, générant un chiffre d'affaires qui a régulièrement dépassé les 100 millions d'euros avant l'épidémie de Covid-19.

Derrière le succès commercial et populaire d'un innocent parc à thème se cache une entreprise de réécriture historique qui promeut une grille de lecture conservatrice, identitaire et anti-républicaine. « Sous le divertissement, un combat culturel », résume l'historien Guillaume Mazeau[1], s'appuyant sur les propos de Philippe de Villiers lui-même : dans un entretien de 2017 accordé à *France*, un webmagazine identitaire, il renonçait à candidater une nouvelle fois à l'élection présidentielle pour se consacrer au « combat culturel », jugeant avoir fait passer « plus

1. Guillaume Mazeau, « Le Puy du Fou : sous le divertissement, un "combat culturel" », *The Conversation*, 29 mars 2019.

d'idées par [s]es livres ou [s]on Puy du Fou qu'en restant la énième écrevisse de la bassine[1] ».

Dès les années 1980, un groupe d'historiens mené par Jean-Clément Martin[2] dénonçait la réécriture révolutionnaire à l'œuvre dans le spectacle de « La Cinéscénie », qui présentait la guerre de Vendée de 1793 comme une volonté d'extermination, donnant du crédit à la thèse du « génocide vendéen » – le spectacle fait même le parallèle avec le massacre d'Oradour-sur-Glane… contribuant ainsi, contre toute vérité historique, à disqualifier la Révolution française. « Le Puy du Fou est un parc en dissidence à ciel ouvert », salue Mathieu Bock-Côté, dans un éloge appuyé au Puy du Fou. « Ce qu'on lui reproche, c'est de rendre vivante et charnelle une histoire de France qui n'est pas enfermée dans la téléologie révolutionnaire. » Au fond, l'entreprise de Philippe de Villiers « heurte intimement le progressisme dans sa prétention à exercer un monopole narratif sur le récit historique légitime. Dans la guerre de la mémoire, il lance une contre-offensive[3] », conclut-il, laudateur. Ne cherchez plus, on a trouvé le nouveau Joseph de Maistre : plus efficace qu'un tract, plus divertissant qu'un livre – un parc d'attractions.

En décembre 2022, la société de production Puy du Fou Films a franchi une étape supplémentaire dans son prosélytisme, en diffusant son premier long-métrage, *Vaincre ou mourir*. Inspiré d'un spectacle du Puy du Fou (« Le Dernier Panache ») qui aurait attiré près de douze millions de visiteurs depuis sa création en 2016, le film se penche sur l'histoire d'un

1. Dominique Albertini, « Puy du Fou : Philippe de Villiers écarte l'idée d'une candidature en 2017 », *Libération*, 15 juin 2016.

2. Jean-Clément Martin, Charles Suaud, *Le Puy-du-Fou, en Vendée ; l'histoire mise en scène*, Paris, L'Harmattan, 1996.

3. Mathieu Bock-Côté, « Éloge du Puy du Fou », *Le Figaro*, 21 août 2020.

général surnommé « Charrette », qui se retrouve impliqué dans les guerres qui ont ravagé la Vendée entre 1793 et 1796, opposant les armées « bleues » de la République à des armées paysannes défendant la monarchie. Dans la longue tradition contre-révolutionnaire française, le film propose une « réécriture biaisée des guerres de Vendée au service de la droite identitaire », selon le journal *Le Monde*, qui y voit une « arme idéologique contemporaine » dans le droit prolongement de l'entreprise mémorielle menée par le Puy du Fou. Le film met en scène le martyre d'un peuple tout entier, menacé dans son identité et écrasé par la République :

> La périphérie contre le centre, la tradition contre la modernité, un peuple vertueux contre des élites immorales et corrompues : sous couvert de parler de la France de 1793-1795, *Vaincre ou mourir* véhicule un discours beaucoup plus actuel, fidèle décalque des paniques morales de la droite identitaire[1].

Sur le site internet du distributeur, le projet est explicite : Puy du Fou Films entend répandre les valeurs chrétiennes via la culture, « en s'inspirant de ce qui se fait dans d'autres pays, en particulier aux États-Unis, où les films basés sur la foi, les "*family and faith based*" connaissent un essor sans précédent ». Le « dossier pédagogique à destination des professeurs d'histoire au collège et au lycée », créé à l'occasion, précise que le sujet du film « peut constituer un cas d'étude intéressant [...] et susciter une réflexion autour des usages mémoriels et politiques de l'histoire ». Il fournit des conseils pour « exploiter le film dans un cycle 4 (4e-3e) », et donne même une astuce aux professeurs qui souhaiteraient évoquer les guerres de Vendée

1. Jérôme Gautheret, « Le film "Vaincre ou mourir", une relecture biaisée des guerres de Vendée au service de la droite identitaire », *Le Monde*, 24 février 2023.

dans les classes de terminale, alors même qu'elles ne sont pas citées dans les programmes : « elles peuvent être étudiées en prolongement ou être choisies comme sujet de grand oral pour le thème 3, tiré du BO de 2019 : HISTOIRES ET MÉMOIRES ». Autrement dit : le Puy du Fou entend mener une profonde entreprise de réécriture du roman national, au travers de son parc d'attractions, de ses productions cinématographiques et jusque dans les salles de classe.

Pour Guillaume Lancereau, historien spécialiste de la Révolution française, « il faut réinsérer ce film à l'horizon de tout un continuum de pratiques de production et de diffusion culturelles parmi lesquelles on trouve bien sûr le parc et des magazines historiques qui sont objectivement réactionnaires[1] ». Dans notre approche, ce qu'il est frappant d'observer, c'est à quel point le Puy du Fou se construit sur une logique de marque (identitaire). En plus de sa société de production (Puy du Fou Films), a été créée en 2010 une filiale internationale (Puy du Fou International) pour exporter son modèle à l'étranger[2] et même une Puy du Fou Académie en 2015 (une école primaire « art et études »). La « marque-mère » Puy du Fou permet d'assurer la cohérence (valeurs, vision, mission, mais aussi récit et esthétique) de l'ensemble des entités-filles.

1. Élisabeth Franck-Dumas, « Puy du Fou : “Avec Philippe de Villiers sur CNews, on sait où on est, dans un film sur la Révolution, c'est plus insidieux” », *Libération*, 24 janvier 2023.
2. En 2019, le Puy du Fou España a ouvert à Tolède, sur le même principe. D'autres parcs pourraient suivre, à Shanghai et dans le Tennessee. L'ambition est d'avoir quatre parcs Puy du Fou avant 2030, pour « faire rayonner le concept artistique dans le monde entier » et devenir « la référence mondiale du grand spectacle vivant enraciné dans l'Histoire et la Culture des peuples », lit-on sur le site internet du groupe.

Mais revenons au parc lui-même. Pour saisir au plus près le projet et l'influence idéologique du Puy du Fou, il n'est pas inintéressant de le rapprocher du modèle type, celui qui incarne dans l'imaginaire collectif l'exemple même du parc d'attractions : Disneyland. À lire Philippe de Villiers, il constitue un anti-modèle : dans son ouvrage consacré au Puy du Fou[1], il se moque de « la pâmoison des élites aux pieds de Mickey ». Pour autant, les parallèles existent, non pas tant en termes idéologiques mais dans la façon dont, précisément, ils représentent et diffusent leur vision du monde et leur système de valeurs auprès de leurs publics. Pour cerner le phénomène au plus près, il faut adopter une approche terrain, conjuguer étude de la production du message et étude de sa réception, pour ensuite mobiliser les outils d'analyse que nous offrent les sciences sociales pour en comprendre la signification.

Pour ce faire, nous allons confronter les enseignements de deux ouvrages. Dans *Utopiques ; jeux d'espaces*[2], le critique d'art Louis Marin a consacré un chapitre passionnant à sa découverte du parc Disneyland d'Orlando (États-Unis), pour lequel il mobilise, cartes et photographies à l'appui, des outils de sémiologie pour en déconstruire la signification idéologico-politique. Dans *Le Puy du Faux*[3], quatre historiens ont passé trois journées pleines au Puy du Fou, pour mener un intéressant exercice de détricotage historique et idéologique, spectacle après spectacle, mise en scène après mise en scène. Fort des spécialités de chacun pour couvrir l'ensemble des thématiques évoquées (une antiquisante, un médiéviste, un moderniste et

1. Philippe de Villiers, *Puy du Fou ; un rêve d'enfance*, Monaco, Éditions du Rocher, 2010.

2. Louis Marin, *Utopiques ; jeux d'espaces*, Paris, Minuit, 1973.

3. Florian Besson, Pauline Ducret, Guillaume Lancereau, Mathilde Larrère, *Le Puy du Faux ; enquête sur un parc qui déforme l'histoire*, Paris, Les Arènes, 2022.

une contemporanéiste), ils nous offrent un panorama très large et fouillé des erreurs historiques, des dispositifs scéniques et des discours politiques tenus.

Dans son ouvrage, Louis Marin s'efforce de penser Disneyland comme une « utopie dégénérée ». Étymologiquement, « utopie » (composé de la préposition négative grecque *ou* et du mot *topos* qui signifie « lieu ») désigne approximativement un « lieu qui ne se trouve nulle part ». Une longue tradition a consisté à décrire l'utopie en termes d'espace imaginaire, un pays lointain et mythique : l'*Utopia* de More, *Les aventures de Télémaque* de Fénelon, *L'île des esclaves* de Marivaux… En parlant d'« utopie dégénérée », Louis Marin veut parler d'un espace bien réel au sein duquel une idéologie est réalisée sous la forme d'un mythe – au sens d'un récit formulant la solution d'une contradiction sociale fondamentale. Le mythe Disneyland, écrit-il, réside dans ce que le parc exprime « la représentation du rapport imaginaire que la classe dominante de la société américaine entretient avec ses conditions réelles d'existence […]. Elle est la projection fantastique de l'histoire de la nation américaine ». Le Puy du Fou, lui aussi, peut s'appréhender sous la forme d'une « utopie dégénérée » : c'est même l'approche qui nous semble la plus puissante pour caractériser son offensive idéologique. Le mythe construit par le Puy du Fou est un récit formulant une réponse identitaire à la question : qu'est-ce que la France ? « D'un spectacle à l'autre, d'un détail à l'autre, un discours construit l'idée que "la France" serait une entité ancienne et immuable aux caractéristiques bien définies (et définitivement fixées) et qu'il faudrait défendre », détaille le *Puy du Faux*. Quand Louis Marin parle de la « conversion de l'Histoire en idéologie » à Disneyland, les quatre historiens écrivent que le Puy du Fou « falsifie l'Histoire », et que les spectacles « laissent croire que l'on assiste à des leçons d'histoire et que certains spectacles ont pour fonction de redresser ce qui serait la "vérité historique" ».

Pour y parvenir, les deux parcs d'attractions se construisent sur l'expérience vécue et ressentie intimement par le visiteur : c'est là où réside l'efficacité symbolique du discours. Le visiteur de Disneyland est « acteur de la pièce qui s'y joue, il est pris par son rôle comme le rat est pris au piège et s'aliène dans son personnage idéologique sans savoir qu'il le joue ». Bien au-delà d'un texte ou d'une image, qui cantonne à un rôle de lecteur/spectateur souvent passif, le public est amené à jouer le rôle d'un « narrateur-visiteur » (l'expression est de Louis Marin), placé dans une situation expérientielle dans laquelle c'est *lui* (ou *elle*) qui effectue le travail narratif et symbolique. C'est ce qui permet de transformer de façon profonde le rapport à la réalité – comprendre : bien après la visite de Disneyland ou du Puy du Fou.

> Le visiteur de Disneyland est dans la position du récitant cérémoniel du récit mythique des origines antagoniques de la société. Il en mime les contradictions dans le présent de sa visite et sa gesticulation rituelle, qui le conduit de la caverne des pirates au sous-marin atomique, du Palais de la Belle au Bois dormant à la fusée spatiale, et par laquelle il renverse, dans le jeu, les déterminismes de la vie quotidienne pour les réaffirmer, légitimés et justifiés, par son geste instaurateur ; sa promenade est le récit mille fois renouvelé de l'harmonisation leurrante des contraires, la solution fictive de leur tension conflictuelle. En « performant » l'utopie de Disney, le visiteur « réalise » l'idéologie de la classe dominante comme le récit mythique instaurateur de la société dans laquelle il vit[1].

De même pour le Puy du Fou. Dans *Le signe du triomphe*, un spectacle qui se déroule à l'époque romaine (IIIe siècle

1. Louis Marin, *Utopiques ; jeux d'espaces*, 1973, *op. cit.*

ap. J.-C.) dans une reconstitution d'arène de six mille places, le gouverneur de Rome veut punir les chrétiens. En immersion totale, le spectateur est placé au cœur du dispositif scénique : le public est chauffé à blanc par des figurants pendant une dizaine de minutes pour les gagner d'avance à la cause des Gaulois. Ils finiront même par reprendre en chœur cette phrase énigmatique : « Nous sommes tous des coqs gaulois ! »

> Le spectateur reçoit ce discours sous perfusion, à la fois sans s'en rendre compte et sans pouvoir y échapper. Il est invité à participer au spectacle et donc non pas à suivre mais bien à fabriquer ces idées, à construire un « bon sens » qu'il partage avec ses voisins et ses voisines du moment. Or comment douter de conclusions auxquelles on est parvenu soi-même, en même temps que tout un amphithéâtre ? [...] L'expérience est totale, grisante, et l'on a peur, nous aussi, de ce gouverneur qui a sur nous le « droit de vie et de mort » ; on a envie de participer à sa chute ; de sauver, pouces levés, ces pauvres chrétiens innocents[1].

Pour parvenir à ce degré d'adhésion volontaire, l'expérience-spectateur doit entretenir une sorte de brume psychique. Louis Marin décrit Disneyland comme l'expérience d'une réconciliation des contraires : « le passé et le futur, le temps et l'espace, la gratuité ludique et le sérieux de l'échange marchand, le réel et l'imaginaire ». Ce que le visiteur oublie, c'est que cette articulation harmonieuse n'est qu'une représentation, qu'un spectacle. De même, les quatre historiens observent que « les spectacles du Puy du Fou brouillent les frontières entre le vrai et le faux, entretenant en permanence une ambiguïté entre l'événement historique et la réécriture fantasmée, le discours

---

1. Florian Besson, Pauline Ducret, Guillaume Lancereau, Mathilde Larrère, *Le Puy du Faux*, 2022, *op. cit.*

fondé sur des sources et les représentations littéraires, la réalité et le fantastique ». Dans les deux cas, ce brouillage a une fonction idéologique. Pour Disneyland, il s'agit de justifier et de légitimer la société dans laquelle on vit : pour Louis Marin, il s'agit d'« aliéner le visiteur dans une représentation de la vie quotidienne, dans une image du passé et du futur, de l'étranger et du familier » pour mieux asseoir les valeurs anesthésiantes du capitalisme : « confort, bien-être, consommation, progrès technique et scientifique indéfini, toute-puissance et bonne conscience ». Dans le cas du Puy du Fou, il s'agit de brouiller le rapport vrai/faux, réel/imaginaire pour mieux s'en prendre au présent : au travers d'« une vision à la fois légendaire et idéologique de l'histoire », le Puy du Fou organise « la mise en récit du passé au service de combats culturels du présent, qu'il s'agisse de nostalgie monarchique, aristocratique, impériale, coloniale, raciste ou patriarcale, voire d'un mélange de ces éléments ».

Au fond, le Puy du Fou est la face consumériste de ce que l'extrême droite réalise depuis quarante ans en termes de combat métapolitique et de bataille culturelle. Lors de la dernière élection présidentielle, sous l'impulsion de Marine Le Pen, une nouvelle stratégie politique de l'extrême droite est cependant venue aborder la consommation et les marques sous un tout autre angle : le « national-consumérisme ».

Vers le « national-consumérisme »

Dans *Palimpseste*[1], un roman dystopique écrit par Alexis Ragougneau, le lecteur suit les exactions d'un certain Simon Kaas, employé d'une « usine à *fake news* » au service d'un

1. Alexis Ragougneau, *Palimpseste*, Paris, Viviane Hamy, 2022.

gouvernement populiste. Le pays est dirigé d'une main de fer par une dénommée Valentine Pereira, du parti Vox Populi, qui multiplie les lois d'exceptions et les référendums pour contrôler le pays. Le tout, en se réclamant d'une doctrine bien particulière : le « national-consumérisme ». L'idée brillante de l'auteur est de réfléchir à la forme que pourrait prendre le national-socialisme dans une société de consommation. Au fond, avance Ragougneau, puisque la seule liberté qu'on revendique encore est celle de consommer, on peut tout à fait imaginer l'idée d'une dictature populiste fondée sur la défense de la consommation. « Entre deux épidémies, entre deux manifs anticapitalistes, entre deux attentats au hachoir », s'écrie Simon Kaas, le narrateur, « c'est si bon de pouvoir fêter Noël, faire du shopping en se serrant très fort les uns contre les autres. Quel mal y a-t-il à fermer un peu les yeux ? L'important, finalement, c'est que les magasins restent ouverts ». Dans une société atomisée, c'est la consommation qui fait figure d'ultime mode de groupement social. « Je me joins à la masse qui consomme [...]. Je ne serai plus jamais seul ! »

Farfelue, la thèse du « national-consumérisme » ? Cantonnée à une œuvre de science-fiction ? Non, pas seulement. Ce qui nous a frappés à la lecture de ce texte, c'est son étourdissante adéquation avec un ensemble d'éléments qui, mis bout à bout, dessinent une nouvelle technique de conquête de l'opinion de la part de l'extrême droite contemporaine. Au-delà des marques, c'est bien la consommation qui semble en passe de devenir une nouvelle matrice politique de l'extrême droite, qui s'ajoute et complète celles déjà connues (identité nationale, menace civilisationnelle, etc.). L'idée générale est la suivante : passer par le consommateur pour mieux s'adresser au citoyen. Dans un jargon marketing, on pourrait parler de « stratégie C2C » (*Consumer-to-Citizen*). Pour le Rassemblement national, parler consommation a un double avantage très précieux dans la situation politique qui est la sienne : dans une logique défensive vis-à-vis de ses opposants, cela lui permet de rendre un peu plus inoffensif encore le « front républicain » qu'on lui oppose traditionnellement ; dans une logique offensive et de conquête de nouveaux électeurs, cela lui donne la possibilité de se connecter à une population dépolitisée ou à tout le moins peu investie vis-à-vis des questions politiques ordinairement portées dans le débat public. Revenons plus en détail sur ces deux éléments.

La consommation, nouvelle stratégie d'influence de l'extrême droite

Premier avantage du « national-consumérisme » pour l'extrême droite : affaiblir le « front républicain », en le désamorçant par un changement d'échelle. Plutôt que de parler idéologie et grands systèmes de valeurs, contre lequel il serait aisé d'accoler l'étiquette stigmatisante d'« extrême-droite » (et ses corollaires : racisme, discrimination, xénophobie, etc.), le « national-consumérisme » a pour principe de partir systématiquement d'objets de consommation du quotidien (logement, alimentation, transport) pour remonter, dans un deuxième temps seulement, au problème politique. Du particulier au général, de l'exemple au concept, jamais l'inverse. Et surtout, sans toujours préciser le système de valeurs sous-jacent : l'appareil critique que l'on oppose traditionnellement à l'extrême droite s'en trouve considérablement affaibli. Comment s'opposer politiquement à Marine Le Pen lorsque, pendant la campagne présidentielle de 2022, elle ne s'érige plus en leader national-populiste labourant inlassablement les thèmes de l'immigration et de l'insécurité, mais en leader « national-consumériste » s'érigeant en « candidate du pouvoir d'achat », devenue priorité numéro 1 des Français ? Qu'opposer à Jordan Bardella lorsque, début janvier 2023, il prend la plume pour adresser une lettre à tous les « boulangers de France » ? À l'époque, la flambée inflationniste pousse nombre d'entre eux à mettre la clé sous la porte. Le président du RN loue ces « figures familières qui font vivre nos traditions et nos territoires » et qui ont la vertu de « proposer un produit unique, consommé chaque jour par des millions de patriotes ». « Sans ses 33 000 boulangeries », conclut-il, « la France n'est plus tout à fait la France : votre production n'est pas qu'un bien de consommation, elle est un motif de fierté nationale ». Sa solution pour sauver la profession : sortir du marché européen de l'électricité, comme le proposait Marine Le Pen pendant la campagne présidentielle de 2022. Mentionnée seule, cette mesure prend des allures très technocratiques, voire eurosceptiques ; mise au service de la défense des boulangers et du pain, elle permet d'être érigée en défense des traditions et du patrimoine national.

Au sein du camp national, cette approche tactique n'est pas sans causer des critiques… teintées de frustrations. « Éric Zemmour a continué de parler au citoyen, tandis que Marine Le Pen s'est adressée au consommateur[1] », soupire a posteriori Philippe de Villiers. « Ce choix de Marine Le Pen est tout sauf une stratégie anecdotique et sans conséquence », écrit Éric Zemmour dans son dernier essai, dans lequel il revient sur sa campagne présidentielle infructueuse. Déplorant une « vision matérialiste de l'homme et du monde », il regrette que pour la candidate du RN « les citoyens [soient] uniquement des consommateurs et des producteurs, et non des héritiers d'une histoire, d'une tradition[2] ». Même critique pour Patrick

1. Verbatim issu de *Blocs contre blocs : au cœur de la présidentielle*, documentaire de France 5 réalisé par Camille Girerd et Florent Maillet, diffusé le 26 avril 2022.

2. Éric Zemmour, *Je n'ai pas dit mon dernier mot*, Paris, Rubempré, 2023.

Buisson, qui y voit même un facteur empêchant Marine Le Pen de remporter la présidentielle en 2027. « Un bloc populaire, tel que le définit Gramsci, porte un projet politique », explique-t-il dans une interview accordée à l'hebdomadaire *Le Point* au printemps 2023. « Ce n'est pas le cas du marinisme qui ne s'adresse plus à un peuple, c'est-à-dire à une communauté enracinée dans une mémoire et dans une histoire, mais à une masse d'individus atomisés que plus rien ne relie, sauf la défense d'un mode de vie consumériste et une jacquerie contre la fin de la société d'abondance[1] ».

Ce que Buisson et Zemmour expriment en creux, c'est une condamnation du passage de la macropolitique à la micropolitique, au sens où l'a théorisé, dans un registre totalement différent, l'économiste néolibéral Madsen Pirie. Pour réussir à démanteler l'État, expliquait-il dans les années 1980, la question n'est pas de « se concentrer sur la bataille des idées, mais sur des questions d'ingénierie politique ». Illustration : pour faire accepter la dérégulation d'un marché, comme celui de la profession réglementée des taxis par exemple, il ne faut pas la défendre en tant que telle, mais se concentrer sur la modification de l'architecture de choix disponibles – en l'occurrence, introduire une offre concurrente plus attrayante financièrement et technologiquement (Uber). « La plupart des succès de la micropolitique ont précédé l'acceptation générale des idées sur lesquelles elles se fondaient », précisait Madsen Pirie. « Dans bien des cas, c'est le succès de ces politiques qui a conduit à la victoire des idées, plutôt que l'inverse[2] ». On ne peut qu'être frappés de la similitude avec la façon dont, lors de

1. Nathalie Schuck, « Patrick Buisson : "Marine Le Pen ne peut pas gagner en 2027" », *Le Point*, 5 avril 2023.
2. Madsen Pirie, *Micropolitique ; comment faire une politique qui gagne*, London, Adam Smith Institute, 1988.

la campagne présidentielle de 2022, Marine Le Pen a procédé pour convaincre de la nécessité d'une « préférence nationale », la mesure essentielle de l'extrême droite depuis les premières campagnes électorales de Jean-Marie Le Pen. Loin d'en faire l'exégèse idéologique, comme c'était encore le cas lors de sa campagne de 2017, elle a préféré en montrer les vertus dans un cas particulier : le logement. C'est au titre de mesures « visant à améliorer le quotidien des familles » que le programme de Marine Le Pen parle de « réserver prioritairement aux Français l'attribution du logement social ». Le soubassement xénophobe mis en sourdine, l'accent est mis sur une dimension bien plus souriante : l'accès au logement des jeunes ménages. Dans l'entre-deux-tours, le journal *Libération* retournera l'effet micropolitique en repolitisant le discours : « Plus d'un million de locataires étrangers menacés d'expulsion de leur logement social par Marine Le Pen[1] ». Preuve que cette stratégie offre tout de même des moyens de contre-attaque efficace.

Au fond, et pour finir sur cette première dimension, le national-consumérisme peut être considéré comme l'aboutissement de ce que le philosophe et psychanalyste Félix Guattari appelait « micro-fascisme ». Dans *La révolution moléculaire*, un recueil de textes paru en 1980, Guattari proposait une réinterprétation du fascisme, en cessant de le considérer comme un phénomène extérieur, mais trouvant au contraire son énergie au cœur du désir de chacun. « C'est une puissance micropolitique ou moléculaire qui rend le fascisme dangereux : un corps cancéreux plutôt qu'un organisme totalitaire[2]. »

1. Eve Szeftel, « Plus d'un million de locataires étrangers menacés d'expulsion de leur logement social par Marine Le Pen », *Libération*, 15 avril 2022.

2. Gilles Deleuze, Félix Guattari, *Capitalisme et schizophrénie 2 ; mille plateaux*, Paris, Minuit, 1980.

> On devrait donc abandonner définitivement des formules trop faciles du genre : « le fascisme ne passera pas ». Le fascisme est déjà passé et il ne cesse de passer. Il passe à travers les mailles les plus fines ; il est en évolution constante.

Ici, ce qui est frappant dans l'utilisation de la consommation dans le discours de l'extrême droite, c'est qu'elle a pour caractéristique de s'emparer d'une dimension très importante : le désir. Pour Guattari, « le fascisme, comme le désir, est partout éparpillé en pièces détachées dans l'ensemble du champ social ; il cristallise à un endroit ou à un autre, en fonction des rapports de force[1] ». L'approche moléculaire du fascisme est d'autant plus accentuée qu'elle s'attache à des objets de consommation qui peuplent notre quotidien, et qui modèlent nos soifs consuméristes. De ce fait, l'extrême droite ne fait pas que contrer l'effet du « front républicain », dans une approche défensive qui se contenterait de se « dédiaboliser » : elle cherche aussi à se rendre désirable, en se transformant en véritable « machine désirante », pour reprendre l'expression de Guattari.

C'est le deuxième avantage du « national-consumérisme » : parler le langage de la consommation pour pouvoir, dans une logique de conquête de nouveaux électeurs, s'adresser à des publics devenus insensibles au discours politique. Face au désintérêt suscité par la politique en France[2], l'extrême droite mobilise de façon croissante tout un imaginaire de consommation pour concevoir ses mesures de politique publique et, surtout, mieux les promouvoir. Ainsi, tout à la construction de son

1. Félix Guattari, *La révolution moléculaire*, Paris, Amsterdam, 2012.
2. En février 2023, seuls 53 % des Français disaient s'intéresser à la politique, contre 60 % au Royaume-Uni, 65 % en Italie et 77 % en Allemagne (« Baromètre de la confiance politique », vague 14, Opinionway pour le CEVIPOF).

image de « candidate du pouvoir d'achat », Marine Le Pen est allée copier les pratiques de la grande distribution, dont le discours autour de la protection du pouvoir d'achat des consommateurs a été identifié depuis longtemps par les Français – et ce, du mythique « Mammouth écrase les prix® » à « Tous unis contre la vie chère® » d'Intermarché ou « Vivons mieux, vivons moins cher® » d'Auchan. Lorsque Le Pen propose de supprimer la TVA sur un « panier de cent produits essentiels, alimentaires et d'hygiène », il s'agit d'une mesure d'autant plus intelligible que c'est ce dont des millions de consommateurs font l'expérience tous les jours dans leurs magasins, qu'il s'agisse de Système U (« 150 produits à prix coûtants »), de Carrefour (« 100 produits Carrefour bloqués pendant 100 jours »), ou des hypermarchés Leclerc (dont le « bouclier anti-inflation » englobe deux cent trente produits du quotidien). De même, lorsqu'en janvier 2023, Sébastien Chenu, vice-président RN de l'Assemblée nationale, se prend en photo tout sourire aux côtés de Michel-Édouard Leclerc, on comprend qu'il espère bénéficier indirectement de sa notoriété. Pour un parti en quête de notabilité, s'afficher aux côtés du « patron préféré des Français » qui répète sur tous les plateaux son désir de « protéger les Français de l'inflation », il s'agit d'une importante prise de guerre symbolique. Le fils du fondateur des magasins Leclerc est l'un des rares acteurs économiques que les Français identifient instantanément.

Autre exemple de penchant « national-consumériste » du Rassemblement national, à même de toucher d'autres publics : la façon dont le parti cherche à s'ériger en défenseur du mode de vie en danger des classes moyennes. C'est particulièrement visible pour un objet qui constitue, encore aujourd'hui, une mythologie nationale : l'automobile. À l'occasion des discussions parlementaires autour des zones à faibles émissions

(ZFE[1], renommées « zones à forte exclusion » par Marine Le Pen), le RN a présenté une proposition de loi visant à les supprimer, purement et simplement. Son rapporteur, Pierre Meurin, député RN de la quatrième circonscription du Gard, dénonçait alors une « mesure séparatiste » qui conduirait à exclure des millions de Français des grandes métropoles (« bref, à en faire des bannis des villes, c'est-à-dire des sous-citoyens dans leur propre pays »). À ce moment-là, son profil Twitter le décrivait en « automobiliste militant », et on le voyait poser, en photo de profil, devant une voiture des années 1990. Nommé président du groupe d'études de l'Assemblée nationale sur la Sécurité routière, il a déclaré vouloir lutter contre le « voiture *bashing* », et plancher sur un dispositif de permis à points consistant à « proposer que le capital de points ne soit pas forcément limité à 12, mais que les conducteurs les plus vertueux puissent gagner des points[2] ». L'automobiliste est un consommateur comme les autres, en quête de points de fidélité pour récompenser sa bonne conduite.

Dans son dernier ouvrage consacré au Rassemblement national[3], le politiste Luc Rouban se base sur les résultats de plusieurs vagues du « Baromètre de la confiance politique » pour étudier de façon empirique les ressorts du vote populiste

1. Les zones à faibles émissions (ZFE), déjà mises en place dans onze métropoles françaises, limitent la circulation des véhicules les plus polluants (vignettes Crit'Air 3, 4 et 5). D'ici à 2025, les quarante-trois agglomérations de plus de cent cinquante mille habitants devront avoir instauré leur ZFE.

2. Thierry Allard, « L'interview - Pierre Meurin : "Il y a un voiture bashing inscrit dans une logique décroissante" », *Objectif Gard*, 23 janvier 2023.

3. Luc Rouban, *La vraie victoire du RN*, 2022, *op. cit.*

lors de la présidentielle de 2022. Pour ce faire, il a procédé à une opération statistique très utile pour faire apparaître plus nettement des structures de résultats : la création d'indices. Chaque indice regroupe les réponses à trois questions tirées du Baromètre (voir Tableau 7), ce qui lui permet d'identifier cinq dimensions au populisme : la critique des élus et de leur indifférence, voire de leur insouciance ; la demande d'autorité et de leadership fort ; l'intervention directe des citoyens dans la décision politique ; la recherche d'une efficacité immédiate de l'action publique ; la fermeture des frontières nationales.

Les résultats sont détonants : contre toute attente, Luc Rouban montre que c'est la demande d'efficacité quotidienne qui arrive en tête des ressorts du vote populiste, avant toutes les autres dimensions (voir Tableau 8). En particulier, 79 % des répondants sont « D'accord » (et 25 % « Tout à fait d'accord ») avec la proposition « Quelles que soient les lois que l'on vote, les problèmes de la vie quotidienne ne sont pas réglés ». Pour reprendre les mots du directeur de recherche au CEVIPOF, « la prise en compte des réalités sociales et des pratiques de terrain prime, dans la critique démocratique, sur la recherche de l'identité nationale ».

Tableau 7. Les cinq dimensions du populisme.

Indices	Questions associées
Indice de critique des élus	« Les responsables politiques sont déconnectés de la réalité et ne servent que leurs propres intérêts » « D'une manière générale, les responsables politiques montrent du respect pour les citoyens » « D'une manière générale, les responsables politiques sont des gens sincères qui suivent leurs convictions »
Indice d'autorité	Les appréciations positives d'un mode de gouvernement qui « aurait à sa tête un homme fort qui n'a pas à se préoccuper du Parlement ni des élections », « où ce sont des experts et non un gouvernement qui décident ce qui leur semble le meilleur pour le pays » et « où l'armée dirige le pays »
Indice de démocratie directe	« C'est le peuple, et pas les responsables politiques, qui devrait prendre les décisions politiques les plus importantes » « Les différences politiques entre les citoyens ordinaires et les élites sont plus grandes que les différentes entre citoyens » « Je préférerais être représenté(e) par un citoyen ordinaire plutôt que par un politicien professionnel »
Indice d'efficacité	« Les hommes politiques parlent trop et n'agissent pas assez » « Quelles que soient les lois que l'on vote, les problèmes de la vie quotidienne ne sont pas réglés » « Il est plus utile d'agir au quotidien pour ce que l'on croit que de voter pour des élus »
Indice de souverainisme	« La France doit-elle se fermer davantage sur le plan économique ? » « La France doit-elle se fermer davantage sur le plan migratoire ? » « Le fait pour la France d'appartenir à l'Union européenne est une mauvaise chose »

Source : Luc Rouban, *La vraie victoire du RN*, 2022, *op. cit.*

Tableau 8. Les cinq dimensions du populisme par catégorie socio-professionnelle.

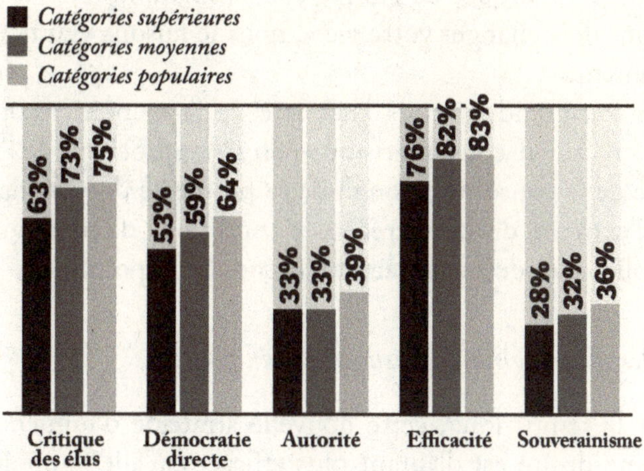

Source : Luc Rouban, *La vraie victoire du RN*, 2022, *op. cit.*

Or c'est précisément sur ce terrain de l'efficacité à « changer la vie » que la consommation s'illustre tout particulièrement. On le voit à partir de deux éléments : d'une part, « changer la vie » constitue une majeure partie des promesses publicitaires qui peuplent l'espace public – du déodorant Axe capable de renforcer le capital séduction, à la Volkswagen vantée comme susceptible de redonner du capital sympathie auprès de la famille du conducteur qui, jusqu'alors, le méprisait un peu. De même, tel sac Lancel est décrit comme permettant d'être « une femme plus affirmée », et telle destination touristique est vendue comme une « expérience de vie unique » permettant tout un chacun de « se trouver[1] », etc. D'autre part, le

1. Une tendance que l'on appelle la *travel therapy*, définie comme un mode de tourisme qui vise à transformer les individus en leur permettant de grandir et d'apprendre. D'après une étude IFOP menée

discours entourant la sphère privée se gausse souvent d'une efficacité accrue comparée à la sphère publique, comprendre : nous autres, marques de grande consommation, lorsque nous décidons de « changer votre vie », nous le faisons vraiment, et rapidement.

On comprend dès lors l'habileté de la manœuvre opérée par le « national-consumérisme » : en se rapprochant de l'imaginaire de la consommation et de sa promesse de « changer la vie », l'extrême droite recréée des conditions d'écoute auprès de publics qui, déçus, s'étaient éloignés de la politique.

Installer un imaginaire consumériste du politique

Sur le temps long, cette nouvelle stratégie d'influence de l'extrême droite est d'autant plus efficace qu'elle s'appuie sur une tendance préexistante qui tend de plus en plus à penser le politique à partir d'un imaginaire consumériste. Lorsque l'application Elyze, présentée comme le « Tinder de la présidentielle » (téléchargée plus de deux millions de fois) propose de déterminer nos affinités politiques (le candidat duquel on se sent le plus proche) à partir de l'évaluation algorithmique de nos avis sur diverses propositions programmatiques, elle opte pour un système de choix multicritère qui se rapproche bien plus d'un système de décision qui prévaut lors de l'achat d'un frigidaire que de celui consistant à choisir qui exercera la magistrature suprême. À l'inverse, lorsque des marques multiplient les communications autour de l'idée d'une politisation de la consommation (« Consommer c'est voter », « votre carte de

pour Kayak, en 2022, près d'un quart des Français (23 %) déclarent avoir déjà réalisé un voyage destiné à changer le cours de leur vie. Un jeune de moins de 35 ans sur deux envisagerait de réaliser une *travel therapy* dans le futur.

crédit est un bulletin de vote », etc.), elles renforcent l'idée d'un brouillage généralisé entre les sphères marchandes et politiques.

Dès lors, tout cet imaginaire consumériste imbibe le rapport même à la politique. L'idée même d'une alternative Le Pen en est imprégnée : lorsque les Français disent « Marine Le Pen, on ne l'a jamais essayée », ils témoignent bien d'un rapport consumériste à la politique, comme nous le faisait très justement remarquer le sociologue Denis Maillard. Dans l'ouvrage précité, Luc Rouban note une transformation de fond : « La politique n'est plus vue par une grande partie de l'électorat comme une lutte d'idées et d'idéaux mais comme le moyen de choisir son fournisseur de politiques publiques le plus adapté à ses besoins ou à ses attentes ». Tout l'objectif du national-consumérisme est de devenir, aux yeux des Français, le « fournisseur de politiques publiques » qui colle le mieux aux demandes (consuméristes) des Français. Si l'extrême droite française est mieux outillée que les autres franges politiques, c'est qu'elle a toujours fait montre d'une étonnante plasticité idéologique, effectuant plusieurs revirements spectaculaires dans son histoire – tour à tour pro-Reagan puis pro-Poutine, ultralibéral puis social-protectionniste, antigaulliste puis se réclamant de la figure du Général, etc. « Ce qui compte pour ses militants », explique l'historien Nicolas Lebourg dans le journal *Le Monde*, « c'est la vision générale du monde et la conception organique de la nation. Son seul programme est de gouverner. Le FN agit en réceptacle de la demande, des mécontentements[1] ».

Parce qu'elle n'est pas naturelle, installer l'idée qu'une élection consiste à choisir son « fournisseur de politiques

1. Abel Mestre, Clément Guillou, « Rupture sur la forme mais continuité sur le fond : comment le Front national est devenu le Rassemblement national », *Le Monde*, 5 octobre 2022.

publiques » requiert une vraie stratégie d'opinion. Efforçons-nous de la reconstituer, dans une sorte de guide en plusieurs étapes. D'abord, un prérequis: désidéologiser le rapport à la politique, pour « transformer les anciens mots d'ordre de la gauche et de la droite en formules creuses » (Luc Rouban). On comprend que le « ni droite ni gauche », vieille antienne fasciste[1], modernisée et popularisée par le macronisme version 2017, a pour principal objectif de sortir des catégories politiques qui avaient la vertu de rendre lisible le champ politique, et donc de rendre plus facile le positionnement du citoyen à son égard. D'où l'obsession de l'extrême droite de récuser son étiquette: « Le RN n'est ni extrême ni de droite » ne cesse de répéter le sondeur Jérôme Sainte-Marie, proche du parti de Marine Le Pen[2].

Deuxième étape, passer de l'absolu au relatif: le « national-consumérisme » use et abuse de la logique du *benchmark* pour sortir de la logique de refus moral et tenter de convaincre qu'il y a une différence de degré, et non de nature, avec le gouvernement en place. C'est en cela que les dérives sécuritaires du macronisme sont si dangereuses: non seulement elles préparent les esprits à des opérations policières plus dures encore dans l'éventualité de l'arrivée de l'extrême droite au pouvoir, mais elles permettent à Marine Le Pen, dans un renversement complet, de se poser en candidate de la « concorde nationale » face à un « président du chaos ». Dans les dernières semaines de la campagne présidentielle de 2022, Marine Le Pen avait déjà opéré une vaste manœuvre offensive qui relevait de la stratégie d'inversion du stigmate. Le principe: affubler Emmanuel

1. Zeev Sternhell, *Ni droite ni gauche; l'idéologie fasciste en France*, Paris, Gallimard, 2012 (4e édition).
2. Élisabeth Levy, « "Le RN n'est ni extrême, ni ne droite" : Entretien avec Jérôme Sainte-Marie », *Causeur*, 15 décembre 2022.

Macron des mêmes critiques dont elle était victime il y a cinq ans, en inversant à son profit les traits d'image associés. Une stratégie poursuivie et approfondie aux lendemains de la réforme des retraites, déclarant vouloir porter la « paix sociale » lors de la « fête de la Nation » organisée au Havre le 1er mai 2023.

Troisième étape : construire l'idée d'une « République des consommateurs », pour reprendre l'expression de l'historienne américaine Liz Cohen[1], en référence à la « religion civile nationale » en vogue aux États-Unis dans les années 1950 et 1960, qui faisait de la consommation un pilier essentiel de l'appartenance à la démocratie américaine. Ici, le principe du « national-consumérisme » est de présenter la « République de consommateurs » comme une sorte d'artefact de remplacement de la République, dans une sorte de miroir déformant permettant de déroger aux principes républicains tout en proclamant la défense des consommateurs. C'est la formule qu'a développée le roman *Palimpseste* dont nous parlions plus tôt, que l'on peut retrouver sous la forme de traces en Italie. Comme l'a très bien expliqué Gilles Gressani, le directeur du groupe d'études géopolitiques Le Grand Continent, la victoire de la leader du parti d'extrême droite Fratelli d'Italia, Giorgia Meloni, lors des législatives d'octobre 2022 a inauguré une nouvelle formule politique : « Elle rassure sur les fondamentaux de politique étrangère pour mieux faire accepter des positions beaucoup plus dures sur le plan intérieur[2] ». Ce que Gressani appelle le « techno-souverainisme » est le produit de « la synthèse entre l'intégration des logiques technocratiques, l'acceptation du

1. Liz Cohen, *A consumers' republic; the politics of mass consumption in postwar America*, New York, Alfred A. Knopf, 2003.
2. « Les nouvelles extrêmes droites, entre héritage fasciste et technocratie globale », *Signes des Temps*, France Culture, 6 novembre 2022.

cadre géopolitique de l'Alliance atlantique et de sa dimension européenne, avec l'insistance sur des valeurs très conservatrices et des instances néonationalistes[1] ». Dit autrement : Meloni a compris que pour prendre le pouvoir et, surtout, pour l'exercer de manière durable, elle devait convaincre ce que le laboratoire d'idées Destin commun appelle les « Stabilisateurs[2] ». Meloni fait l'hypothèse que ce ne sont pas les valeurs (réactionnaires) qui empêcheront les « Stabilisateurs » de la rejoindre, mais plutôt le risque perçu de rompre cette sorte de « contrat de confort » noué entre la classe politique dite de « gouvernement » et les classes moyennes occidentales depuis la fin de la Seconde Guerre mondiale. D'où ce nouveau pacte passé avec la technocratie italienne, mais plus largement avec les classes moyennes supérieures qui stabilisent la Nation : un pacte certes fondé sur de nouvelles valeurs réactionnaires (anti-immigration, anti-LGBTQ+, pro-natalité, etc.) mais garantissant la stabilité de l'Italie dans l'ordre international (soutien à l'euro et à l'OTAN, maintien dans l'Union européenne, soutien à l'Ukraine...). C'est en s'érigeant en garante du confort (la « République des consommateurs ») que Meloni a créé les conditions d'une inscription durable de l'extrême droite au pouvoir.

En définitive, la gauche de 1981 a construit son référentiel politique autour de la culture ; en 2017, Emmanuel Macron a construit le sien autour de la start-up et du monde de l'entreprise ; il est possible qu'en 2027, Marine Le Pen construise sa matrice politique autour de la consommation. Après avoir

1. Eugénie Bastié, « Avec Meloni, on voit très concrètement comment Le Pen pourrait arriver à l'Élysée », *Le Figaro*, 23 octobre 2022.

2. Pour Destin Commun, qui typologise la population française en groupes de citoyens homogènes en termes de systèmes de valeurs, les « Stabilisateurs » forment l'épine dorsale de la société (19 % de la population) : enclins à la modération et au compromis, ils attendent du politique qu'une figure émerge pour réconcilier la société.

longtemps abandonné à l'extrême droite moult référentiels républicains (le drapeau, l'hymne national, la laïcité…), le pire serait de laisser le consommateur aux mains de l'extrême droite. N'est-il pas temps de réfléchir à quelles formes pourrait prendre un « social-consumérisme » – c'est-à-dire, une vision de gauche écologiste sur la consommation ?

Conclusion
Imaginaires politiques : de la responsabilité des marques

> « L'origine commerciale de notre imaginaire collectif ne peut plus faire de mystère pour personne. »
>
> Roland Barthes, *Système de la mode*, 1967

En février 2020, la compagnie aérienne Scandinavian Airlines System (SAS) a publié un spot publicitaire qui posait une question existentielle, du point de vue de l'identité nationale : « Qu'est-ce qui est réellement Scandinave ? » Sa réponse tenait en deux mots : « absolument rien ». Sur près de trois minutes, la marque se met alors à lister un ensemble d'artefacts culturels traditionnellement revendiqués comme scandinaves, mais qui s'avèrent être d'origine étrangère : ainsi apprend-on que les boulettes de viande suédoises viennent de Turquie, les pâtisseries danoises (« *the Danish* ») d'Autriche, et que les trombones – synonymes de l'unité norvégienne pendant la Seconde Guerre mondiale – ont été inventés par un Américain. Mais ce n'est pas un problème, dit en substance SAS : le propre de la Scandinavie, c'est de savoir prendre le meilleur de ce qui existe ailleurs, de l'adapter un peu et d'en faire un élément de la culture nationale. D'où la nécessité de voyager (et de prendre l'avion, on l'aura compris). Les dernières images du film nous montrent la zone d'arrivée d'un aéroport : les portes s'ouvrent, et des passagers de retour de voyage retrouvent leurs familles avec effusion. « D'une certaine manière », commente la voix off, « la Scandinavie a été amenée ici, morceau par morceau, par des gens ordinaires qui ont trouvé le meilleur loin de chez eux. » Slogan final : « *We are travelers®* ». La campagne a immédiatement suscité l'ire des différentes personnalités des droites nationalistes scandinaves. « J'ai toujours voyagé avec SAS, mais plus jamais : ils nous ont craché dessus ! » s'exclame Søren Espersen, alors porte-parole des affaires étrangères du Parti populaire danois (DFP), tenant d'une ligne très dure sur l'immigration. Même tonalité chez Richard Jomshof, secrétaire général des Démocrates de Suède (SD), le parti de droite nationaliste suédois : « Quelles absurdités, et quelle haine de soi[1] ! » Quelques jours plus tard, les locaux de l'agence de publicité &Co (Copenhague), à l'origine de la campagne, ont dû être évacués, à la suite d'une alerte à la bombe.

Cet exemple résume peut-être à lui seul le propos de ce livre : après avoir longtemps façonné les identités individuelles, les marques ont franchi une étape supplémentaire en cherchant à redéfinir les identités collectives. À leur tour, les marques se sont emparées de ce qu'on appelle le « roman national », cette sorte de macro-récit, traditionnellement élaboré par le pouvoir politique et transmis par l'École, qui a pour objectif de raconter le pays de façon romancée – son identité, ses valeurs, ce qui nous tient ensemble, ce en quoi on croit, etc. Fortes de leur capital symbolique (leur capacité à raconter des histoires, à mettre en image des notions abstraites, à susciter

1. Jon Henley, « "What is truly Scandinavian? Nothing" Airline clarifies ad after far-right criticism », *The Guardian*, 13 février 2020.

des émotions), de plus en plus de marques de grande consommation, tous secteurs confondus, se sont mises à défendre leur propre vision du pays. Suscitant, en retour, des réactions extrêmement vives – allant du boycott à la menace terroriste.

Par nature, le monde politique et le monde marchand se sont toujours adonnés à une bataille des imaginaires. À la conquête des votes pour le premier, des ventes pour le second. À y regarder de plus près, quand le publiciste Edward Bernays parle d'une « fabrique du consentement », il parle le même langage que celui de l'intellectuel communiste Antonio Gramsci et son concept d'« hégémonie culturelle ». Les mots de Napoléon consignés dans son *Mémorial de Saint-Hélène*, selon lesquels « l'imagination gouverne le monde », pourraient être repris tels quels par le publicitaire Jacques Séguéla. Quant à la formule rimbaldienne « Changer la vie », si elle n'avait inspiré le programme de François Mitterrand en 1981, elle aurait tout à fait pu être reprise par des marques comme IKEA ou la Française des jeux.

Jusqu'à présent, monde politique et monde marchand évoluaient séparément, chacun dans leur couloir. La nouveauté, c'est qu'il y a immixtion réciproque. D'un côté, l'imaginaire politique est venu s'immiscer dans le monde marchand : quand Renault proclame son « ode à la France », quand Heetch cherche à donner une autre vision de la banlieue, quand *RTL* proclame que « Ce qui nous rapproche est plus fort que ce qui nous éloigne® », ce sont autant d'incursions de la part de marques commerciales sur des territoires qui étaient, jusqu'il y a peu, sous la domination symbolique du champ politique. De l'autre côté, l'imaginaire marchand est venu envahir le monde politique : quand la droite identitaire et l'extrême droite utilisent les discours publicitaires pour pourfendre le progressisme, comme dans le cas de Bud Light ou de Barilla, ou quand Marine Le Pen colle aux pratiques de Leclerc pour s'ériger en « candidate du pouvoir d'achat », ce sont autant de façons d'utiliser les marques et la consommation comme de nouvelles armes d'influence politique.

Le résultat, c'est que la vision du pays, de son identité, de ses valeurs et de ses enjeux, fait désormais l'objet d'une lutte d'interprétation symbolique entre le monde marchand et le monde politique. C'est à ce titre que la question de la souveraineté du monde politique sur l'imaginaire national nous semble posée. Si, pour reprendre les mots de Roland Barthes, « l'origine commerciale de notre imaginaire collectif ne peut plus faire de mystère pour personne », alors il appartient au monde politique de prendre acte de l'entrée de ces nouveaux acteurs sur le marché de l'imaginaire politique. Et d'en tirer toutes les conséquences : pour commencer, les élus doivent d'urgence se ressaisir du récit national (qu'il prenne la forme ou non d'un « roman »). C'est la seule façon d'échapper à la privatisation des imaginaires nationaux et de garantir que la « souffrance narrative » des Français, qui ressort avec force de notre enquête, ne soit pas prise en charge par le seul discours marchand.

Pour autant, le monde politique ne doit pas s'interdire de s'inspirer de la façon dont les marques parviennent à piocher dans la culture populaire pour se faire entendre et comprendre par le plus grand nombre (le « grand remix » de Renault plutôt que la « créolisation » de Jean-Luc Mélenchon pour contrer le récit du « grand remplacement », par exemple). Plus généralement, plutôt que de condamner l'Entreprise par essence, en tant qu'« alliée du grand capital », une approche plus pragmatique consisterait à estimer que, dans une logique de bataille culturelle, certaines marques peuvent être des alliées idéologiques – pour faire progresser le féminisme ou la conversion écologique des mentalités, par exemple.

Du côté des marques, cet ouvrage invite à reconsidérer la question de leur responsabilité, qui ne se limite pas à leurs seules dimensions sociales et environnementales (la RSE). Dans la mesure où leurs discours ont une influence sur la teneur du débat public, et que leurs prises de paroles ont des effets sur la façon d'aborder les grandes tensions et préoccupations des Français (le « clivage *branding* »), les marques ont ce que nous pourrions appeler une « responsabilité narrative ». Dès lors, le discours des marques doit être compris, analysé et interprété comme un authentique discours politique. En toute logique, cela implique que les observateurs qui s'inquiètent de la dérive populiste de certains élus doivent, de même, tirer la sonnette d'alarme quand une marque grand public en embrasse la même rhétorique. Du côté des agences de publicité et des départements communication des grandes marques, cela induit de changer de logiciel de pensée : les traditionnels indicateurs marketing doivent être complétés par de nouveaux indicateurs politiques. Si, d'un point de vue de sa segmentation marketing et de l'identité des clients qui la fréquentent, il est logique qu'une marque comme Air France multiplie les codes d'élitisme culturel, en tant que compagnie aérienne nationale, elle devrait plus profondément s'interroger sur sa responsabilité à ne pas exclure de ses représentations la majeure partie de la population. À l'avenir, il paraît inconcevable que les futures campagnes publicitaires de Renault, Burger King et autres SNCF ne s'accompagnent pas d'une batterie de tests sur le caractère politique de leur réception : quelle image donnent-elles de la société française, de ses tensions, de ses représentants, de ses aspirations ?

Un mot, pour finir. À l'origine, cet ouvrage ne devait être qu'un rapide commentaire d'un sondage IFOP (*grosso modo*, le chapitre 1). Petit à petit, il s'est étoffé de réflexions et d'observations qui ont formé un ensemble plus vaste : finalement, ce sont cinq ans de travail sur les marques et la politique qui se trouvent condensés dans les lignes qui précèdent. Pour autant, il reste encore beaucoup de champs à explorer dans la façon dont les marques digèrent, confectionnent et altèrent les imaginaires politiques : ce travail en amorce d'autres, de plus longue haleine.

Pour caractériser la croissance de la connaissance, Blaise Pascal proposa en son temps l'analogie d'une sphère dont le rayon augmente progressivement : si le volume du connu croît, la surface frontière avec l'espace de l'inconnu aussi. S'attaquer à l'espace inconnu de l'imaginaire politique : on ne saurait imaginer plus beau programme pour les mois et les années à venir.

Remerciements

Mes plus sincères remerciements à l'ensemble des personnes interrogées dans ce livre : Benoît Heilbrunn, Jérôme Fourquet, Benoît Lozé, Denis Maillard, Mathieu Lefèvre et Alexis Ragougneau et Fabrice Krzeminski. Mes réflexions doivent beaucoup à l'acuité du regard qu'ils portent sur les marques, la consommation et la société en général.

Un sincère merci à mes éditeurs, Manon Viard (éditions de l'Aube), Jérémie Peltier et Laurent Cohen (Fondation Jean-Jaurès), pour leur confiance, leur patience et leur soutien sans faille.

Merci aux agences de publicité et aux marques qui ont accepté de faire figurer les campagnes de publicité qui illustrent cet ouvrage.

Pour finir, ce travail eût été considérablement amoindrie s'il n'avait bénéficié d'un ensemble de retours, de remarques et de compléments d'une grande intelligence. Merci à Michel LLorca, Gilles Finchelstein, Adrien Rivierre, Nelly Garnier et Paul Laubacher.

Annexes

Annexe 1.
Les campagnes de « publicité nationale » citées.

Nom de la campagne	Marque	Date	Agence
« *9/11 Tribute®* »	Verizon	11 septembre 2002	Lowe & Partners Worldwide (New York)
« *Imported from Detroit®* »	Chrysler	février 2011	Wieden + Kennedy
« *This Bud's for you®* »	Budweiser	1979	D'Arcy Masius Benton & Bowles
« *Make love, not walls®* »	Diesel	septembre 2017	Anomaly Amsterdam
« *Alternative facts®* »	Dove	février 2017	Ogilvy London
« Né aux États-Unis, *made in France®* »	McDonald's	décembre 1999	Euro RSCG Corporate
« Allez les Bleus ! »	Toyota	juin 2006	Saatchi & Saatchi
« Vive le football libre® »	Nike/équipe de France	février 2011	Leg
« *Born the hard way®* »	Budweiser	février 2017	Anomaly
« C'est en France qu'on l'a gagnée® »	Nike/équipe de France	14 juillet 2018	Wieden + Kennedy Amsterdam
« La première nuit est pour nous® »	Airbnb	septembre 2019	Réalisée en interne
« *Built to lend a hand®* »	Ford	mars 2020	Wieden + Kennedy (New York)
« Des ingrédients bien français® »	Burger King	juillet 2022	Buzzman
« Et voir la France gagner® »	La Française des jeux	janvier 2021	Havas Paris
« Notre ode à la France® »	Renault	juillet 2022	Publicis Conseil
« Pour nous tous – Hexagonal »	SNCF	août 2021	Publicis Conseil
« Ce qui nous rapproche est plus fort que ce qui nous éloigne® »	*RTL*	août 2019	Rosapark
« Aller plus loin® »	Heetch	avril 2023	BETC
« *Open Carbonara®* »	Barilla	avril 2023	LePub (Publicis Italy)
« *What is truly Scandinavian ?®* »	Scandinavian Airlines System (SAS)	février 2020	&Co (Copenhague)

Annexe 2. Le sondage IFOP pour la Fondation Jean-Jaurès : « Comment les marques racontent la France ? »

Enquête menée auprès d'un échantillon de mille seize personnes, représentatif de la population française âgée de 18 ans et plus. La représentativité de l'échantillon a été assurée par la méthode des quotas. Les interviews ont été réalisées par questionnaire autoadministré en ligne du 20 au 21 décembre 2022.

1/ Dans quelle mesure êtes-vous d'accord avec les affirmations suivantes ?

	Total D'accord	Tout à fait d'accord	Plutôt d'accord	Ni d'accord ni pas d'accord	Total Désaccord	Plutôt en désaccord	Tout à fait en désaccord	Total
Je suis fier de l'Histoire de France, de sa culture, de son patrimoine et de ses grands héros nationaux	**76 %**	38 %	38 %	18 %	**6 %**	4 %	2 %	**100 %**
Aujourd'hui, plus personne ne me fait vibrer en parlant de la France, et je le regrette	**56 %**	20 %	36 %	27 %	**17 %**	11 %	6 %	**100 %**
Sans la grandeur, la France n'est plus la France	**55 %**	23 %	32 %	35 %	**10 %**	6 %	4 %	**100 %**
J'ai le sentiment d'appartenir à une même communauté nationale que le reste de la population vivant en France	**41 %**	11 %	30 %	35 %	**24 %**	17 %	7 %	**100 %**
Il faut accepter que la France devienne une puissance moyenne	**37 %**	6 %	31 %	33 %	**30 %**	18 %	12 %	**100 %**

2/ Selon-vous, qui raconte le mieux la France aujourd'hui (ses idéaux, ses valeurs, son identité) ?

	En premier	Total des citations
Personne	**34 %**	**44 %**
Les écrivains	21 %	42 %
Les intellectuels	11 %	27 %
Les artistes	9 %	20 %
Les marques des produits et services que je consomme	6 %	11 %
Les sportifs	6 %	9 %
Les humoristes	5 %	17 %
Les hommes et femmes politiques	4 %	11 %
Les journalistes	3 %	10 %
Les syndicats	2 %	5 %
Les influenceurs sur les réseaux sociaux	2 %	4 %
Total	100 %	(*)

3/ Et selon-vous, qui raconte le mieux les Français aujourd'hui (leurs tracas et leurs joies du quotidien, leurs contradictions, leurs rêves, leurs angoisses...) ?

	En premier	Total des citations
Les humoristes	**25 %**	**39 %**
Personne	23 %	38 %
Les journalistes	15 %	26 %
Les artistes	9 %	22 %
Les écrivains	7 %	19 %
Les intellectuels	6 %	17 %
Les syndicats	5 %	12 %
Les influenceurs sur les réseaux sociaux	4 %	9 %
Les hommes et femmes politiques	3 %	8 %
Les marques des produits et services que je consomme	2 %	6 %
Les sportifs	2 %	4 %
Total	100 %	(*)

(*) Total supérieur à 100 %, les interviewés ayant pu donner plusieurs réponses.

4/ Êtes-vous tout à fait d'accord, plutôt d'accord, plutôt pas d'accord ou pas d'accord du tout avec chacune des affirmations suivantes ?

	Total D'accord	Tout à fait d'accord	Plutôt d'accord	Ni d'accord ni pas d'accord	Total Désaccord	Plutôt en désaccord	Tout à fait en désaccord	Total
Souvent, je trouve que les situations décrites dans les publicités sont stéréotypées ou caricaturales et ne correspondent pas vraiment à la réalité	**73 %**	34 %	39 %	23 %	**4 %**	3 %	1 %	**100 %**
Il m'arrive régulièrement de me reconnaître dans les spots publicitaires qui passent à la télé ou à la radio	**18 %**	4 %	14 %	35 %	**47 %**	25 %	22 %	**100 %**
Les imaginaires véhiculés par la publicité me semblent déconnectés de la vie quotidienne des Français	**64 %**	28 %	36 %	29 %	**7 %**	5 %	2 %	**100 %**
J'aime quand les marques véhiculent un message optimiste sur la France	**61 %**	18 %	43 %	31 %	**8 %**	5 %	3 %	**100 %**
J'aime quand les marques parlent de la France et de ses réussites	**61 %**	20 %	41 %	33 %	**6 %**	3 %	3 %	**100 %**
J'aimerais que les marques parlent davantage des problèmes auxquels la France fait face	**56 %**	23 %	33 %	34 %	**10 %**	7 %	3 %	**100 %**

5/ Pour chacun des acteurs économiques suivants, indiquez si selon vous il représente bien ou non la France dans ce qu'elle est aujourd'hui. La note 0 signifie que cet acteur économique ne représente pas du tout la France dans ce qu'elle est aujourd'hui, la note 10 qu'il la représente parfaitement. Les notes intermédiaires servent à nuancer votre jugement.

	Représente mal (Notes 0-3)	Représente moyen-nement (Notes 4-6)	Représente bien (Notes 7-10)	Total	Note Moyenne
Ma petite boutique de quartier (mon boulanger, mon coiffeur, mon libraire, mon bistrot…)	4 %	22 %	74 %	100 %	7,4
Les petites et moyennes entreprises présentes partout en France	5 %	31 %	64 %	100 %	7,0
Les grands champions industriels (Saint-Gobain, Renault, Michelin…)	11 %	34 %	55 %	100 %	6,5
Les entreprises du luxe (Yves Saint Laurent, Dior, Channel…)	17 %	27 %	56 %	100 %	6,3
Les marques qui vendent les produits de mes passions (Decathlon, Leroy Merlin, Jardiland…)	11 %	46 %	43 %	100 %	6,1
Les grandes enseignes alimentaires (Leclerc, Carrefour, Auchan, Intermarché…)	12 %	41 %	47 %	100 %	6,1
Les grandes entreprises de service public (SNCF, La Poste, EDF…)	16 %	39 %	45 %	100 %	5,8
Les start-up qui sont devenues championnes de leur catégorie (BlaBlaCar, Doctolib, Yuka…)	15 %	42 %	43 %	100 %	5,8
Les marques d'alcool (Ricard, 1664…)	20 %	43 %	37 %	100 %	5,6
Les plates-formes de vente entre particuliers (Leboncoin, Vinted…)	19 %	47 %	34 %	100 %	5,4

Les top cinq selon le niveau de revenus, le niveau d'éducation et le lieu de résidence :

Par niveau de revenus	#1	#2	#3	#4	#5
Catégorie aisée (>2 500 €)	Ma petite boutique de quartier	Les entreprises du luxe	Les grands champions industriels	Les PME	Les start-up championnes de leur catégorie
Classe moyenne supérieure (1900-2500 €)	Ma petite boutique de quartier	Les PME	Les entreprises du luxe	Les grands champions industriels	Les entreprises du luxe
Classe moyenne inférieure (1300-1900 €)	Ma petite boutique de quartier	Les PME	Les grands champions industriels	Les entreprises du luxe	Les grandes enseignes alimentaires
Catégorie modeste (900-1 300 €)	Ma petite boutique de quartier	Les PME	Les grandes enseignes alimentaires	Les marques qui vendent les produits de mes passions	Les grands champions industriels
Catégorie pauvre (<900 €)	Ma petite boutique de quartier	Les PME	Les plates-formes de vente entre particuliers	Les marques qui vendent les produits de mes passions	Les grands champions industriels

Par niveau d'éducation	#1	#2	#3	#4	#5
Diplôme supérieur	Ma petite boutique de quartier	Les PME	Les entreprises du luxe	Les grands champions industriels	Les start-up championnes de leur catégorie
Premier cycle (DEUG, licence)	Ma petite boutique de quartier	Les PME	Les grands champions industriels	Les entreprises du luxe	Les start-up championnes de leur catégorie
Baccalauréat	Ma petite boutique de quartier	Les PME	Les entreprises du luxe	Les grands champions industriels	Les grandes enseignes alimentaires
CAP/BEP	Ma petite boutique de quartier	Les PME	Les grands champions industriels	Les entreprises du luxe	Les grandes enseignes alimentaires
Pas de diplôme/ CEP/BEPC	Ma petite boutique de quartier	Les PME	Les grandes enseignes alimentaires	Les grands champions industriels	Les marques qui vendent les produits de mes passions

Par géographie	#1	#2	#3	#4	#5
Île-de-France	Ma petite boutique de quartier	Les PME	Les entreprises du luxe	Les grands champions industriels	Les grandes enseignes alimentaires
Agglomération parisienne	Ma petite boutique de quartier	Les entreprises du luxe	Les PME	Les grands champions industriels	Les grandes enseignes alimentaires
Province	Ma petite boutique de quartier	Les PME	Les grands champions industriels	Les entreprises du luxe	Les grandes enseignes alimentaires
Communes urbaines de province	Ma petite boutique de quartier	Les PME	Les grands champions industriels	Les entreprises du luxe	Les grandes enseignes alimentaires
Communes rurales	Ma petite boutique de quartier	Les PME	Les grands champions industriels	Les entreprises du luxe	Les marques qui vendent les produits de mes passions

6/ De la part des grandes marques françaises, j'attends plutôt…

		Ensemble des Français
	Qu'elles défendent les grands idéaux et les valeurs qui font la France	59 %
ou	Qu'elles soient les porte-voix des espoirs, des angoisses, des attentes et des problèmes des Français	41 %
	Qu'elles mettent en avant les sujets de consensus	58 %
ou	Qu'elles aient un point de vue sur les sujets qui fâchent (laïcité, discriminations, inégalités)	42 %
	Qu'elles restent en retrait des sujets qui suscitent les débats	54 %
ou	Qu'elles prennent des positions dans le débat public	46 %
	Qu'elles représentent les Français comme ils sont	50 %
ou	Qu'elles présentent une image positive des Français	50 %
	Quelles rendent mon quotidien plus facile et plus confortable	57 %
ou	Qu'elles s'engagent pour des valeurs auxquelles je crois	43 %
	Qu'elles transmettent des valeurs, un héritage, une tradition, un savoir-faire issu de notre histoire	59 %
ou	Qu'elles contribuent à construire un futur désirable	41 %

Bibliographie

Cette bibliographie, volontairement succincte, ne reprend pas l'ensemble des ouvrages cités et référencés dans les notes. Elle indique seulement les principaux ouvrages qui ont contribué de façon décisive à notre réflexion, et qui sont à même de permettre au lecteur de la poursuivre, que ce soit pour l'approfondir ou la contredire.

ANDERSON, Benedict. *L'imaginaire national; réflexions sur l'origine et l'essor du nationalisme.* Paris : La Découverte, 2006 [1983].

BARBER, Benjamin. *Comment le capitalisme nous infantilise.* Paris : Fayard, 2007.

BESSON, Florian, DUCRET, Pauline, LANCEREAU, Guillaume, LARRÈRE, Mathilde. *Le Puy du Faux; enquête sur un parc qui déforme l'histoire.* Paris : Les Arènes, 2022.

BOORSTIN, Daniel J. *The Americans; the democratic experience* (t. 3). New York : Random House, 1974.

BURKE, Peter. *Qu'est-ce que l'histoire culturelle ?* Paris : Les Belles Lettres, 2022.

CASSELY, Jean-Laurent. *No fake; contre-histoire de notre quête d'authenticité.* Paris : Arkhê, 2019.

CHABAULT, Vincent. *Éloge du magasin; contre l'amazonisation.* Paris : Gallimard, 2020.

COLOMBI, Denis. *Pourquoi sommes-nous capitalistes (malgré nous) ?* Paris : Payot, 2022.

Citron, Suzanne. *Le mythe national; l'histoire de France revisitée.* Ivry-sur-Seine : l'Atelier, 2019 [1987].

Febvre, Lucien. *Michelet; créateur de l'histoire de France : Cours au Collège de France (1943-1944).* Paris : La Librairie Vuibert, 2014.

Floch, Jean-Marie. *Sémiotique, marketing et communication.* Paris : PUF, 1990.

Fourquet, Jérôme, Cassely, Jean-Laurent. *La France sous nos yeux ; économie, paysages, nouveaux modes de vie.* Paris : Seuil, 2021.

Gauchet, Marcel. *Comprendre le malheur français.* Paris : Stock, 2016.

Gérard, Alice. *La Révolution française ; mythes et interprétations (1789-1970).* Paris : Flammarion, 1970.

Girardet, Raoul. *Mythes et mythologies politiques.* Paris : Seuil, 1986.

Heilbrunn, Benoît. *La consommation et ses sociologies.* Paris : Armand Colin, 2015.

—. *Média(t)ions marchandes.* Lormont : Le Bord de l'Eau, 2018.

Holt, Douglas. *How brands become icons ; the principles of cultural branding.* Brighton : Harvard Business School Press, 2004.

Jauss, Hans Robert. *Pour une esthétique de la réception.* Paris : Gallimard, 1978.

Keller, Thierry, Zegierman, Arnaud. *Entre déclin et grandeur ; regards des Français sur leur pays.* La Tour-d'Aigues : l'Aube, 2021.

Lyon-Caen, Judith. *La griffe du temps ; ce que l'histoire peut dire de la littérature.* Paris : Gallimard, 2019.

Marin, Louis. *Utopiques ; jeux d'espaces.* Paris : Minuit, 1973.

Nora, Pierre. *Les lieux de mémoire* (t. 1, 2, 3). Paris : Gallimard, 1992.

—. *Recherches de la France.* Paris : Gallimard, 2013.

Polanyi, Karl. *La grande transformation ; aux origines politiques et économiques de notre temps.* Paris : Gallimard, 1983.

Ragougneau, Alexis. *Palimpseste.* Paris : Viviane Hamy, 2022.

Rancière, Jacques. *Les bords de la fiction.* Paris : Seuil, 2017.

RENAN, Ernest. *Qu'est-ce qu'une nation ?* Paris : Calmann-Lévy, 1882.

ROUBAN, Luc. *La vraie victoire du RN*. Paris : Presses de Sciences Po, 2022.

Sadin, Éric. *L'ère de l'individu tyran ; la fin d'un monde commun*. Paris : Grasset, 2020.

THIESSE, Anne-Marie. *La création des identités nationales ; Europe XVIIIe-XIXe siècle*. Paris : Seuil, 1999.

—. *La fabrique de l'écrivain national ; entre littérature et politique*. Paris : Gallimard, 2019.

—. *Le roman du quotidien ; lecteurs et lectures populaires à la Belle Époque*. Paris : Seuil, 2000.

Crédits

Figure 13. La campagne publicitaire McDonald's « Né aux États-Unis, *made in France®* » (© Euro RSCG, 1999).

Figure 15. La campagne publicitaire Renault « Notre ode à la France » (© Publicis Conseil, @ Quad Productions, 2022).

Figure 16. La campagne publicitaire SNCF « Hexagonal » (© Raphaël Levy, Cyril Bettane, Publicis Conseil, 2021).

Figure 21. La campagne publicitaire Celio « Be normal » (© Buzzman pour Célio, 2021).

Figure 22. Heetch, ou le recadrage de la perception de la banlieue (© Réalisé par Kourtrajmeuf, produit par Iconoclast, BETC, 2023).

Figure 24. La campagne publicitaire La Vie, qui œuvre à une forme de réconciliation alimentaire (© Buzzman pour La Vie, 2022).

Infographies : Tiphaine Monchaux

Table des matières

Reconnue d'utilité publique dès sa création, la Fondation Jean-Jaurès est la première des fondations politiques françaises. Indépendante, européenne et sociale-démocrate, elle se veut depuis trente ans un lieu de réflexion, de dialogue et d'anticipation. Les partenariats éditoriaux qu'elle engage répondent à l'ambition de faire naître analyses pertinentes et propositions audacieuses, mais aussi de mettre cette production intellectuelle et politique au service de tous. Laurent Cohen et Jérémie Peltier sont directeurs des publications de la Fondation Jean-Jaurès.

Retrouvez notre catalogue sur
www.editionsdelaube.com

Pour limiter l'empreinte environnementale de leurs livres,
les éditions de l'Aube font le choix de papiers
issus de forêts durablement gérées et de sources contrôlées.

Achevé d'imprimer en septembre 2023
sur les presses de l'imprimerie Firmin-Didot
pour le compte des éditions de l'Aube
331, rue Amédée-Giniès, F-84240 La Tour-d'Aigues

Numéro d'édition : 5493
Dépôt légal: septembre 2023
Numéro d'impression: 176937

Imprimé en France